"十三五"国家重点图书出版规划项目

智能制造
系列丛书

制造业知识工程

田锋 著

KNOWLEDGE ENGINEERING
IN MANUFACTURING INDUSTRY

清华大学出版社
北京

本书封面贴有清华大学出版社防伪标签，无标签者不得销售。
版权所有，侵权必究。举报：010-62782989，beiqinquan@tup.tsinghua.edu.cn。

图书在版编目（CIP）数据

制造业知识工程 / 田锋著．—北京：清华大学出版社，2019（2023.3 重印）
（智能制造系列丛书）
ISBN 978-7-302-51236-3

Ⅰ. ①制… Ⅱ. ①田… Ⅲ. ①制造工业—工业企业管理—知识管理—研究—中国 Ⅳ. ① F426.4

中国版本图书馆 CIP 数据核字（2018）第 213820 号

责任编辑：	冯　昕　王　华
装帧设计：	李召霞
责任校对：	赵丽敏
责任印制：	宋　林

出版发行：清华大学出版社
网　　址：http://www.tup.com.cn, http://www.wqbook.com
地　　址：北京清华大学学研大厦 A 座　邮　编：100084
社 总 机：010-83470000　邮　购：010-62786544
投稿与读者服务：010-62776969, c-service@tup.tsinghua.edu.cn
质量反馈：010-62772015, zhiliang@tup.tsinghua.edu.cn

印 装 者：涿州市般润文化传播有限公司
经　　销：全国新华书店
开　　本：170mm×240mm　印　张：22　字　数：383 千字
版　　次：2019 年 5 月第 1 版　　印　次：2023 年 3 月第 5 次印刷
定　　价：68.00 元

产品编号：079508-02

智能制造系列丛书编委会名单

主　任：
　　周　济

副主任：
　　谭建荣　李培根

委　员（按姓氏笔画排序）：

王　雪	王飞跃	王立平	王建民
尤　政	尹周平	田　锋	史玉升
冯毅雄	朱海平	庄红权	刘　宏
刘志峰	刘洪伟	齐二石	江平宇
江志斌	李　晖	李伯虎	李德群
宋天虎	张　洁	张代理	张秋玲
张彦敏	陆大明	陈立平	陈吉红
陈超志	邵新宇	周华民	周彦东
郑　力	宗俊峰	赵　波	赵　罡
钟诗胜	袁　勇	高　亮	郭　楠
陶　飞	霍艳芳	戴　红	

丛书编委会办公室

主　任：
　　陈超志　张秋玲

成　员：

郭英玲	冯　昕	罗丹青	赵范心
权淑静	袁　琦	许　龙	钟永刚
刘　杨			

Foreword 丛书序 1

制造业是国民经济的主体,是立国之本、兴国之器、强国之基。习近平总书记在党的十九大报告中号召:"加快建设制造强国,加快发展先进制造业。"他指出:"要以智能制造为主攻方向推动产业技术变革和优化升级,推动制造业产业模式和企业形态根本性转变,以'鼎新'带动'革故',以增量带动存量,促进我国产业迈向全球价值链中高端。"

智能制造——制造业数字化、网络化、智能化,是我国制造业创新发展的主要抓手,是我国制造业转型升级的主要路径,是加快建设制造强国的主攻方向。

当前,新一轮工业革命方兴未艾,其根本动力在于新一轮科技革命。21世纪以来,互联网、云计算、大数据等新一代信息技术飞速发展。这些历史性的技术进步,集中汇聚在新一代人工智能技术的战略性突破,新一代人工智能已经成为新一轮科技革命的核心技术。

新一代人工智能技术与先进制造技术的深度融合,形成了新一代智能制造技术,成为新一轮工业革命的核心驱动力。新一代智能制造的突破和广泛应用将重塑制造业的技术体系、生产模式、产业形态,实现第四次工业革命。

新一轮科技革命和产业变革与我国加快转变经济发展方式形成历史性交汇,智能制造是一个关键的交汇点。中国制造业要抓住这个历史机遇,创新引领高质量发展,实现向世界产业链中高端的跨越发展。

智能制造是一个"大系统",贯穿于产品、制造、服务全生命周期的各个环节,由智能产品、智能生产及智能服务三大功能系统以及工业智联网和智能制造云两大支撑系统集合而成。其中,智能产品是主体,智能生产是主线,以智能服务为中心的产业模式变革是主题,工业智联网和智能制造云是支撑,系统集成将智能制造各功能系统和支撑系统集成为新一代智能制造系统。

智能制造是一个"大概念",是信息技术与制造技术的深度融合。从20世纪中叶到90年代中期,以计算、感知、通信和控制为主要特征的信息化催生了数字化制造;从90年代中期开始,以互联网为主要特征的信息化催生了"互联网+制造";当前,以新一代人工智能为主要特征的信息化开创了新一代智能制造的新阶段。这就形成了智能制造的三种基本范式,即:数字化制造(digital manufacturing)——第一代智能制造;数字化网络化制造(smart manufacturing)——"互联网+制造"或第二代智能制造,本质上是"互联网+数字化制造";数字化网络化智能化制造(intelligent manufacturing)——新一代智能制造,本质上是"智能+互联网+数字化制造"。这三个基本范式次第展开又相互交织,体现了智能制造的"大概念"特征。

对中国而言,不必走西方发达国家顺序发展的老路,应发挥后发优势,采取三个基本范式"并行推进、融合发展"的技术路线。一方面,我们必须实事求是,因企制宜、循序渐进地推进企业的技术改造、智能升级,我国制造企业特别是广大中小企业还远远没有实现"数字化制造",必须扎扎实实完成数字化"补课",打好数字化基础;另一方面,我们必须坚持"创新引领",可直接利用互联网、大数据、人工智能等先进技术,"以高打低",走出一条并行推进智能制造的新路。企业是推进智能制造的主体,每个企业要根据自身实际,总体规划、分步实施、重点突破、全面推进,产学研协调创新,实现企业的技术改造、智能升级。

未来20年,我国智能制造的发展总体将分成两个阶段。第一阶段:到2025年,"互联网+制造"——数字化网络化制造在全国得到大规模推广应用;同时,新一代智能制造试点示范取得显著成果。第二阶段:到2035年,新一代智能制造在全国制造业实现大规模推广应用,实现中国制造业的智能升级。

推进智能制造,最根本的要靠"人",动员千军万马、组织精兵强将,必须以人为本。智能制造技术的教育和培训,已经成为推进智能制造的当务之急,也是实现智能制造的最重要的保证。

为推动我国智能制造人才培养,中国机械工程学会和清华大学出版社组织国内知名专家,经过三年的扎实工作,编著了"智能制造系列丛书"。这套丛书是编著者多年研究成果与工作经验的总结,具有很高的学术前瞻性与工程实践性。丛书主要面向从事智能制造的工程技术人员,亦可作为研究生或本科生的教材。

在智能制造急需人才的关键时刻，及时出版这样一套丛书具有重要意义，为推动我国智能制造发展作出了突出贡献。我们衷心感谢各位作者付出的心血和劳动，感谢编委会全体同志的不懈努力，感谢中国机械工程学会与清华大学出版社的精心谋划和鼎力投入。

衷心希望这套丛书在工程实践中不断进步、更精更好，衷心希望广大读者喜欢这套丛书、支持这套丛书。

让我们大家共同努力，为实现建设制造强国的中国梦而奋斗。

周济

2019 年 3 月

Foreword 丛书序 2

技术进展之快，市场竞争之烈，大国较劲之剧，在今天这个时代体现得淋漓尽致。

世界各国都在积极采取行动，美国的"先进制造伙伴计划"、德国的"工业 4.0 战略计划"、英国的"工业 2050 战略"、法国的"新工业法国计划"、日本的"超智能社会 5.0 战略"、韩国的"制造业创新 3.0 计划"，都将发展智能制造作为本国构建制造业竞争优势的关键举措。

中国自然不能成为这个时代的旁观者，我们无意较劲，只想通过合作竞争实现国家崛起。大国崛起离不开制造业的强大，所以中国希望建成制造强国、以制造而强国，实乃情理之中。制造强国战略之主攻方向和关键举措是智能制造，这一点已经成为中国政府、工业界和学术界的共识。

制造企业普遍面临着提高质量、增加效率、降低成本和敏捷适应广大用户不断增长的个性化消费需求，同时还需要应对进一步加大的资源、能源和环境等约束之挑战。然而，现有制造体系和制造水平已经难以满足高端化、个性化、智能化产品与服务的需求，制造业进一步发展所面临的瓶颈和困难迫切需要制造业的技术创新和智能升级。

作为先进信息技术与先进制造技术的深度融合，智能制造的理念和技术贯穿于产品设计、制造、服务等全生命周期的各个环节及相应系统，旨在不断提升企业的产品质量、效益、服务水平，减少资源消耗，推动制造业创新、绿色、协调、开放、共享发展。总之，面临新一轮工业革命，中国要以信息技术与制造业深度融合为主线，以智能制造为主攻方向，推进制造业的高质量发展。

尽管智能制造的大潮在中国滚滚而来，尽管政府、工业界和学术界都认识到智能制造的重要性，但是不得不承认，关注智能制造的大多数人（本人自然也在其中）对智能制造的认识还是片面的、肤浅的。政府勾画的蓝图虽气势磅礴、宏伟壮观,但仍有很多实施者感到无从下手;学者们高谈阔论的宏观理念或基本概念虽至关重要,但如何见诸实践,许多人依然不得要领;企业的实践者们侃侃而谈的多是当年制造业信息化时代的陈年酒酿,尽管依旧散发清香,却还是少了一点智能制造的气息。有些人看到"百万工业企业上云,实施百万工业APP培育工程"时劲头十足,可真准备大干一场的时候,又仿佛云里雾里。常常听学者们言,CPS(cyber-physical systems,信息-物理系统)是工业4.0和智能制造的核心要素,CPS万不能离开数字孪生体(digital twin)。可数字孪生体到底如何构建?学者也好,工程师也好,少有人能够清晰道来。又如,大数据之重要性日渐为人们所知,可有了数据后,又如何分析?如何从中提炼知识?企业人士鲜有知其个中究竟的。至于关键词"智能",什么样的制造真正是"智能"制造?未来制造将"智能"到何种程度?解读纷纷,莫衷一是。我的一位老师,也是真正的智者,他说:"智能制造有几分能说清楚?还有几分是糊里又糊涂。"

所以,今天中国散见的学者高论和专家见解还远不能满足智能制造相关的研究者和实践者们之所需。人们既需要微观的深刻认识,也需要宏观的系统把握;既需要实实在在的智能传感器、控制器,也需要看起来虚无缥缈的"云";既需要对理念和本质的体悟,也需要对可操作性的明晰;既需要互联的快捷,也需要互联的标准;既需要数据的通达,也需要数据的安全;既需要对未来的前瞻和追求,也需要对当下的实事求是……如此等等。满足多方位的需求,从多视角看智能制造,正是这套丛书的初衷。

为助力中国制造业高质量发展,推动我国走向新一代智能制造,中国机械工程学会和清华大学出版社组织国内知名的院士和专家编写了"智能制造系列丛书"。本丛书以智能制造为主线,考虑智能制造"新四基"[即"一硬"(自动控制和感知硬件)、"一软"(工业核心软件)、"一网"(工业互联网)、"一台"(工业云和智能服务平台)]的要求,由30个分册组成。除《智能制造:技术前沿与探索应用》《智能制造标准化》和《智能制造实践》3个分册外,其余包含了以下五大板块:智能制造模式、智能设计、智能传感与装备、智能制造使能技术以及智能制造管理技术。

本丛书编写者包括高校、工业界拔尖的带头人和奋战在一线的科研人员,有着丰富的智能制造相关技术的科研和实践经验。虽然每一位作者未必对智能制造有全面认识,但这个作者群体的知识对于试图全面认识智能制造或深刻理解某方面技术的人而言,无疑能有莫大的帮助。丛书面向从事智能制造工作的工程师、科研人员、教师和研究生，兼顾学术前瞻性和对企业的指导意义，既有对理论和方法的描述，也有实际应用案例。编写者经过反复研讨、修订和论证，终于完成了本丛书的编写工作。必须指出，这套丛书肯定不是完美的，或许完美本身就不存在，更何况智能制造大潮中学界和业界的急迫需求也不能等待对完美的寻求。当然，这也不能成为掩盖丛书存在缺陷的理由。我们深知，疏漏和错误在所难免，在这里也希望同行专家和读者对本丛书批评指正，不吝赐教。

在"智能制造系列丛书"编写的基础上，我们还开发了智能制造资源库及知识服务平台，该平台以用户需求为中心，以专业知识内容和互联网信息搜索查询为基础，为用户提供有用的信息和知识，打造智能制造领域"共创、共享、共赢"的学术生态圈和教育教学系统。

我非常荣幸为本丛书写序，更乐意向全国广大读者推荐这套丛书。相信这套丛书的出版能够促进中国制造业高质量发展，对中国的制造强国战略能有特别的意义。丛书编写过程中，我有幸认识了很多朋友，向他们学到很多东西，在此向他们表示衷心感谢。

需要特别指出，智能制造技术是不断发展的。因此，"智能制造系列丛书"今后还需要不断更新。衷心希望，此丛书的作者们及其他的智能制造研究者和实践者们贡献他们的才智，不断丰富这套丛书的内容，使其始终贴近智能制造实践的需求，始终跟随智能制造的发展趋势。

2019 年 3 月

Foreword 序

当前，正是我们的党和国家大力倡导"创新"的关键时刻。本书是响应国家、顺应时代和形势的迫切需要而出版的，对广大读者来说也是雪中送炭——恰逢其时，又意义非凡。

作为本书作者的共同实践者和好友，我所在单位（中国航空工业沈阳飞机设计研究所，以下简称"中航工业沈阳所"）既是知识工程的实践者，又是精益研发的试行者。和本书作者及其团队一起，从企事业单位的实践中形成并见证了知识工程的正确性和精益研发的合理性，对中航工业沈阳所能研制出先进的飞机起到了重要的推动和促进作用。今天，《制造业知识工程》的出版又是作者及其团队近年来对知识工程工作的深入实践和总结的结晶。他们能把这份珍贵的成果向广大的读者奉献出来，十分令人兴奋！

为什么说《制造业知识工程》对当前的广大读者来说是"雪中送炭，恰逢其时"呢？先谈谈我对知识工程的认识和理解。制造业知识工程是在基于流程的知识工程的基础上进一步发展起来的，其核心是如何建立知识体系。本书从企业实践出发，从研究制造业企业的资源特征入手，形成对知识体系的独特分类模式：实物、数据、信息、模式和技术。同时，这五类知识也具有层次递进的特征。针对这五类知识，提出五种知识层级提升方法，即增值加工，分别是数字化、标准化、结构化、范式化和模型化。知识工程的应用特点包括知识和资源的关系辨识、知识的增值加工、知识工程的体系化建设、知识应用模式贴近业务、知识和研制融合。知识工程应用价值包括加速人员培养、弥补科技人才断层、促进企业的资力资产保值增值、驱动企业研制创新、变革企业研制模式。因此，制造业知识工程是知识工程工作实践到目前为止最好的总结和提炼。

再来谈谈我对知识工程和"创新""知识管理""精益研发""智慧研制"之关系的认识。

知识工程和创新的关系。党和国家领导人在历次会上都提出了我们国家对创新的要求。党的十八大报告中提出了要"实施创新驱动发展战略"。习近平主席提出："实施创新驱动发展战略是立足全局、面向未来的重大战略，是加快转变经济发展方式、破解经济发展深层次矛盾和问题、增强经济发展的内生动力和活力的根本措施。""（创新）必须摆在国家发展全局的核心位置，这是党中央综合分析国内外形势，立足国家发展全局做出的重大战略抉择，具有十分重大的意义。"所以，创新是党和国家面临的迫切需要。同时，也是时代的迫切需要，因为我国已是世界第二大经济体，科技水平就其总体而言处于世界二流水平（个别领域和项目已处于一流）。在这方面，比我们先进的国家不帮助我们，比我们落后的国家帮不了我们。剩下的只有一条路，那就是走自力更生、自主创新的道路，因为现在我国已到了非创新不可的历史阶段！这也是形势的迫切需要。党中央2016年颁布的《国家创新驱动发展战略纲要》中已明确提出："我国科技事业发展的目标是：到2020年时，使我国进入创新型国家行列；到2030年时，使我国进入创新型国家前列；到新中国成立100年时，使我国成为世界科技强国。"正像习近平主席所讲："抓科技创新不能等待观望，不可亦步亦趋，当有只争朝夕的劲头。时不我待，我们必须增强紧迫感。"以上都是党和国家以及时代、形势对我们提出要创新的要求。但如何实践创新？现在更迫切需要的是实现创新的方法。我认为，实施知识工程就是全国所有企事业单位实施创新具体的有效的方法和途径之一。因为知识工程要解决的就是两大问题：一是对历史知识的积累、传承和重用；二是实施基于知识的创新。

  知识工程和知识管理的关系。从我国绝大多数单位对"知识工程"的认识来说，大部分都是从"知识管理"入手。知识管理是以构建单位知识库为目标的知识工程早期工作，将单位已有的知识按业务、部门进行分类，并存放在知识库中，以支撑业务人员的查询、搜索和使用。从知识管理向上发展，就是要梳理研制流程，并针对员工工作项目，进一步将知识库中的知识改造为伴随知识工作包，最终和研制流程紧密融合。这就是基于流程的知识工程的核心思想，思路清晰，方法具体，一经提出就得到企业界的广泛认同。不仅对知识工程在企业落地起到了关键作用，而且对精益研发的落地也起到了支撑作用。而从知识管理向下发展，要深挖设计过程中的知识。根据知识的类别，选择合适的工具进行增值加工，通过软件的知识建模工具，生成数字化和工具化的知识，并直接与相关研制工具建立关联，使知识与研制活动紧密融合，直接支持研制工作。这种方式也提供了随用随积累、随用随创新的知识积累与运用模式。这就是作者提出的知识工程的重点内容。所以说，本书提出的知识工程是在基于流程的知识工程成功运用的基础上发展起来的，在知识的积累和应用方面更全面、更深化、更有效、更好用。

知识工程和智慧研制的关系。在智慧研制时代，智慧院所信息化建设将形成智慧工作平台（WWP）。WWP集成了数字化工作平台、信息化工作平台和知识应用平台（简称"三驾马车"），加上先进的数字化技术、先进的信息化技术、先进的项目管理技术以及知识工程管理四大关键技术驱动（简称"四轮驱动"）。而其中，知识应用平台和知识工程管理技术则是智慧平台工作的新亮点。在智能制造时代，大数据分析方法的出现，为知识层级的提升开辟了一种新方法——智慧分析法，使得我们可以获得全息化的知识。因此，全息化是第六种知识加工方法。围绕知识的智慧化加工及其功能化应用，形成相应的技术、工具、流程、标准、规范、人才、组织以及这些要素的载体——知识工程平台，就是智慧工作平台中的知识应用平台的具体化描述。所以可以说，知识工程是智慧研制中不可缺少的最新的亮点部分，最重要的组成部分。从这个角度讲，知识工程的重要性和必要性又有了进一步的提升，因为它成为智慧研制中不可缺少的明星。

总之，本书提出的知识工程既是知识管理深入发展的需要，又是智慧研制核心组成的需要，更是党和国家、民族自主创新的需要。而且，基于流程的知识工程、以增值加工为核心的知识工程及精益研发是一个缺一不可的有机组合体，这三者结合起来下一步将发展为智慧研制。希望本书的出版，能为全国不同行业的企事业单位领导、科技管理人员、技术研制人员学习研究和开展知识工程工作提供实际的参考、指导和培训，为实践有中国特色的技术创新之路提供经验和借鉴。让我们共同努力，在一定程度上改变目前"各级单位只提创新要求，可以说是铺天盖地，比比皆是，而涉及具体创新的方法却是寥寥无几，少之又少"的局面。让我们在创新实践的道路上多一点扎实，少一点浮夸，以求真正的实效吧！

中航工业沈阳飞机设计研究所原副所长、科技委主任
中航工业咨询知识工程首席专家
中航工业集团科技委知识工程推进组组长
施荣明
2019年3月

Preface 前言

研究发现，中国企业存在较为严重的"人才断层"现象。我国企业在用一批非常年轻的队伍进行越来越复杂系统的研制，其中潜藏着巨大的风险甚至威胁。人才断层已成为企业不得不解决的问题。解决人才断层问题不能寄希望于返老还童灵丹和长生不老药。人才的核心价值是经验与知识。当我们把人才断层定义为知识和经验的断层时，发现灵丹妙药真的存在，那就是"知识工程"。企业的强大之处，往往不在于引进了多少先进技术，而在于真实积累了多少现有成果。通过知识工程手段，让新一代技术人员快速拥有老一代专家的做事方法和处事经验，可以在很大程度上解决人才断层的问题。知识和经验的传承本来是一件自然的事情，但是中国企业的人才断层现状，要求我们必须通过特殊手段来强制完成这一使命，这个特殊手段就是知识工程。

知识工程体系认为，技术研发和产品研制企业是知识最密集的企业，是知识工程最重要的阵地。研制过程就是利用现有知识创造新知识的过程，凡是对研制工作有帮助的资源都是知识。我们不对知识和资源这两个概念作严格区分，知识工程就是对研制资源的智慧化增值加工过程。即使知识和资源有区别，也是相对而言、互相转化的。

知识体系的建立是知识工程的核心工作。本书从企业实践出发，研究制造业企业的资源特征，形成对知识体系的独特分类模式：实物、数据、信息、模式和技术，同时这五类知识也具有层次递进的特征。针对这递进的五类知识，提出五种知识层级提升方法，即增值加工，分别是数字化、标准化、结构化、范式化和模型化。在智能制造时代，大数据分析方法的出现为知识层级的提升开辟了一种新方法——智慧分析法，使得我们可以获得全息化的知识。因此，全息化是第六种知识加工方法。围绕知识的智慧化加工及其工程化应用，形成相应的技术、工具、流程、标准、规范、人才、组织以及这些要素的载体——知识工程平台，共同构成知识工程体系。

研制体系的三维模型中,知识是一个重要维度。依据本书所提出的知识工程分层模型,该维度由 5 个层次构成:1——有序级、2——共享级、3——自动级、4——智能级和 5——智慧级,外加一个基本级 0——显性级,形成"显序共自能慧"模型。普通企业研制知识工程层次通常在显性级、有序级和共享级层面。先进企业开始使用自动化和智能化知识。未来工业 4.0 时代,基于大数据的智慧级知识将普遍采用,那时我们将步入智慧研制时代。

基于知识工程,结合智能制造时代的新兴科技,本书提出了一个知识泛在的智慧研制理想模型,并映射而成相对应的信息化理想模型——智慧研制平台。将这两个模型推荐给中国制造业企业,协助其规划建设与智能制造时代相匹配的研制体系。在中国军工行业,正在进行智慧院所的体系设计,这两个模型也适合于进行智慧院所的规划和建设。

研制体系中知识积累和应用的层次决定了研制的智慧程度。知识层次越高,研制智慧程度越高。知识层级的提升,意味着企业智慧程度的提升。基于知识工程的层次模型,本书提出智慧研制体系的进化路线(成熟度模型):自发级、意识级、稳序级、协同级、智能级、智慧级。

本书的讨论对象和举例多以研发企业或研发过程为背景,这是因为研发过程是知识密集度最高、知识产出最丰富、知识应用最深入的过程,并不代表本书所提的方法不适用于非研发型企业。非研发型企业或非研发过程的知识工程方法是本书所提方法的子集,大部分方法进行适应性改造,即可适用于这些企业或过程。

作者

2019 年 3 月

Contents 目录

第1篇 知识工程框架与蓝图　001

第1章　知识工程的发展背景　003

1.1　知识工程对中国企业的重要性　003
1.2　国外知识工程发展日趋成熟　004
1.3　国内精益研发体系日渐成熟　011
1.4　面向流程的知识工程实践　012
1.5　知识工程的下一步发展方向　014

第2章　知识工程蓝图与框架　016

2.1　企业知识的本质　016
2.2　知识资源增值是核心　018
2.3　知识工程体系蓝图　021
2.4　知识工程体系框架　023
2.5　知识工程体系成熟度　027
2.6　知识工程集成平台　032

第3章　知识工程规划与建设　036

3.1　知识工程规划步骤　036
3.2　知识工程蓝图设计　038
3.3　知识工程路线规划　039
3.4　知识工程建设方法论　041
3.5　知识工程建设成果　043
3.6　知识工程的特点与价值　043

第 4 章　知识泛在的智慧研制　047

4.1　智慧研制的时代背景　047
4.2　智慧研制需求背景　052
4.3　智慧研制三维架构　055
4.4　智慧研制理想模型　057
4.5　智慧研制集成平台　061
4.6　智慧研制体系模型　066
4.7　智慧研制成熟度模型　068
4.8　开放式智慧研制模式　074
4.9　智慧研制路线规划　079
4.10　智慧研制中知识泛在　083

第 2 篇　知识增值加工技术
087

第 5 章　隐性知识的显性化　089

5.1　知识螺旋与显性化　089
5.2　利用社区实现显性化　092
5.3　知识的显性化表达　095
5.4　知识体系的显性化　096
5.5　知识关系与知识地图　099
5.6　知识显性化以人为本　102

第 6 章　数据知识的标准化　104

6.1　仿真数据的标准化　105
6.2　试验数据的标准化　106
6.3　标准化数据管理框架　107
6.4　基于标准化数据的业务协同　109

6.5 基于数据标准化的科研驾驶舱　　　　　　113

第 7 章　信息知识的结构化　　　　　　115

7.1 利用自动摘要进行结构化　　　　　　116
7.2 利用分类进行信息的结构化　　　　　　117
7.3 利用聚类进行信息的结构化　　　　　　118
7.4 信息知识的组合检索　　　　　　121

第 8 章　模式知识的范式化　　　　　　123

8.1 模式知识的主要形式　　　　　　124
8.2 研制管控模式范式化　　　　　　126
8.3 设计协同模式范式化　　　　　　131
8.4 仿真集成模式范式化　　　　　　132
8.5 质量管理模式范式化　　　　　　135
8.6 智慧项目模式范式化　　　　　　138

第 9 章　技术知识的模型化　　　　　　142

9.1 基于模型的产品平台　　　　　　143
9.2 基于模型的系统工程　　　　　　151
9.3 基于模型的快速论证　　　　　　159
9.4 基于仿真模型的虚拟试验　　　　　　164
9.5 基于模型的定义　　　　　　168
9.6 基于模型的企业　　　　　　175

第 10 章　知识资源的全息化　182

10.1　大数据的通用定义　182
10.2　工业大数据的特点　183
10.3　工业大数据的分类　184
10.4　工业大数据的常规应用　185
10.5　工业大数据的知识应用　186
10.6　工业大数据分析技术　189

第 3 篇
知识工程实践与案例
193

第 11 章　企业知识工程规划　195

11.1　背景、意义及目标　195
11.2　知识工程体系成熟度评估　196
11.3　知识体系规划　201
11.4　知识平台规划　209
11.5　制度规划　218

第 12 章　面向流程的知识工程　220

12.1　体系建设背景　220
12.2　体系建设目标　222
12.3　定义基于知识融合的科研活动模型　222
12.4　构建新一代产品数字化研制流程　228
12.5　建设面向产品设计的本体体系　229
12.6　建设多领域知识融合的知识库　235
12.7　开发产品多领域知识工程平台　242
12.8　体系先进性与创新性　249

第 13 章　基于知识的精益研发　250

13.1　建设背景及目标　250
13.2　业务蓝图及建设方案　252
13.3　精益研发规范制定　256
13.4　精益研发业务梳理　258
13.5　精益研发平台建设　264
13.6　体系的价值及特色　284

附　录　287

附录 A　常见问题及答复（摘录）　289

附录 B　知识工程相关模型及技术　304

B.1　DIKW 知识管理模型简介　304
B.2　社会技术学模型简介　305
B.3　物理-事理-人理（WSR）模型简介　306
B.4　霍尔（Hall）模型简介　307
B.5　V 模型（Paul 模型）简介　308
B.6　现代智能科技简介　310
B.7　创新方法论 TRIZ 简介　314

附录 C　文中部分英文名词缩写全称及中文释义　320

参考文献　322

后　记　325

第 1 篇　知识工程框架与蓝图

本篇旨在从顶层视角建立知识工程的框架，提出知识工程的规划与建设方略，并展望了知识工程的应用蓝图——智慧研制。

历久 | 知识工程的发展背景
弥新 | 知识工程蓝图与框架
登高 | 知识工程规划与建设
望远 | 知识泛在的智慧研制

第 1 章
知识工程的发展背景

1.1 知识工程对中国企业的重要性

知识管理和知识工程对企业的重要性不言而喻,对中国企业尤为重要。经调查,当前中国科技人才结构呈现过于年轻化趋势。20 世纪 80 年代毕业的大学生比例是 13%,90 年代毕业的大学生比例是 17%,2000 年以后毕业的大学生占 70%。八九十年代的大学生多数已经进入领导和管理岗位,一线的技术人员绝大多数是 30 岁上下的年轻人。

知识缺乏有效管理,老同志离岗回家,经验和知识流失严重。"有样子的活会干,没样子的活不会干。"年轻人无法顺利进行顶尖产品的研制,无法有效应用知识来解决问题,这对中国企业来说是个严峻问题。老专家和骨干的知识高效重用是解决问题的唯一办法。所以从"十三五"开始,知识工程成为一项国家战略。

中国企业一直在寻求转型升级之道,希望在短时间内进入发展快车道。产品通过引进消化可以跨越年代,但企业的技术积累无法跨越。企业的技术发展模式主要是"持续进化",而不是"突变式创新"。企业的生产力和竞争力由两个能力构成:创新能力[①]和仿复能力(知识共享),如图 1-1 所示。创新能力决定企业能做多强,仿复能力决定企业能做多大,两者缺一不可。它们的乘积决定企业的发展能力。因此,创新和知识具有明显的共生关系。不基于知识积累的创新,是无生命力的创新;脑筋急转弯式的创新,是给人"做嫁衣"的好点子;不进行复制重用的创新是无效益的创新,是科研体系中的最大浪费。

---

① 创新能力建设不是本书的主体内容,相关内容可以参考本书 B.7 节"创新方法论 TRIZ 简介"。

中国企业与国际一流企业的差距,不仅在于对创新和知识的驾驭能力,更在于对"知识与创新共生关系"的认知。

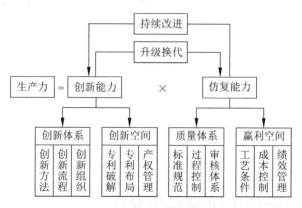

图 1-1　知识与创新的共生关系

1.2　国外知识工程发展日趋成熟

技术进步和需求升级,导致内外部环境加速变化,企业成果和知识也以前所未有的速度源源产生。随着企业内部各领域的专业性越来越强,企业成员快速获取知识和使用知识的能力成为其核心技能,管理与应用知识的能力也成为企业的核心竞争力,国内外各大企业纷纷在知识管理和应用方面进行积极实践。

1.2.1　NASA 知识工程体系

美国国家航空航天局(National Aeronautics and Space Administration,NASA)把"将正确的信息在正确的时间传递给正确的人,促使其创造新知识,分享经验,提高 NASA 及其合作伙伴的执行力"作为其知识管理的目标。具体来说,知识管理能够使设计人员获取已完成项目的经验,使管理人员能够掌握规避风险的有效方法,使新人快速成长。同时,NASA 认识到知识管理是系统性工作,其效果的发挥需要文化的支撑,知识管理需倡导学习型文化,鼓励知识共享。因此,NASA 知识工程体系包括知识架构、知识管理、支持服务和文化。

1. NASA 知识管理技术基础

(1)知识管理框架:NASA 知识管理团队根据知识管理三大要素(人员、流程和技术)的应用,提出知识管理框架,即在知识管理活动的支持下,通过技术和工具，提供一个知识共享和应用的环境，如表 1-1 所示。

（2）企业架构：NASA 企业架构（enterprise architecture，EA）用于创建其知识工程平台，分为业务框架、流程框架、数据框架和技术框架，各个层次之间用检测框架分隔开来。应用 EA 框架的主要作用为：以"发展知识管理,培训、传递知识和促进协同"为战略；自上而下逐层分解需求，将知识管理需求具体化到 EA 框架中；用迭代和递归来保证各个层次之间的回溯,形成统一参考模型。

表 1-1　NASA 知识管理框架

知识共享与应用		
人　员	流　程	技　术
• 支持远程协作 • 支持经验交流 • 知识激励和反馈机制	• 加强知识获取 • 做好信息管理	• 加强系统集成和数据挖掘 • 应用智能代理 • 应用专家系统
支 撑 活 动		
教育与培训	IT 基础设施建设	安全保障体系建设

（3）虚拟企业：NASA 专门建立了 NISE（NASA immersive synthetic environments）项目,实现任务支持（建模、仿真、协同等）、扩展（公众的参与和激励）、学习（K-12 学习系统）和内部培训。该组织还拥有一个具有 800 万注册用户（以每年 20% 的速度增长）的实时交流平台——第二生活（second life，SL）。

2．NASA 的知识管理体系

NASA 将知识管理融入工程和项目管理生命周期的每一个环节,如图 1-2 所示。针对 NASA 职员、承包商、学术研究机构、全球合作伙伴等群体，NASA 形成了一个完整的知识管理体系结构，提供包括 NASA Portal（NASA 入门）、Inside NASA（进入 NASA）、NEN（NASA Engineering Network，NASA 工程学网络）、Lessons Learned（课程学习）、Strategic Committee（战略委员会）、Practice Community（实践团体）等不同的解决方案，通过业务流程的交互将领域专家与各类知识紧密联系到一起。

除通过 NASA Portal 和 Inside NASA 实现系统集成和创建协同工作环境外，NEN 通过语义网、元数据和面向服务的架构等技术建立人与人、人与知识、人与流程（项目生命周期）之间的关系。利用 NEN 的主动集成能力使资源的可访问性和实用性更强，并关联工程师和专家以获取隐性知识。Lessons Learned 两个主要目标为：①扩展 NASA 的学术范围，使老一代专家的知识能传递给新生代；②发展 NASA 的"虚拟学院"。

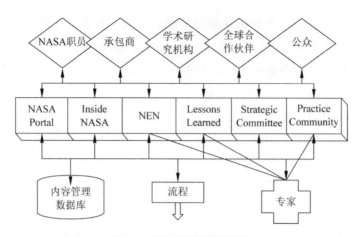

图 1-2　NASA 知识管理体系

3．NASA 知识管理进程

NASA 的知识管理进程如表 1-2 所示。

表 1-2　NASA 的知识管理进程——主题、目标和内容

2003 年	主题：共享知识 目标：实现关键知识的共享，完成组织的研制任务 内容： + 建立知识管理框架 + 识别和共享知识资源 + 及时提供知识给恰当的人以便决策 + 提供从知识创建到归档的辅助智能工具 + 在 NASA 及其客户、合作伙伴间综合利用知识
2007 年	主题：集成知识 目标：实现分布在地面和轨道飞船上各类信息系统的无缝集成 内容： + 基于知识库的半自动化产品设计 + 基于独立型号参数的软件示例自动生成 + 知识管理准则纳入商用轨道运输服务和 NASA 文化中 + 允许飞船实施自控制的远程数据管理
2010 年	主题：获取知识 目标：实现人工或自动化地从任意源头获取知识 内容： + 通过手持设备即可在星际网络间获取标准格式的知识 + 在飞船分析和数据上传方面采用专家系统 + 在现有的传感器和遥感勘测设备间使用具备自治能力的代理 + 工业界和学术界可基于知识管理系统进行飞船零件的协同设计

续表

2025 年	主题：知识应用 目标：实现地面和外空间基地的专家隐性知识的获取、建模与应用 内容： + 系统模拟专家的思考与行为模式，获取隐性知识 + 与自动化的探测器进行无缝知识交换 + 利用星际探险的反馈支持继任设计师开展分析与综合设计 + 面向新研究项目，建立专家参与的网络化知识共享系统

4．NASA 知识管理的发展趋势

NASA 经过知识管理体系的实施，在知识获取、维护、交流与应用等方面都取得了显著的进步。在知识管理理论的思考以及各种技术的发展方面，确定了后续研究方向，包括：①交叉搜索技术，在不同的信息系统之间进行交叉搜索以实现知识的获取和应用；②行为趋势（behavior over time，BOT），分析和把握知识行为随时间变化的趋势；③建立通用原型，采用一个通用的模式，方便知识从业者在此基础上扩展成为各种复杂的应用系统；④表达图形化，简明清晰地表达复杂流程的结构，为后续数字化的推行奠定基础。

1.2.2　波音公司知识工程体系

在波音公司，一个项目需要多地域、多学科、多人协同工作，知识积累是个重要但又棘手的问题。在实施知识工程以前，波音公司的知识有 80% 都存在于雇员的头脑中，另有 20% 存在于方案库中。2007 年，公司 18% 的雇员即将退休，19% 将在 5 年内退休，40% 将在 10 年内退休，知识存在不断丧失的风险。为此，波音公司启动了知识工程项目。

波音公司设计了一个被称为"知识轮"的模型（图 1-3）。在该模型中，以组织知识（Organizational Knowledge）为中心，以企业文化为保障，通过知识战略（Knowledge Strategy）、内容（Content）、人（People）、知识资产（Knowledge Assets）、过程（Process）、工具与技术（Tools/Technology）等六个方面，支持知识生命周期的七个过程。

人、过程、工具与技术在企业文化的支撑下构成企业的知识工程架构。其中，与人有关的知识工程活动有愿景、目标、准则、态度、共享、创新、技能、团队、激励、组织等；过程包括知识管理地图、工作流程、知识集成、最佳实践、商业智能、关键知识沉淀等；工具与技术包括数据挖掘、网络技术、门户技术、决策工具、协作工具、标准等。

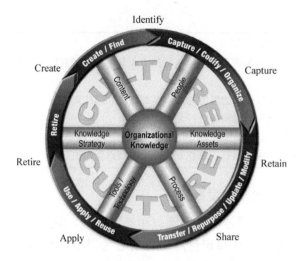

图 1-3　波音公司的"知识轮"模型

Create: 创造；Retire: 退休；Apply: 应用；Share: 分享；
Retain: 保持；Capture: 获取；Identify: 识别

知识轮试图回答以下问题：

（1）谁有需要的知识，他（她）把知识保存在哪里，怎样鼓励他（她）共享知识？

（2）知识是如何产生的，谁需要这些知识，知识如何传输？

（3）知识如何更新，如何保存？

（4）哪些知识是与业务紧密相关的知识，是与当前工作有关还是将来需要用到？

（5）知识的价值如何，哪些最有价值？

（6）知识的应用情况如何，知识是否在不同的领域间共享从而促进创新？

（7）如何减少潜在知识的丢失？

1.2.3　英国石油公司知识管理

英国石油公司（British Petroleum, BP）1997年发起产业链知识管理项目，其任务是通过分享最佳实践、重复利用知识、加快学习过程等手段，来改善公司的业绩。

BP拟建造一个庞大的知识库来储存和传播显性知识，跟踪那些"有识之士"的行踪，创造一个让他们乐于分享经验的文化和技术环境，以促进隐性知识的传播。BP知识管理项目的实施过程如表1-3所示。

BP知识管理项目的核心是在最重要的知识领域建立知识库。知识库建设所采用的步骤如下：

表 1-3　BP 知识管理项目的实施过程

时间	1994—1997 年	1996—2001 年	2000—2003 年	2004 年开始
阶段	确立架构	知识积累	知识提炼	绩效整合
特征	连接	贡献	分类与聚类	持续学习
建设内容	• 搭建平台促进讨论 • 构建网络基础设施 • Lotus Notes • 讨论数据库 • Connect 系统	• 知识是副产品 • 知识以文档记录 • 文档资料库 • 实践社区 • Link 系统	• 人负责整理知识 • 知识分类、提炼与总结 • 通过网络进行全球内容整合与分类细化 • 知识库系统	• 最佳实践总结，反向指导实践 • 知识资源地图 • 综合绩效支持
结果	跨地域沟通	知识向团体转移	随时随地获取优质知识	知识引导人
范围	试点应用	全集团推广	深化应用	

（1）明确知识会有哪些人用；

（2）清楚所建立知识库的内容；

（3）确定哪个团体的实际运作会和这个主题有关；

（4）确定哪些现成资料可以作为知识库的基础；

（5）提升主要信息，萃取工作记录精华；

（6）将重要源文件链接到知识库，为读者提供进一步深入跟踪的资源；

（7）以人为本，在网络中将知识与人们的个人网页建立链接，将知识内容的所有相关人明示，指出这些关联专家也是知识库的重要组成部分；

（8）准确有效的知识反馈机制，循环使用进行验证；

（9）选择合适的媒介将知识库中的精彩部分广泛地传播出去，使实际需要的团队可以随时得到知识。

1.2.4　欧盟基于知识的研制体系

欧盟在利用知识建立复杂产品的研制体系方面卓有成效。近年来，欧盟通过企业间合作开展覆盖产品整个研制过程的虚拟企业跨域协同研制体系建设，以空中客车公司（Airbus）为主组织的 VIVACE[①]项目是典型代表。

VIVACE 是由空中客车公司统筹，欧盟共同资助的信息化项目，是欧洲航空工业协会（AECMA）2020 年航空远景框架内容的一部分。本项目包含三个子项目：飞行器、发动机以及用于整合前两个部分的协同工作环境，最终目标是提供一个基于系统工程和分布式并行工程方法的虚拟产品设计和验证平台。

---

① VIVACE：value improvement through a virtual aeronautical collaborative enterprise，通过航空虚拟（企业联盟）来提升价值。

1）虚拟飞机

该子项目主要围绕构成飞机的主要部件展开，共有6个综合技术工作包：系统仿真、组件、全球飞机、飞行物理模拟、复杂子系统、保障性工程。

2）虚拟发动机

该子项目包含5个综合技术工作包：航空发动机的多企业协同研制模式、虚拟企业状态下的发动机全生命周期建模、发动机整机研制、欧洲循环计划、供应链制造工作流仿真。目前已经研制出飞机推进系统的多种发动机模块、多学科优化的关键区域以及知识管理和协同计划。

3）虚拟企业协同研制环境

该子项目主要是通过通用工具、方法及指南的开发，利用前面两个子项目通用和共有的6个活动将两者集成起来。这6个活动是基于知识的工程设计、多学科设计及优化、面向决策目标的设计、工程数据管理、大型企业分布式信息系统架构、异构企业协作中心。

目前该项目已经取得的成果包括：设计仿真解决方案、虚拟试验解决方案、设计优化解决方案、业务与供应链模型解决方案、知识管理解决方案、决策支持解决方案、企业间协作和虚拟企业解决方案等。

本研制体系强调知识工程的重要作用，建立了完善的知识体系和知识应用方法，除了将资深人士经验整理形成情景相关的、自动搜索和推送的知识，还将各种最佳实践与研制过程的各个子体系紧密连接。

1.2.5　知识工程成功模式窥斑

通过对以上几家知名企业的知识工程管理的起因、历程、现状和未来发展计划进行对比，发现一项共性特点：强调知识工程的体系性建设。这些企业颠覆以往"知识管理就是一个软件平台"的误解，认识到知识管理是一项体系化工作。所谓"体"，是适合各种企业用途的知识工程信息化系统的开发与建设，以及知识资源本身的梳理和总结。所谓"系"，就是与知识工程相适应的体制、组织、文化、管理制度、标准规范和实施方法论等内容的建设。

具体来讲，成功企业的实践具有如下共同点：

（1）这些企业大多从事高端复杂产品的研制和设计，历史悠久，知识存储量大，密度高。人员的频繁更迭，导致企业知识流失较为严重，促使这些企业的领导者亲自负责知识工程工作。

（2）在内部对知识管理基本达成统一认识的基础上，构建全面的企业知识工程体系，形成完整科学的规划和实施计划。在规划落地过程中，采取总体布局、试点先行的方法，首先选择对知识需求较为迫切、存在"知识瓶颈"的知识密集型业务开展知识工程试点。

（3）业务流程被视为支撑知识工程过程的重要手段和方法。企业采用系统工程、WBS（工作分解结构）等理论和方法，梳理企业业务流程，使知识与业务流程紧密关联。知识资源的采集、存储、加工、整合及应用等各方面都围绕业务需求展开，能够在业务总线上形成畅通无阻的知识流，让每个员工在获取知识的同时，能为企业贡献自己的知识和经验。

（4）重视基础知识库的建设。以业务应用为出发点和落脚点，构建知识体系。通过加工处理，构建全面的知识库。重视研制设计过程中的知识积累，通过知识模板和封装工具，实现知识的工具化，支持知识的重用。

（5）建设知识共享的企业文化。通过制度规范体系来建立企业的知识共享文化是一条有效途径。同时，知识管理也是一个过程管理体系，每一个环节需要相应的绩效评估和激励机制来推动和牵引。

1.3 国内精益研发体系日渐成熟

精益研发体系是本书作者及团队基于国际成熟的系统工程方法论，结合中国工业实践而提出来的一套研发体系，是将世界先进理论体系与中国工业实际相结合的产物，是系统工程在中国企业落地实践的成果，被中国工业体系逐步接纳和应用。

精益研发依据三大系统工程模型，提出精益研发理想模型，由此设计了精益研发平台框架。精益研发将知识、工具和质量方法与研发流程深度融合，达到提升研发价值和产品品质的目的。通过精益研发体系建设，企业逐步建立基于系统工程的正向设计体系，实现真正的研发创新。精益研发平台作为精益研发体系的信息化载体，保证精益研发体系的良好运行，同时保证过程数据的完备、协同、共享和可追溯。通过建设高标准的研发体系，实现创新性、高效率、高质量和高附加值的目标。

精益研发包含 11 个子体系，各子体系也各有理想模型、软件平台、成熟度模型以及规划实施方法论。选择从 11 个子体系的任何一个或几个方面入手来建设精益研发，可以降低难度，减少风险。我们特别推荐从知识工程体系入手建设精益研发。知识工程不仅仅是精益研发的一个子体系，还是针对精益研发及其子体系进行要素建设的工程。知识工程的建设过程，就是精益研发的建设过程。知识工程建设完成的研发要素按照精益研发的框架和逻辑组织,就可以形成精益研发体系。在精益研发理念、思想和框架下,以精益研发为目的的知识工程建设是有序的,而仅仅以知识为目的的建设是相对无序的。

因此,最终我们将知识工程确定为精益研发的姊妹篇,是一枚硬币的两个面。如果说精益研发是性能卓越的整机,那知识工程就是机箱打开之后看到的做工精良的零部件;如果说精益研发体系建设是修造高铁,那么知识工程就是修造高速公路。全线修通的高铁纵然可以带来巨大的完整效益,但分段建成的高速公路则可以享受当下的局部效益。精益研发是模式转型、体系变革;知识工程是微创新,是研发体系的渐进式改进。精益研发是仰望星空,知识工程是脚踩大地。

1.4 面向流程的知识工程实践

知识工程三层结构.mp4

在我们提出精益研发时,知识管理是其中一项重要组成部分。但到底如何来做,在当时是一道难题,因为我们发现很多中国企业都进行过知识相关工作,但大部分都没有发挥作用。经研究发现,多数企业的知识管理工作明显存在以下三个问题。

(1)无知识。资深员工不知如何把知识共享出来,甚至意识不到自己有知识。当我们请即将离岗的专家把他们的知识梳理出来的时候,专家们往往是一脸茫然。

(2)弱知识。由于知识的梳理和挖掘存在问题,所以知识管理软件中的知识过于泛泛,与工作关系较弱,只能作为闲来翻翻消遣之用。由于专家不能提供知识,企业的知识管理项目组只好从内外部搜罗现有材料放入知识管理平台中,此类知识与实际业务势必相去甚远。另外,知识的强弱是相对而言的,知识只有放在正确的位置,才能称得上知识,否则就是冗余信息。因此,知识如何恰如其分地出现在正确的地方,是知识工程的一项重要工作。

(3)死知识。即使平台中有一些有用的知识,但在遇到问题时却找不到这些知识。研制人员通常是通过搜索方式来寻找知识,往往发现要么搜索出来太多无关的知识,要么搜索出来很少的知识,难以支持研制工作。

以上问题的存在使得即使是开展过知识工程工作的企业,知识也没有融入研制过程,没有对研制活动起到支撑作用,存在知识与研制"两张皮"现象。

为此，我们提出一个新的解决方案，那就是知识与研制流程伴随，如图1-4所示。

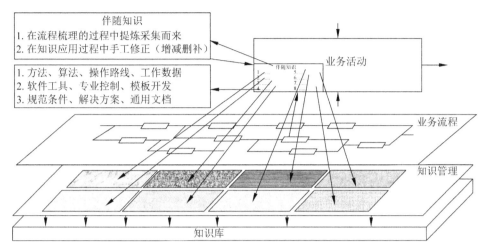

图1-4 面向流程的知识工程体系中知识与研制流程的伴随

知识与研制流程伴随的方案是一个两层结构，底层结构与普通的知识管理做法相同：知识库＋知识管理系统。上层结构是业务流程（或研制流程）及业务活动（工作包），把每个关键工作包的知识梳理出来，与该工作包伴随起来。这样可以利用研制业务活动进行知识的产生、组织、管理、应用和创新。这个方案的以下特点很好地解决了以上3个问题：

（1）有知识。让专家意识到自己确实有知识，让专家在知识挖掘和整理的过程中有章可循。当专家明确了要梳理自己擅长的工作包相关的知识和资源时，他们都表现得驾轻就熟。

（2）强知识。所有知识都与工作直接强相关，无论用何种方法获得知识，都是雪中送炭的知识，而不是锦上添花的知识。工作包上的知识只可能是与完成本工作包相关的知识，其他知识没有机制和机会出现于此。

（3）活知识。在业务需要的时候，知识就出现了。变"人找知识"为"知识找人"，让知识主动推送到研制人员的工作桌面上。工作人员领取到工作包时，知识就同时获得。

该方案思路清晰，方法具体，一经提出，便得到了企业的认可。只要企业持之以恒，知识工程便可落地。我们把这个方案称为"面向流程的知识工程"。该方案不仅对知识工程的企业落地起到了关键作用，而且对精益研发的落地也起到了支持作用。

1.5　知识工程的下一步发展方向

虽然面向流程的知识工程在企业受到欢迎,但仍然有一些问题尚未得到好的解决,那就是知识本身的问题,包括以下两方面:

(1)远知识。知识似乎与工作有关,但距离业务应用太远,使用起来不直接、不方便。同一条知识,不同的人理解不同,应用效果也相去甚远。

(2)浅知识。只关注显性知识的表面价值,看不到隐性知识的深层智慧。

为此,我们提出以下两项要求,作为知识工程下一步发展的重要方向:

(1)近知识。所有的知识可以像工具那样直接使用,无须二次加工。无论用何种方法获得知识,在应用系统中都可以即插即用。只有工具化的知识才能保证不同的人使用结果相同。因为工具化的知识具有自动化和智能化特征,将人为因素降到最低。

(2)深知识。提炼归纳分析知识的隐性价值,利用智慧分析方法,将隐性知识按照业务应用情景显性化,在研制人员工作过程中获得智慧导航(基于大数据的智慧分析方法是一项前瞻性技术,在本书中作为知识工程未来发展展望,有一定程度的涉及)。

通过以上的发展,可以对图1-4形成的两层结构进行优化和扩展,形成由三个层次构成的知识工程体系,如图1-5所示。

三层结构中的中间层是传统的知识管理体系,将已有知识按照业务需要进行分门别类管理,支持业务人员的查询和搜索。

知识管理向上,梳理研制流程,使知识与研制流程的工作包伴随,将知识融入流程。

知识管理向下,深挖设计过程中的知识。根据知识的类别,选择合适工具进行增值加工。通过软件的知识建模工具生成数字化和工具化的知识,并直接与相关研制工具建立关联,使这些知识天然具有与业务工作环境互动的特点,直接启动应用,使知识与设计活动紧密融合,直接支持设计工作。另外,这种方式也提供了随用随积累、随用随创新的知识积累与应用模式。

知识管理向上发展是面向流程的知识工程,向下发展则是融入设计的知识工程。

第1章 知识工程的发展背景

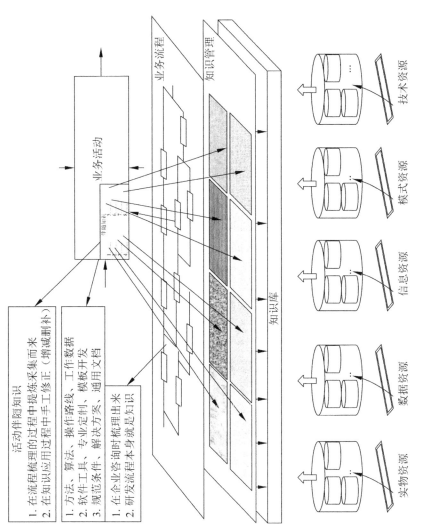

图 1-5 知识工程体系的三层结构

第 2 章
知识工程蓝图与框架

2.1 企业知识的本质

谈及知识工程,我们首先要回答的一个问题是"什么是知识"。知识,在很多人的意识中,是一个既普通又神秘的概念。我们每天都在说"知识"这两个字,"知识"一词在各类历史文献和书籍中频繁使用,但真要给知识下定义的时候,却无从落笔。

知识的学术定义其实有很多,在中国文化中就有 20 多种含义。中华人民共和国国家标准《知识管理 第 1 部分:框架》(GB/T 23703.1—2009)也对知识做了定义:"知识是通过学习、实践或探索所获得的认识、判断或技能。"然而,当我们进行企业知识体系梳理及建设,用这些学术定义来应对"企业到底有哪些知识?""哪些东西算知识?"等问题时,仍然难以作答。其实,学术上过于严谨的定义,往往给工程实践戴上枷锁。学术上关于"知识"定义如此之多,但实践中我们却很难按照这些定义开展知识工程工作。在工程应用中,我们需要的是一个具有"实践"意义的知识定义。要回答这一问题,我们须先回到企业经营的本质,来寻找知识的本质。

一家正常经营的企业,一定有三条线并行:一是"主营业务",二是"业务管理",三是"业务资源(知识)",如图 2-1 所示。

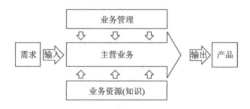

图 2-1 企业经营的三条主线

"主营业务"是企业生存的主线。对于研制型企业来说，主营业务就是产品和技术研制。当然可能还有生产型、试验型、论证规划型、咨询型等类型的企业，其主营业务各不相同。主营业务是一个过程，经过这个过程，企业把原材料变成满足客户需求的产品。因此，主营业务的目标是产品。当然此处所言"原材料"和"产品"是广义原材料（包括信息、数据、标准件等）和广义产品（包括技术、服务和报告等）。主营业务的本质是"满足客户需求"。

"业务管理"的目的是保障主营业务按照既定的时间、路线和质量达成既定的目标——产出满足客户需求的产品。例如，需求管理保障的是满足用户需求；流程管理保障的是按照既定路线达成目标；质量管理保障的是业务过程和交付物的品质；项目管理的核心是计划管理，保障的主要是时间与进度。没有管理，业务仍然可以进行，但会像踩着西瓜皮一般，走到哪里算哪里，这是企业主不愿意看到的。所以，管理虽然繁琐，业务一线的人员也多有诟病，但总是不可或缺。其实，管理并不复杂，其本质是让业务单位和业务人员"有诺必践,有行必果""说话算话,说到做到"。有人把管理说成"管理就是管人""管理就是管钱""管理就是管资源"等，都是有失偏颇的。这些说法看似把管理简单化，但其实并没有说到管理的核心，反而使其复杂化了。

"业务资源（知识）"的目的是保障主营业务具有可行性和高效率。主营业务开展过程中，当然可以白手起家，从零做起，试错前行。但业务人员一定会想方设法寻找参考物，让工作一次做对，至少可以提高效率。这些参考物在企业称为"资源"，究其本质，这些资源虽然是参考物，其实起着知识的作用。这种特征在科技型企业尤为明显。一位企业领导说："（企业的年轻工程师）有样子的活会干，没样子的活不会干。"这里所谓的"样子"，其实就是参考物。因此，在企业中，知识的本质是"参考资源"。当然，这种资源不是朴素的资源，而是经过整理加工增值之后，具有参考价值的资源。对于科技型企业来说，知识就是"增值的科技资源"，知识工程的一项重要过程就是科技资源的增值过程。

科技资源的定义是：科研活动所资利用的一切有形物质和无形要素。其按照广义分类可以分为科技人力资源、科技财力资源、科技物力资源、科技信息资源、科技组织资源五类。按狭义分类目前并没有统一的标准和划分方法。结合通用的科技资源划分法和中国企业的实际，我们将工业企业的科技资源归纳为9类，如表2-1所示。

任何企业一经创建，总是会源源不断建设和产生资源，这些资源的自然利用是企业应用知识的最初级形式。如果我们对资源进行改造加工，提升其显性化、共享化、智能化程度，则可使资源更接近业务，就更具有知识特征。因此，知识是被增值加工后的资源。知识与资源的关系是相对的、可以相互转化的。对特定层次而言，高层次的对象是知识，低层次的对象就是资源。因此，知识工程建设和资源建设之间没有绝对界限，凡是在产品研制中有用的资源，都应该纳入知识工程的建设范围。

表 2-1　工业企业科技资源分类

编号	资源类别	资源实例
1	产品资源	普通构件、公用构件、产品货架、模型库、需求库、指标库、产品平台等
2	技术资源	普通技术、标准技术、技术货架、专利库、公式算法、技术平台等
3	模式资源	研制流程、多人协同模式、工具集成模式、工具使用步骤、科研制度、行业标准、设计规范、质量文件、检查表、检查方法指南等
4	信息资源	规划报告、设计文档、计算报告、试验报告、经验教训总结、科技情报、文献档案、词库术语等
5	数据资源	项目数据、设计数据、仿真数据、试验数据、工艺数据、制造数据、销售数据、综保数据、历史型号库、外部产品库、材料库等
6	人力资源	资深专家、专业技术人员、普通技术人员、劳务资源
7	设备资源	试验设备、制造设备、测试设备、维修设备等
8	软件资源	工具软件、管理系统、操作系统、数据库系统等
9	硬件资源	服务器、终端、高性能计算机、网络、存储等

2.2　知识资源增值是核心

知识增值加工.mp4

依据载体形式和加工手段特征的不同，我们进一步将以上9类知识（资源）归纳为5个大类，并依据价值差异对其划分了层级，分别是：0——实物类、1——数据类、2——信息类、3——模式类、4——技术类，如表2-2所示。

表 2-2　9类资源归类和加工后的知识化特征

编号	资源小类	资源大类	资源层级	加工方法	知识特征
1	产品资源	技术类	4	模型化	智能化
2	技术资源				
3	模式资源	模式类	3	范式化	自动化
4	信息资源	信息类	2	结构化	共享化

续表

编号	资源小类	资源大类	资源层级	加工方法	知识特征
5	数据资源	数据类	1	标准化	有序化
6	人力资源	实物类	0	数字化	显性化
7	设备资源				
8	软件资源				
9	硬件资源				

不同资源类型采用不同技术加工手段，提升其知识特征，是知识工程的核心价值所在。实物类资源数字化后具有显性化特征；数据类资源标准化后具有有序化特征；信息类资源结构化后具有共享化特征；模式类资源范式化后具有自动化特征；技术类资源模型化后具有智能化特征；利用大数据分析技术进行知识的全息化之后具有智慧特征。

第一，软硬件资源和设备资源属于实物类资源。在现代企业，知识和资源从无到有的产生过程需要通过这些实物类资源的使用来完成。同时利用这些资源可以将知识和资源数字化，只有数字化的知识和资源才可显性化，使企业具备进行现代知识工程的基础。但此时知识化特征仍然较弱，因此知识层级为0。人力资源（专家）是一类特殊的实物资源，是最有价值的隐性知识的拥有者，通过数字化社交平台可实现其知识的显性化。

第二，数据类资源本身是数字化的，通过标准化技术，可以使其获得有序化特征，但仍然属于低层次的知识形态。企业的研制数据在各种业务过程和具体项目中产生，并且以不同形式、不同格式、无秩序地保存。数据的不标准化特点，使数据的可读性和可访问性较差。这种"数据"无秩序状态的知识层级为0。经过标准化加工后形成各种独立的参考库，如历史项目库、历届型号库、外部产品库、行业材料库等，使得数据有序化。此时，知识层级为1，数据类资源升级为数据类知识。

第三，信息资源是将数据类知识进行分析整理，形成具有特定结论的文档。此类资源可以通过结构化加工强化其共享特征。经过分类、聚类、摘要、标签、主题、语义分析等手段结构化加工后，信息类资源可形成各种分类知识库供参考查阅。具体来说，主要依托语义技术，通过本体库的构建，利用词汇处理技术对文档类知识进行标引，并应用统计分析等算法，最终实现文档类知识的自动分类和聚类等。对于更高形式的使用要求，可以采用语义分析技术，使知识工程系统具有自动摘要和自我学习能力。采用主题、标签、领域板块、部门专业等形式组织知识，让知识通过不同的维度聚集在一起，彼此产生关联关系。利用流程进行知识关联是一种特殊的知识结构化的方法，知识与研制流程的关联可实现知识的准确推送。经过这些处理，知识层级上升为2，信息类资源升级为信息类知识。

第四，针对模式类资源，面向研制应用，将研制流程、标准规范、多学科设计与仿真集成、单学科设计与仿真操作等过程归一化和标准化，使其成为具有共性普适意义的过程，我们将这种过程称为范式化。范式化之后，模式资源就可以利用软件工具进行封装，形成即插即用、自动运行而不需要人工干预的知识。经过以上范式化手段，模式类资源成为一种工具化的知识，这种工具具有自动化特征，知识层级为3，模式类资源升级为模式类知识。

第五，针对技术类资源，把企业业已创造的技术成果进行标准化、统一化而形成产品模型或技术模型。所谓模型，就是可以根据外界输入参数进行自推理、自判断和自调整的技术单元。复杂的技术和产品可以认为是这些单元模型有序组合的产物。在未来的产品设计或技术研究中，通过对参数进行适当调整即可形成新的产品设计或技术成果。通过信息化手段形成产品技术平台，在产品设计时直接选择和调用其中的模块，甚至产品设计可直接在此平台上进行。经过以上模型化手段，使技术类资源形成另一种工具化知识，这种工具具有智能化特征，知识层级为4，技术类资源升级为技术类知识。

第六，在未来，技术手段提升后，特别是加入大数据全息化技术，通过智慧化手段采集保存在科研活动和管理过程中的大量数据，将隐藏在以上各类显性知识中的隐性知识充分挖掘出来。利用大数据分析技术找到数据之间的相关性，往往能够突破基于预设模式的小样本数据分析的结论，得到预料之外的颠覆性成果。根据工作场景自动分析工作需要，从现有知识体系中自动组合当前工作需要的知识，推送或嵌入到业务系统中，使之具有自判断与自决策的特征。那时候智能化（4级）和智慧化（5级）知识将无处不在，研制体系的智慧化水平将提升明显。

图2-2给出了知识资源增值框架。针对不同的知识类别和特征，采用不同的采集、聚集和加工手段，实现知识增值。

图2-2中，知识采集是科技资源增值框架的基础层。知识的初级形态是科技资源，对企业科技资源的梳理和分析可以获得知识对象的状况。

知识聚集的作用是将来自实物档案、个人电脑和信息系统等不同来源的知识对象，通过各种手段进行有效收集。针对知识的不同形态，设计相应的知识模板（知识模型）和知识库，将模板和知识载体关联入库，最终形成各种类型的知识库。

图 2-2 知识资源的增值框架

知识加工的作用是，对进入到知识库中不同类型的知识，对应采用前文所述的数字化、标准化、结构化、范式化、模型化及全息化等技术进行加工处理，提升知识层级，实现知识增值，提升智慧程度。

2.3 知识工程体系蓝图

如图 2-3 所示的知识工程运转之轮展示了知识工程体系的运转逻辑。

（1）知识是知识工程运转之轮的核心，知识运转过程中，隐性知识和显性知识相互转化；

（2）知识增值是知识工程体系的灵魂，是知识效益化和企业智慧化的关键；

（3）知识的"采、聚、管、用"是知识工程体系的行为模式，是知识体系在企业中的运动形式；

（4）知识战略是企业战略的知识化映射，是企业战略分解过程中，由知识工程体系所承接的部分，也是知识工程支撑企业战略的方案；

（5）知识体系是企业知识的体魄，不论知识以何种形式在企业发挥作用，知识体系是根本；

（6）知识运行体系是知识工程的神经网络，通过卓越的组织和完善的流程、标准、规范，保障知识工程体系良好运转；

（7）知识工程平台是知识体系的载体，也是知识工程体系运转的信息化支撑。知识工程的各要素融入这个平台，才能按照预定的模式和效率运转起来。

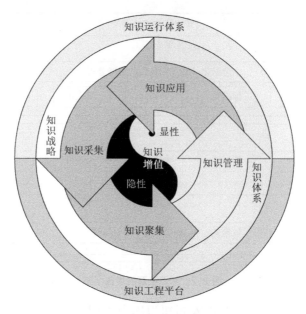

图 2-3 知识工程运转之轮

之所以用运转之轮来表达知识工程体系，是为了传达知识生生不息的特性。例如，隐性知识与显性知识之间相互转化是知识运转的常态，现有知识应用过程就是新知识的产生过程等，都是知识生生不息的体现。

基于知识工程运转之轮，我们设计了知识工程体系蓝图（图2-4）。本蓝图中各要素与知识运转之轮各要素一一对应。如果说知识运转之轮是知识工程体系的文化、艺术或者哲学形式的业务化表达，知识工程蓝图则是其科技形式的信息化表达。

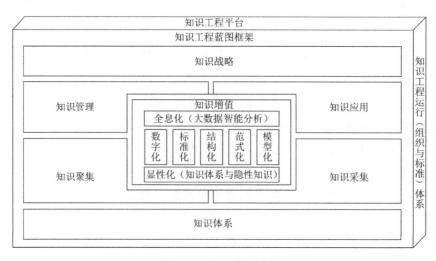

图 2-4 知识工程体系蓝图

2.4 知识工程体系框架

知识工程体系是典型的社会技术学体系。因此，我们采用社会技术学模型[①]设计知识工程的体系模型，如图2-5所示。

（1）知识工程体系建设以"知识提升企业智慧"为战略，从人才、组织、流程、标准、规范、技术、工具与方法等方面综合考虑，制定长期规划和建设方案；

（2）在技术方面，重点是知识工程加工技术、搜索引擎技术、分类聚类算法等；

（3）在流程方面，重点是知识伴随、采集、聚集、加工、应用等相关的流程、规范和标准等；

（4）在人才与组织方面，重点是知识工程的团队组织、任职资格体系、考核激励和人员培养等；

（5）在平台方面，利用知识工程框架和企业的各类知识加工和应用系统，搭建集成信息化平台，承载整个知识工程体系。

本体系将知识工程相关的战略、组织(人)、技术、流程和信息化平台有机联系在一起，实现知识工程体系建设后知识在企业内的有效流动与运营。

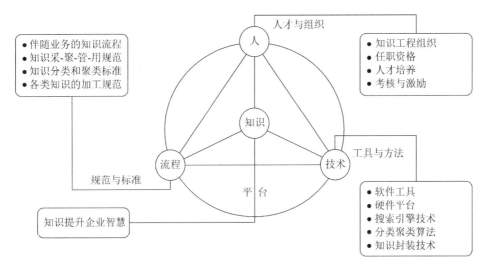

图 2-5　基于社会技术学模型的知识工程体系模型

将社会技术学模型展开形成知识工程完整体系框架，如图2-6所示。知识工程体系包括以下几方面：企业知识体系、知识采集与聚集、知识资源增值、知识工程标准与规范、知识工程组织、知识工程技术及知识工程平台。

---

① 社会技术学模型参见本书B.2节"社会技术学模型简介"。

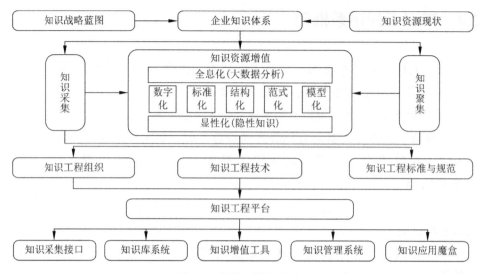

图 2-6 知识工程体系框架

1. 企业知识体系

企业知识体系是根据企业战略蓝图，特别是研制战略规划，以及知识资源现状的分析，形成企业知识的完整结构图，对企业未来较长时间内的知识资源建设给予指导。知识体系的建立也是知识显性化的一部分，将在第3章详细讨论。

2. 知识采集与聚集

知识的采集与聚集是将企业内外的知识对象通过各种手段获取（采集）到企业内部并分类管理（聚集）的过程，这些资源包括实物档案、专家人脑、个人电脑和信息系统等不同来源的知识对象。根据知识形态设计知识模板（知识模型）和知识库，将模板和知识载体关联入库，最终形成各种类型和模式的知识库。这些知识库包括实物库、数据库、信息库、模式库、模型库等。

3. 知识资源增值

知识资源增值是知识工程的核心，用于提升知识资源的显性化、共享化、工具化和智慧化程度。知识资源增值的程度，决定了知识接近业务的程度、促进创新的程度以及研制体系的智慧化程度。详细信息参见第 4～8 章。

4. 知识工程标准与规范

知识工程标准与规范，是知识工程能够成功建设、推广、应用的有效保障。通过知识工程运营流程、配套制度、激励机制的建设，为知识全生命周期活动（包括知识的采集、聚集、加工、应用）提供完整的流程和制度保障。

通过和知识应用及贡献度挂钩的绩效考核与激励措施，提高员工知识管理的参与性、知识贡献的积极性和主动性。知识工程标准与规范主要包括工作流程、制度、标准和规范等内容。工作流程主要是指知识工程体系运行流程；制度主要是指企业解决什么时间、做什么事、做正确事的问题；标准主要是指规定相关事项优劣评判的准则问题；规范建设主要是解决"怎么做"的问题。表 2-3 给出了某企业知识工程体系建设的标准规范清单（范例）。

表 2-3　某企业知识工程体系常用的标准规范清单（范例）

分 类	规 范 名 称	具 体 内 容 说 明
基础规范	知识工程名词术语	知识工程项目中所有名称术语定义与解释
	知识分类编号规定	说明知识工程系统中知识编号生成的详细规则
	知识入库与签署规定	知识入库签署流程和要求详细说明
	知识颗粒度与分类规则	知识颗粒度要求、各知识分类的详细定义及描述
	知识入库标准指导规范	知识入库标准和入库操作指导要求及规范
管理规范	组织机构文件	知识工程建设和系统运行机构的结构、人员、角色职责等规定
	知识工程考核激励办法	知识工程建设和运行的日常考核激励办法、规则等的详细说明
	知识工程项目统计方法	知识工程系统统计内容、统计规则、统计要求等的详细说明
	知识工程系统管理规定	知识工程系统日常管理类规定的详细说明
	知识工程使用规定	用户使用知识工程的基本规定的详细说明
运维规范	交流讨论要求	知识问答和讨论应用的具体行为约束要求和时间要求
	设计流程维护要求	设计流程的构建角色、职责及操作要求
	专家网络与构建要求	专家网络的构建、维护及应用要求
	知识模板定制要求	知识模板的制定流程及要求
	知识工程系统应用手册	知识工程系统的应用详细手册
	知识工程系统维护手册	知识工程系统的维护详细手册
	知识工程系统集成要求	知识工程系统与其他资源系统的集成接口详细要求
	本体构建及使用方法	本体术语的构建角色与操作要求，以及本体术语的构建方法说明
	学习模块使用要求	学习任务制定、反馈、认定的具体要求
	知识工程服务器管理规定	知识工程服务器的日常管理及维护规定
部门规范	部门资源构建要求	部门公共类资源知识的构建详细要求
	部门组织级使用规定	部门级的知识工程系统应用规定的详细说明

5．知识工程组织

知识工程组织是知识工程体系建设与运营过程中为保障体系的有效运行而设立的组织机构，主要包括部门设置、职责设计、人员选择、任职资格、关键绩效指标（key performance indicator，KPI）等方面的内容。

知识工程办公室是一个典型的知识工程组织（图2-7），负责知识工程体系的总体规划、体系建设、技术管理、标准化体系建设、项目实施、信息化平台建设等各方面工作的决策和执行。

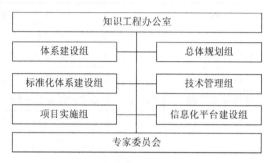

图2-7　典型的知识工程组织——知识工程办公室

（1）总体规划组：负责制定企业知识工程体系的总体规划。

（2）体系建设组：负责企业知识工程体系的建设。

（3）技术管理组：参与提出知识工程相关技术与软件平台应用需求。

（4）标准化体系建设组：牵头负责企业知识工程标准化体系建设规划和实施。

（5）信息化平台建设组：负责知识工程平台的长期规划、实施、整合与系统管理。

（6）项目实施组：知识工程项目实施的具体管理机构，与专家委员会协同工作。

（7）专家委员会：对知识工程的技术状态进行评价、建议和审议。

6．知识工程技术

知识工程技术指在知识工程体系建设过程中需要采用的技术，如知识采集、搜索、分类、聚类、分析、推送等。技术采集的主要目的是为知识工程体系及其子体系建设与运行选择合适的技术，这些技术包括知识工程工作开展需要的技术和信息化平台建设所需的技术。技术选择的工作路线包括技术调研、技术评估、分析决策、采纳定制等步骤。

7．知识工程平台

知识工程平台是整个知识工程体系的载体，将以上所有知识工程相关要素进行管理和运作的信息化平台，包括知识采集接口、知识库系统、知识增值工具、知识管理系统和知识应用魔盒等。详细信息参见2.6节。

2.5 知识工程体系成熟度

知识工程体系的建立不能一蹴而就，需要先对企业进行成熟度评估，科学设立成熟度进化路线，长远规划，分步实施。为此，我们设计了知识工程成熟度模型及评估方法。

1. 成熟度模型

我们用"知识工程成熟度"来衡量一个企业识别和显性化知识、增值和应用知识以及实现业务目标的能力。知识工程过程就是把各类资源逐步知识化的过程。我们建议按照表2-2给出的层级为顺序进行本过程，以降低工作的复杂性。知识工程成熟度则是根据这些资源增值加工后的知识化特征定义为五个级别，分别为1——有序级、2——共享级、3——自动级、4——智能级和5——智慧级。此外，我们增加"0——显性级"，这个级别并不是知识工程的正式级别，但本状态又是企业知识工程的基础，所以用0级表示，如图2-8所示。知识工程成熟度每提升一级，就接入一类新知识，对其进行增值加工，而不是在每一层级对所有类别的知识进行加工。这种建设方法类似于CMMI成熟度方法中的"阶段式"而非"连续式"。

维度	0级成熟度	1级成熟度	2级成熟度	3级成熟度	4级成熟度	5级成熟度
级别名称	显性级	有序级	共享级	自动级	智能级	智慧级
知识对象	实物类	数据类	信息类	模式类	技术类	所有
增值策略	数字化	标准化	结构化	范式化	模型化	全息化

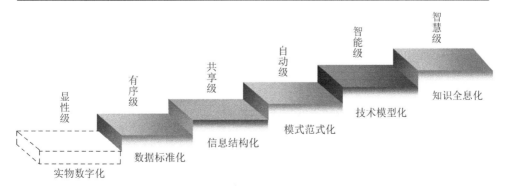

图2-8 知识工程成熟度模型

知识工程的成熟度级别越高，企业的智慧级别越高，驾驭知识、运用智慧的能力越强，企业的体系管理能力和业务预测能力也越强。表2-4给出了知识工程成熟度特征。

表 2-4 知识工程成熟度特征

维度	0级成熟度	1级成熟度	2级成熟度	3级成熟度	4级成熟度	5级成熟度
级别名称	显性级	有序级	共享级	自动级	智能级	智慧级
知识对象	实物类	数据类	信息类	模式类	技术类	所有
增值策略	数字化	标准化	结构化	范式化	模型化	全息化
技术与方法	数字化技术	数据库技术，搜索技术	语义技术，分类聚类技术	流程建模技术，工具封装技术	成组技术，模型化技术	大数据技术，隐性知识的归纳技术
流程与标准	无	数据管理相关的流程与标准	信息归纳提取和规律研究相关的流程	业务建模流程及标准	基于模型化和产品平台的研制流程	围绕应用目的的自发和自适应流程
人员与组织	IT服务人员	数据管理和标准化人员与组织	信息总结分析提取的人员与组织	流程梳理、优化、总结和建模的人员与组织	各类模型和研制平台的建设人员和组织	学习型组织，知识型员工
采集与聚集	个人交流信息或机器产生的数据离散管理	从个人或各类应用系统中获取数据，集中管理	从个人或各类内容管理系统中获取文档，集中管理	从个人或流程、过程应用软件及数字化工具软件中获取数据和信息	从各类模型应用软件中获取数据或文件，集中管理	从集中管理库中自动获取数据、信息、模式或模型数据
知识应用模式	实物档案借阅或电子文档的传递	数据库检索应用	文件检索、流程伴随及桌面嵌入应用	知识通过既定行为模式（流程）的推送	基于预定情景的自动分析推送	基于行为趋势及情景预测的自动化推送
知识的有序管理	档案与文件管理	数据库索引管理	信息、文档和内容管理	模式对象（流程、过程及模板）管理	模型管理	数据与信息的自适应和全息管理
软件与平台	数字化应用工具软件，文档处理工具，文件系统	数据库系统，数据管理软件	文档管理系统，内容管理系统	流程管理和多工具集成系统，工具模板封装系统，基于流程的知识工程系统等	知识工程集成平台，各种知识加工工具	融合了大数据的知识工程集成平台

各级别的特征说明如下：

第0级：显性级。处于这个级别的企业特征是：企业的实物资源具有初步的数字化形态，但资源零散和无序，缺乏共享，在部门或者个人级别传递，没有知识管理和应用的意识。

第1级：有序级。处于这个级别的企业特征是：企业具有一些数字化工具和个别较为孤立的信息化系统，积累了应用数据。企业意识到数据是企业资产，对历史数据有意识地保存，大部分数据具有标准化特征，使得数据知识得以有序化管理，未对数据进行提炼总结而形成规律性和整合性的信息。

第2级：共享级。处于这个级别的企业特征是：在数据的保存和应用方面较为稳定和有序，具有利用数据形成各类规律性、有价值、整合性信息的能力。组织有比较规范的流程，流程中有比较完整的信息记录。这些信息主要以文档的形式存在，通过结构化的方式在企业中共享。企业具有较为体系化的信息化系统，部分系统之间数据和信息可以相通。

第3级：自动级。处于这个级别的企业特征是：企业各类规律性、有价值、整合性业务模式，通过范式化手段定型。利用软件进行数字化建模，形成可以自动运行的知识，大部分情况不需要人工干预就能按照预定的规则和规律完成流程的运转和任务的操作。

第4级：智能级。处于这个级别的企业特征是：多数专业技术和产品组件按照业务需求和产品逻辑正确嵌入设计过程，不需要专家值守现场给予判断和指挥就能准确无误地完成工作。

第5级：智慧级。处于这个级别的企业特征是：能够根据采用相应的智慧分析技术，自动挖掘全产品、全流程和全组织的知识，在业务流程和工作情景中自动推送准确的知识，自动确定流程需要改进的位置和指标，可以预测业务过程的未来效益和产品运行的未来状况。处于这个级别的企业能够与环境协调，随需而变，达到较为理想的状态。

至此，我们提出了知识层级的实践模型——"显序共自能慧"模型（图2-9）。本模型是对经典的学术化的知识模型——DIKW模型进行的工程化改造。DIKW（Data-Information-Knowledge-Wisdom，数据-信息-知识-智慧）模型[1]是知识管理界的一个常见模型，但我们认为此模型对于知识工程的实践指导性不强。本书提出知识增值加工为核心的方法与DIKW模型有相通之处，但较为工程化和实用化。

---

[1] DIKW模式的详细信息参见本书B.1节"DIKW知识管理模型简介"。

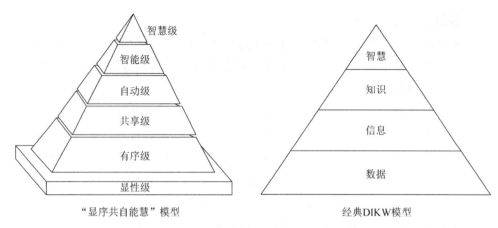

图 2-9 "显序共自能慧"模型是对 DIKW 模型的工程化改造

知识工程就是科技资源的知识化过程，是知识级别的提升过程，也是通过提升知识级别从而提升企业智慧级别的过程。目前，国内大部分企业知识处理加工的层级通常在第二层以下，即实物数字化、数据标准化和信息结构化层面，这些层面的知识具有显性化、有序化及共享化特征。也有小部分企业开始使用自动化和智能化知识，即采用范式化和模型化等技术，把模式资源和技术资源进行加工改造成可自动运行的知识。未来工业 4.0 时代，基于大数据的智慧级知识将普遍采用，那时的研制将步入智慧研制时代，企业将拥有大量自推理和自决策的知识。知识工程建设就是为企业实现更高级别的跨越服务，从共享级迈向自动级、智能级甚至智慧级，成就企业知识的有效循环和可持续发展。

总结来说，知识工程的主要工作聚焦于四点：

（1）提升知识的显性化程度。显性化程度越高，越接近业务应用，实用性越强。

（2）提升知识的共享化程度。数据有序带来效率，信息共享带来创新。知识的封闭和闲置是科技型企业最大的浪费。

（3）提升知识的工具化程度。知识加工也是知识的工具化过程。知识是人类进步的阶梯，工具则是知识的终极载体。将模式知识和技术知识经过加工形成工具，可以提升工作的自动化和智能化程度。

（4）提升知识的智慧化程度。知识增值过程就是知识层级的提升过程。知识层级越高，知识的价值越大，企业的智慧程度就越高。

2．成熟度评估方法

在企业开展知识工程体系建设之初，对企业进行知识工程成熟度评估，是合理进行知识工程体系建设与平台实施的关键。

依据社会技术学模型,成熟度的评测维度包括以下七项:人才与组织、流程与标准、技术与方法、采集与聚集、知识管理、软件与平台、知识应用等。通过对企业进行知识工程成熟度各维度的评估,形成企业知识工程成熟度雷达图,来评定企业知识工程成熟度等级,如图2-10所示。

维度	人才与组织	流程与标准	技术与方法	采集与聚集	知识管理	软件与平台	知识应用	综合评分
建设前	2.1	1.9	2.4	1.8	2.1	2.3	1.6	2.0
第一期	3.2	3.3	3.3	2.8	3.2	3.2	2.8	3.1
第二期	3.6	3.9	3.9	3.8	3.9	3.8	4.0	3.8
第三期	4.4	4.2	4.2	4.2	4.3	4.4	4.6	4.3

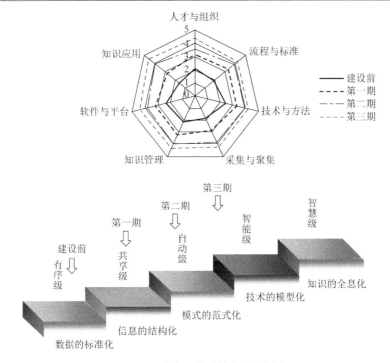

图 2-10 知识工程成熟度评估实例

企业的有效能力由雷达图的最短半径决定,其余的能力称为无效能力或未来能力。因此,知识工程体系需要均衡建设,在同一个成熟度从各维度入手进行全面建设。从一个维度切入并探底不仅无效,也许还会有害。因此,知识工程的建设过程首先是均衡化过程,然后才是进化过程,所以应该优先选择雷达图的凹陷维度展开建设工作。通过补充完善和持续建设,雷达图会反映两个变化:一是走向正圆,表征体系走向均衡;二是半径扩大,表征体系成熟度逐步提升。

企业知识工程体系成熟评级根据各维度平均得分进行评定，评级标准如表 2-5 所示。

表 2-5 评级标准

成熟度等级	标　　准
1 级（有序级）	1 分≤综合得分＜2 分
2 级（共享级）	2 分≤综合得分＜3 分
	2 分≤各维度得分＜3 分
3 级（自动级）	3 分≤综合得分＜4 分
	3 分≤各维度得＜4 分
4 级（智能级）	4 分≤综合得分＜5 分
	4 分≤各维度得分＜5 分
5 级（智慧级）	综合得分 =5 分
	各维度得分 =5 分

2.6　知识工程集成平台

知识工程集成平台是知识工程体系的载体。通过建设知识工程集成平台（图 2-11），实现知识的采集、聚集、加工、管理及应用。知识工程集成平台包括知识采集接口、知识库系统、知识加工系统及知识应用系统。

（1）知识采集接口（knowlefetch）提供（集成）了 5 类知识的采集接口（工具），面对外部知识资源系统（knowlesource）的对应知识资源进行针对性采集。

（2）知识库系统（knowlebase）提供（集成）了 5 类知识的存储库，将采集来的知识的原始数据进行保存。

（3）知识加工系统或工具集（knowletools）通过提供（集成）多种知识加工工具，实现知识资源的增值。

（4）知识应用系统包括知识管理（knowleman）、知识应用魔盒（knowlebox）及知识嵌入接口（knowleinsert）。

- 知识管理类似于常规的知识管理软件，将加工增值后的知识按照业务应用方便性进行有序管理，供业务人员进行查找和搜索使用。
- 知识应用魔盒提供漂浮在用户工作桌面上的便利工具条。客户可以直接搜索知识，也可以随时与本工具条"对话"，诉说当前工作的特征。这种沟通越多，工具条越聪明，将用户当前工作相关的知识按照某种合适的方式推送过来。

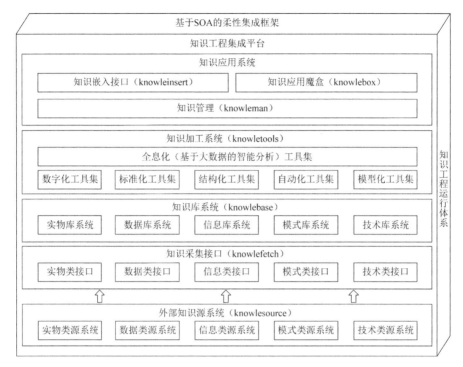

图 2-11 知识工程集成平台

- 知识嵌入接口用于监控用户行为,这种行为可以是业务系统级的操作,也可以是操作系统级的操作。根据操作内容分析用户行为与业务需求,利用客户端推送合适的知识。

本平台之所以称为"集成平台",是因为平台中的工具和系统并非是一体的单套系统,而是提供了柔性的集成框架。基于面向服务的架构(service-oriented architecture,SOA)模式,按照知识工程的思路,集成各类工具和系统。这些工具和系统也许是用户已经拥有的业务系统或知识系统,也许是正在或以后采用的工具和系统。只要这些工具和系统对知识工程工作有贡献,都将集成到知识工程集成平台中。

知识工程平台为知识工程完整体系提供支撑,是社会技术学模型各要素最终的落脚点,是知识工程体系建设成果的承载环境。平台的建设规划采用开放组体系结构框架(the open group architecture framework,TOGAF)方法论,建设内容包括应用架构、数据架构、技术架构、平台集成等。

知识工程集成平台的应用模式有以下四种:

第一种是基于传统知识管理系统的应用方式,即业务人员通过知识分类聚类、标签主题、查询、导航、收藏、订阅等方式获取需要的知识。

第二种是基于流程的知识推送方式,在业务人员打开工作包的时候,伴随知识将自动推送到设计人员面前。

第三种是通过知识应用客户端(知识魔盒)使用知识的方式。用户与客户端"对话"越多,越可能获得与业务工作更紧密的知识,如图2-12所示。

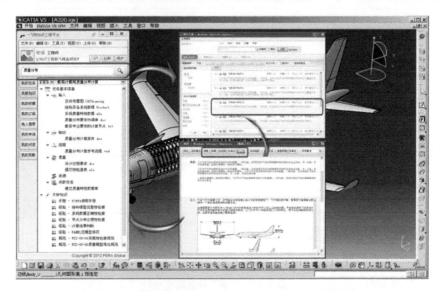

图2-12 知识魔盒应用示例(充分对话之后的智能推送)

第四种是嵌入业务系统的主动方式,即通过知识推送的方式将知识在研制人员需要的时候推送到设计环境中,或者直接嵌入到这些应用环境中,在知识运行的时候可以与应用软件互动,如图2-13所示。

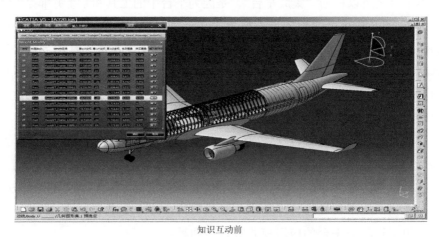

知识互动前

图2-13 知识工程平台应用示例(应用嵌入式的智能推送)

第 2 章 知识工程蓝图与框架

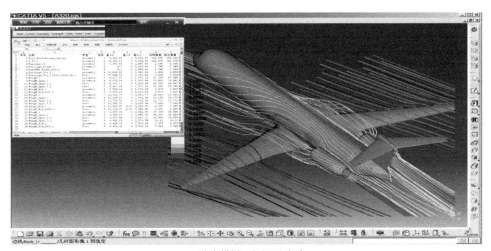

（仿真模板）知识互动后

图 2-13 （续）

第 3 章
知识工程规划与建设

知识工程规划与建设.mp4

"总体规划，分步实施"是社会技术体系建设的通用原则，知识工程也是如此。规划和建设是知识体系在企业落地需要顺序进行的两个重要过程。"规划"是从长远视角来看知识工程未来蓝图如何，到达路线如何；而"建设"则是沿着这条路线进发需要做哪些工作来实现规划的蓝图。

3.1 知识工程规划步骤

知识工程规划步骤依次为现状诊断、蓝图设计、路线规划和路在脚下，如图 3-1 所示。

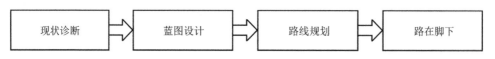

图 3-1 知识工程规划步骤

1. 现状诊断

根据企业发展战略，对标知识工程框架，对企业知识工程的发展战略、愿景和目标进行明确。对企业各相关部门的知识工程真实现状和问题进行分析，对各部门期望进行梳理，对企业知识工程现状支撑企业战略的程度进行分析，由此获得知识工程的发展方向。根据现状诊断结果，结合知识工程成熟度模型，评估企业当前的成熟度级别，获得企业知识工程现状定位，作为进化发展的出发点。

2．蓝图设计

根据现状诊断和企业的发展战略，提出企业的知识工程蓝图，并根据此蓝图提出知识工程平台蓝图。描绘经过知识工程变革和建设发展之后，企业最终呈现的美好景象。这个蓝图看似距离现状比较遥远，甚至只能趋近而无法达到，但却是知识工程进化发展不可或缺的指路明灯。正因为远，才具有明确和坚定的方向性。

3．路线规划

知识工程的进化会划分为几个阶段来进行，这几个阶段是根据成熟度模型来设计的。根据企业当前的成熟度级别，设计未来可预期的时间内希望达到的成熟度级别。然后进行差距分析，获得补差策略，并提出具体的补差项目清单。路线规划就是对这些补差项目及其之间的相互关系及各自的起止时间等方面的规划。

4．路在脚下

对于每一个即将启动的项目，需要清晰描绘本期项目的目标，设计完整和详细的实施方案，做必要的工作分解，形成每项分解工作的技术方案、实现路径、进度规划、人员预算、成本预算等。也就是说，形成了这个方案，就可以随时启动项目。

总结来说，知识工程规划的交付物通常包含：

（1）现状诊断：企业的真实现状和问题，当前的成熟度级别；

（2）蓝图规划：长期来看，本企业的知识工程应该是什么样；

（3）路线规划：企业知识工程的蓝图按照什么步骤达成，每阶段的目标和特征是什么，本阶段的项目清单是什么；

（4）路在脚下：近期来看（通常是2～3年），企业知识工程应该如何建设，具体工作方法有哪些。

一般来说，依据企业的当前成熟度状态、发展战略和发展节奏预期，知识工程的规划成果会因企业而不同。"现状诊断"和"路在脚下"两项工作因企业的不同而差异较大，但"蓝图设计"和"路线规划"两项工作具有较为成熟和统一的工作方法，为方便读者，下文给出这两项工作的推荐方法。

3.2　知识工程蓝图设计

1. 蓝图设计的内容

知识工程蓝图规划实际上就是针对企业的具体情况，特别是企业的发展战略和远景目标，依据社会技术学模型，对知识工程体系总体和各要素进行针对性设计。

1）知识工程战略

知识工程战略主要是根据企业发展战略、产品发展战略及其远期目标，来明确知识工程体系的总体战略定位和远期目标。不同企业对知识工程体系的期望未必相同，定位也随之不同，如以研制创新为主体的企业对知识工程体系的期望往往高于生产制造为主体的企业。相应地，企业对知识工程体系的建设要求和投入预算就有所不同。所以，首先进行战略分析是非常重要的。

2）知识工程流程

知识工程流程是指在找准差距、明确未来建设内容后，对这些重点工作进行流程规划。此处的流程是广义流程，是指知识工程体系建设和运行的标准与规范是什么、执行过程是什么、需要什么样的制度来保障等。

3）知识工程组织

知识工程组织是指确定知识工程体系建设、运行和维护所需的组织结构、人才发展、分工和关键绩效指标（KPI）等，通常也称组织保障。

4）知识工程技术

知识工程技术就是确定知识工程体系的规划、建设、运营过程所需采用的技术。它包括两个方面：一是体系运行所需要的技术和方法，如搜索、分类、聚类、语义、加工技术等；二是知识工程平台建设所需要的IT技术。

5）知识工程平台

在社会技术学体系中，平台是体系各要素的载体和支撑环境，用于保证体系标准化、规范化和高效率地运行。知识工程平台规划的主要目的是确定与知识工程体系相适应的信息化系统，包括架构、功能、模块及部署模式等。

2. 蓝图目标制定

知识工程体系的蓝图目标一般制定为：设计一种模式，建立一个体系，建设一个平台。

（1）一种模式：提出一个基于知识工程的理想研制模式，知识充分融合于研制体系中，促进核心竞争力的有效形成和全面提升，支撑企业研制模式的持续发展，提升研制体系的智慧化程度。

（2）一个体系：依据社会技术模型，设计企业知识工程体系的战略和使命、技术和方法、标准和规范、人才和组织及信息化支撑平台，形成一个有机整体。企业可以据此对标，要么"补钙"，要么"增高"，以达到提升企业知识工程体系成熟度的目的。

（3）一个平台：基于开放、柔性的 SOA 框架，集成企业历史、当期、未来的信息系统，成为知识工程体系的支撑平台，承载企业知识工程长期建设和未来发展。

3.3 知识工程路线规划

知识工程路线规划的目的在于为企业进行知识工程体系建设提供高效实施的道路和方法。该路线规划就是瞄准知识工程体系规划蓝图，从企业现状出发，对体系建设项目集和计划进行合理规划。具体来说，就是需要清晰描绘各项目的目标，提出实施思路，设计总体方案，做必要的顶层工作分解，形成每个项目的进度规划、人员预算、成本预算等。

如果说蓝图规划是只能无限趋近，那路线规划则需要提出较为清晰的阶段目标。知识工程建设不能一蹴而就，需要从低级向高级逐步发展。我们推荐，企业知识工程体系的建设采用图 3-2 所示的三阶段战略路线。各阶段的战略目标分别是共享化、工具化、智慧化。每个阶段还应该有一系列项目做支撑。

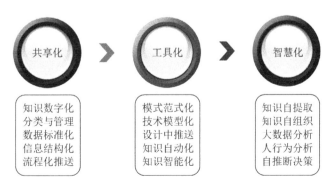

图 3-2　知识工程体系规划与建设的三阶段战略路线

1. 第一阶段：共享化

目标：

实现知识在企业内部的共享应用。具体建设目标是：梳理并采集企业现有知识资源，进行适度增值加工（包括实物资源的数字化、数据资源的标准化及信息资源的结构化），知识与研制流程相融合，建设一个知识工程平台，制定一套运行标准规范，建立知识共享的企业文化。

特征：

（1）完成企业当前的知识工程成熟度诊断，本阶段结束后达到知识工程 2 级成熟度；

（2）完成企业知识体系的梳理和初步规划，完整盘点企业现有知识状态；

（3）完成所有知识资源的数字化改造，形成可以入库的资源；

（4）实物资源、数据资源和信息资源完成相应的增值加工；

（5）梳理部分模式资源和技术资源，这些知识以现有形态在企业内共享与应用，无须进行特别的增值加工；

（6）推动研制过程的知识化改造，完成各类知识与研制过程的深度融合，实现基于流程的知识推送；

（7）完成本阶段相应的知识工程组织、人才、标准及规范建设以及技术选型；

（8）知识管理是本阶段知识工程平台的主体功能，可采用基于本体论实现一定程度的智能搜索。

2. 第二阶段：工具化

目标：

实现知识的自动化与智能化应用。具体目标是：完整梳理模式知识和技术知识，并进行相应增值加工。知识与研制过程深度融合，与设计环境相融合，形成自动运行、智能推送的知识，实现知识的智能应用。

特征：

（1）完成企业当前的知识工程成熟度诊断，在本阶段结束时跨越 3 级（自动级）成熟度，达到 4 级（智能级）；

（2）完成模式类知识的增值加工，包括研制流程（WBS、工作包）、工作流程、设计 / 仿真过程、设计 / 仿真工具、公式算法等；

（3）完成技术类知识的增值加工，包括产品的零件、部件、子系统、整机，以及与之伴随的设计、仿真、试验和工艺相关的标准化模型及规范化过程，技术成果包括通用技术、独特技术、核心技术等；

（4）增值后的知识可融入研制管理、协同设计、综合仿真、质量管控等系统中，工程师基于这些平台实现基于知识的研制；

（5）知识工程平台中，知识的增值加工技术是核心能力，通过知识魔盒与用户进行交流对话的方式，实现一定程度的知识智能推送。

3．第三阶段：智慧化

目标：

体现知识的智慧特征，形成能够自动推理、判断和决策的知识，实现基于全息化知识的智慧研制。

特征：

（1）完成企业当前的知识工程成熟度诊断，在本阶段结束达到5级（智慧级）；

（2）构建完备的企业知识体系，基于研制云在企业范围内实现知识共享；

（3）采用大数据技术，通过数据挖掘及对数据的自我学习，为研制过程推送精确知识，实现知识驱动的研制创新；

（4）形成能够推理、判断和决策的知识，实现基于全息知识的智慧研制。

3.4 知识工程建设方法论

通过对社会技术学要素的细化，可以形成用于知识工程体系建设的方法论，据此形成知识工程体系的实施策略。通过对知识工程建设路线细化并文档化，可以形成如图3-3所示的知识工程体系建设方法论框架。

知识工程建设方法论的主要内容（目录或纲要）包括：
- 知识工程体系成熟度模型；
- 知识工程体系战略与蓝图设计；
- 知识工程体系进化路线规划；
- 知识工程组织体系与人才梯队建设；
- 知识工程流程、标准与规范建设；
- 知识增值加工技术采引方法；
- 知识工程集成平台建设方案；
- 知识工程项目管理与实施规范；
- 典型企业知识工程体系的运行场景；
- 附录：知识泛在的智慧研制体系。

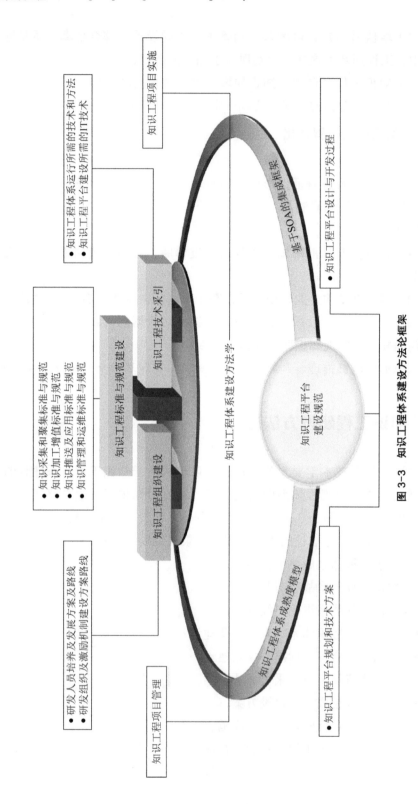

图 3-3 知识工程体系建设方法论框架

3.5 知识工程建设成果

全面完整的知识工程体系建设的整套交付成果包括：
（1）一套知识工程体系蓝图设计、路线规划和建设方案；
（2）一套知识工程流程、制度、标准和规范；
（3）一系列原始知识资源库：实物库、数据库、信息库、模式库、技术库等；
（4）一系列增值后的知识库：数字化的资源库、标准化的数据库、结构化的信息库、范式化的模式库、模型化的技术库；
（5）一套知识工程组织体系和人才梯队：知识采集聚集、增值加工、知识管理、平台维护等人员和组织；
（6）一份知识工程技术采引选型建议书：体系运行所需要的技术和方法、知识工程平台建设所需要的 IT 技术；
（7）一套知识工程平台：知识采集系统、知识增值框架、一系列知识增值加工工具、知识库系统、知识管理系统、知识魔盒等。

3.6 知识工程的特点与价值

知识工程是对传统知识管理方法与体系的颠覆与创新，也是对面向流程的知识工程的延伸与发展，在企业应用特点与价值方面作如下总结。

3.6.1 知识工程的应用特点

总体来说，知识工程注重知识的增值加工和智慧化，用以提升知识资源与业务的贴合程度。其应用特点有以下几个方面：

1．知识和资源的关系辨识

摆脱了知识的学术化定义带来的约束，将凡是对研制有帮助的资源都作为知识，资源和知识不做严格区分，有助于企业知识工程工作的开展。知识工程就是对研制资源的智慧化增值加工过程。每加工一次，就会提升一个知识层级。从任意层级看出去，高一层次者，总是被称为知识，低一层次者，往往被称为资源。因此，即使知识和资源有区别，也是相对而言、互相转化的。

2．知识的增值加工是核心

知识工程的核心是对各类知识的增值深加工。对不同类型的知识具有不同的加工方法。知识工程本质上是知识的智慧化增值过程，每加工一次，知识就提升一级。基于此，对传统的DIKW知识管理模型进行改进，形成"0—显性级、1—有序级、2—共享级、3—自动级、4—智能级、5—智慧级"的知识工程模型（"显序共自能慧"模型）。

3．知识工程的体系化建设

知识工程体系遵从社会技术学模型，由"战略—组织—技术—流程—平台"构成1—3—1的结构。知识工程建设过程需要均衡建设，不要偏废任何一方，否则体系不能发挥其应有的作用。在体系建设过程中，采用一套成熟和完备的方法论，企业沿用此方法论，可以长期保持体系的鲜活和自我进化。

4．知识应用模式贴近业务

知识工程以知识增值加工为核心，目的就是提升知识的工具化程度。工具化程度越高，越接近业务应用，实用性越强，自动化与智能化程度越高。知识增值加工过程使得知识在业务系统中即插即用，提升业务对知识应用的方便性和直接性。

5．知识与研制活动的融合

知识可以融入研制流程活动：基于研制过程进行知识积累，将知识伴随在研制活动上，实现知识的主动推送和重用。知识可以融入设计活动：知识与数字化工作环境相融合，形成过程模板、设计模板、仿真组件等自动化知识，可点击即用。

6．知识工程支撑智慧研制

智慧研制是精益研发的智慧化发展，是把知识充分融入研制过程的产物。通过知识工程的过程，完成精益研发体系建设的同时，也完成了对精益研发的智慧化改造。知识增值加工中的全息化技术，将进一步提升未来研制体系的智慧化程度。

3.6.2　知识工程的应用价值

知识工程继承了知识管理方法和面向流程的知识工程的应用价值，在人才发展、资产保值、创新能力提升和研制模式变革方面具有明显价值。具体有以下几个方面：

1．加速人员培养，弥补科技人才断层

通过知识工程体系建设，可以实现对企业知识的系统梳理与科学规范管

理。避免因人员变动造成的知识损失,为知识的有效传承与使用奠定基础。加快人员之间的知识交流与相互学习,形成知识共享氛围,缩短新人学习时间。快速提升团队研制能力,支持基于知识的创新设计。利用研制流程知识伴随方法,将过去的"人找知识"变为将来的"知识找人",减少知识获取时间。

加快新员工的成长,人力资源可灵活调配。新员工可以在知识工程平台上自主学习相关业务知识,缩短新员工的培训周期,降低培训成本,快速上岗。老员工根据业务需要调配岗位,能从知识工程平台上获取相应知识,快速适应新岗位,进入新角色。

促进专家经验固化,避免知识流失。知识工程建设可以通过知识梳理、模板工具、封装技术等手段实现专家经验的固化,并最终通过知识工程系统进行知识重用,避免因为专家离岗造成的知识流失,使更多人员能够像高手一样工作。

随着知识向企业核心业务领域聚集,向一线员工聚集,使企业中最能创造价值的业务获得资源,最具生产力的员工获得知识。

2．促进企业智力资产的保值增值

智力资产是衡量一个企业是否具备市场竞争力的软实力。智力资产不同于企业的其他有形资产,它是一种特殊的无形资产。它的特殊性表现在,智力资产分布在企业的各个组织和人员当中,对智力资产的管理需要专业的组织、制度和工具。知识工程体系可以帮助企业有效管理智力资产,并实现企业智力资产的持续积累和增值,具体体现在以下几个方面:

（1）外部知识内部化：同步整合外部行业智库,为企业提供外部知识资源;

（2）内部知识体系化：构建符合企业应用的知识体系,实现知识规范化管理;

（3）隐性知识显性化：将专家经验及专家本身作为宝贵的知识资源,建立知识与业务的关联关系,在工程过程中自然沉淀知识;

（4）个体知识组织化：在同一知识体系下,通过流程和权限的设置,实现知识的有序共享;

（5）组织知识资产化：实现组织知识的统一管理和高效应用,提升决策质量和创新效率,使知识创造出不亚于任何其他资产所带来的价值。

3．驱动企业研制创新

以仿制、改进和改型为主体的年代已基本结束,以自主创新为主的新型号、新产品的研制是中国企业未来的主体研制模式。知识工程平台提供了知识产生、应用、创新的良性循环，帮助企业完成以自主创新为主的新型号、新产品研制任务。通过知识工程，可以提升知识的共享化程度。知识显性化带来效率，知识共享化带来创新。当独立个体的知识在更大范围内分享后，可以激发起知识拥有者之间的碰撞，从而产生创新。另外，创新和知识具有明显的共生关系。不基于知识积累的创新，是无生命力的创新。脑筋急转弯式的创新，是给人做嫁衣的好点子。不进行复制重用的创新是无效益的创新，是科研体系的最大浪费。

4．变革企业研制模式

知识工程体系以科学的方法论为依据，以先进的技术手段为保证，通过企业在组织、流程和 IT 系统三方面的建设，构建起以核心业务为中心，以知识流为支撑的新型研制模式。这种研制模式帮助企业打破以往存在的部门之间的隔阂，消除个人与组织间知识的不匹配。

知识工程建设是在软件技术基础上，对标准规范、业务流程、管理模式、知识经验等数字化能力要素进行全面集成和充分融合，促进企业整体科研管理和个人研制能力的提升。通过知识体系和研制流程梳理，以及知识体系建设和制度建设的推动，可以实现企业研制创新能力和专业技术水平的提升。

结合前文对我国工业产品研制、企业信息化现状和国外相关情况的分析，无论是定位、框架还是内容，知识工程都非常符合智能制造时代的特征，是企业研制智慧的传承体系和技术发展的支撑平台，是工业强基的手段和智慧发展的阶梯。

第 4 章
知识泛在的智慧研制

制造业中,进行知识工程建设的目的是将知识应用到技术研发和产品研制过程中。产品研制的智慧程度主要取决于知识的丰富程度、知识层级以及知识应用的深入程度。当知识的丰富程度、层级高度以及与研制过程结合深入到一定程度,我们可以将其称为智慧研制。

因此,智慧化发展除了借助现代智能科技(云计算、物联网、大数据等)外,知识工程才是其真正核心。因此,我们将智慧研制定义为知识泛在的研制体系。

从知识角度看,本章谈知识的终极归宿——到研制中去;从研制角度看,本章论研制的智慧源泉——从知识中来。

4.1 智慧研制的时代背景

智慧研制的提出以系统工程和精益研发为理论背景,以智能科技在近几年的发展为技术背景,伴随工业 4.0、工业互联网、智能制造、智慧军工、智慧院所的相继提出,智慧研制概念也随即产生。

4.1.1 德国工业 4.0

工业 4.0 是德国政府提出的一个高科技战略计划,由德国联邦教育及研究部和联邦经济技术部联合资助,投资达 2 亿欧元。旨在提升制造业的智能化水平,建立具有高适应性、高效率及符合人因工程学的智慧工厂,在商业流程及价值流程中整合客户及商业伙伴。图 4-1 给出了工业 1.0 到 4.0 的发展历程。

"工业 4.0"概念包含了由集中式控制向分散式控制的模式转变,其要点是建设一个增强型网络(如 CPS(信息物理系统,cyber-physical system))、研究两大主题（智能工厂和智能生产）、实现三大集成（纵向、横向、价值链）、实施八项计划（标准化与参考架构、管理复杂系统、工业宽带、安全保障、工作组织设计、培训和持续职业发展、监管框架、资源利用效率），核心就是通过 CPS 实现人、设备与产品的实时联通、相互识别和有效交流，从而构建一个高度灵活的个性化和数字化的智造体系。其本质是：

（1）通过 CPS 消除物理世界和虚拟世界的差异，使被原子形态捆绑的物理世界的潜能得以释放，可以像基于比特的虚拟世界一样无拘无束，自由奔放。业务可以广泛协同，数据可以随需传递，资源可以整合共享。

（2）打破企业内、企业间和全产业链的连接壁垒，打破人、机器、物料、产品之间的连接壁垒，极致地释放整个工业体系的潜能。

（3）更进一步打破工业与商业之间的壁垒，自由移动，实现传统工业向以客户为中心（C2B）、个性化量产以及工业服务化等模式转型。

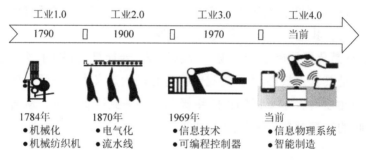

图 4-1　工业 1.0 到 4.0 发展历程

4.1.2　美国工业互联网

美国"工业互联网"（Industrial Internet）是全球工业系统与高级计算、分析、感知技术以及互联网连接融合的结果。如图 4-2 所示，它通过智能机器间的连接并最终将人机连接，结合软件和大数据分析，重构全球工业，激发生产力，让世界更快速、更安全、更清洁且更经济。

计算、信息与通信系统应运而生并不断发展，使下列三种元素逐渐融合，充分体现出工业互联网的精髓：

（1）智能机器：以崭新的方法将现实世界中的机器、设备、团队和网络通过先进的传感器、控制器和软件应用程序连接起来。

（2）高级分析：使用基于物理的分析法、预测算法、自动化和材料科学、电气工程及其他关键学科的深厚专业知识，来理解机器与大型系统的运作方式。

（3）工作人员：建立各种工作场所员工之间的实时连接，以支持更为智能的设计、操作、维护以及高质量的服务与安全保障。

这些元素融合起来将为企业与经济体提供新的机遇，如数据将成为未来工业的新血液而发挥巨大作用。传统的统计方法只能收集和分析历史数据，通常将数据、分析和决策割裂开来。伴随着先进系统监控和信息技术成本的下降，工作能力大幅提高，实时数据处理规模得以巨大提升，高频率的实时数据为系统操作提供全新视野。机器分析则为分析流程开辟新维度，物理方法、行业知识、信息流自动化以及预测能力的整合，并加入大数据工具套件，使得工业互联网通过高级分析可以充分利用历史与实时数据。

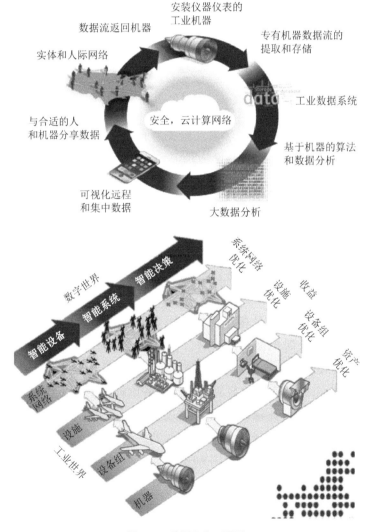

图 4-2　美国工业互联网

4.1.3 中国智能制造

智能制造已经成为中国制造业发展的新目标，是"中国制造2025"的主攻方向，是其五大重点工程之一。

智能制造就是要实现新一代信息技术与制造技术的融合发展，发展智能装备，研制智能产品，促进系统集成创新与产业化。推进生产过程智能化，培育新型生产方式，提升企业研制、生产、管理和服务的智能化水平。促进云计算、物联网、大数据在企业研制设计、生产制造、经营管理、销售服务等全流程和全产业链的综合集成应用。

中国智能制造的构成包括智能产品、智能装备、智能生产、智能管理和智能服务。具体说明如下：

（1）产品的智能化：把传感器、处理器、存储器、通信模块、传输系统融入各种产品中，使产品具备动态感知和通信能力，实现产品的可追溯、可识别、可定位。

（2）装备的智能化：通过先进制造、人工智能等技术的集成融合，形成具有感知、决策、执行、自主学习及维护等自组织、自适应功能的智能生产系统以及网络化、协同化的生产设施。

（3）生产的智能化：是生产方式的现代化、智能化，产品的生产过程中每一个环节传感无所不在、连接无所不在、数据无所不在、计算无所不在、服务无所不在。

（4）管理的智能化：通过将信息技术与现代管理理念融入企业管理，实现企业流程再造、信息集成、智能管控、组织优化，形成数据驱动型的企业，不断提升信息化背景下企业的核心竞争力。

（5）服务的智能化：是基于需求的服务而非仅基于产品的服务。体现为企业高效、准确、及时挖掘客户的潜在需求并实时响应。产品不是交付主体，服务才是，产品只是服务的载体，产品交付后对用户实现线上线下（O2O）服务。对产品进行全生命周期管理的目的是为了服务的续存。

把智能制造作为两化深度融合的主攻方向，就是要把握全球新一代制造技术变革的新趋势，以实现重大智能装备和产品的自主可控为突破点，以推广普及智能工厂为切入点，以提升制造企业研制、生产、管理和服务的智能化水平为落脚点，完善制造业国家创新体系和综合标准化体系，建设智能制造人才培养体系，打造制造业竞争新优势，实现中国制造的跨越式发展。

有人把《中国制造2025》比作中国版工业4.0。但正如政府和专家所认知的那样，中国制造整体处于 2.0 阶段，需要走 "2.0 补课、3.0 普及、4.0 示范"的并联式发展道路。因此，在《中国制造 2025》所确定的重大任务中，强根固本是重中之重。虽然智能制造被确定为 "中国制造 2025"的主攻方向，但仍需继续强化工业基础，可以认为 "中国制造 2025= 强根固本（85%）+ 智能发展（15%）"，即夯实重大装备工业基础的同时，兼顾数字化、网络化、智能化发展。

4.1.4 中国智慧军工

在新的历史时期，国家国防科技工业局提出，智慧军工是我国国防科技工业武器装备研制企业发展的新方向，是数字化和高度信息化发展的必然结果，是我国国防科技工业下一个核心竞争力。

我国国防科技工业正面临着以信息技术与制造业深度融合为核心的第三次工业革命的挑战，将智慧化模式引入军工科研生产管理，促进大数据时代智慧军工产业的形成，将为行业找到新的增长极。

智慧军工是智慧化工业模式在军工行业的应用。一是通过物联网、互联网、无线通信等技术扩大感知世界的触角，拓展数据的来源和渠道，将虚拟世界与物质世界紧密融合；二是通过以云计算为核心的数字化相关技术，集中管理各类资源并提供统一服务，增强服务的专业性和针对性；三是以大数据分析技术为基础，发掘信息价值并真正形成智慧。

按照相关主管机关的指导意见，我国智慧军工体系的总体框架如下：

（1）建设宏观层面的智能高效型智慧政府，对集聚各方力量、有效整合资源、统筹安排协调、推动产业联合和军民融合、促进智慧军工产业链形成，将发挥重要作用。

（2）构建中观层面的资源整合型智慧军工集团。军工集团型企业具有超强的实力，是名副其实的 "国家队"，应充分发挥好产业集聚的规模优势，占据智慧化技术前沿和制高点。

（3）打造微观层面的竞争型智慧军工企业。军工企事业单位是军工科研生产的最小单元，也是最容易接触前沿技术的阵地，应将本单位产品、技术特色与智慧化发展前沿有效结合，充分发挥优势，构建一批智慧生产线、智慧企业和智慧院所。

当然目前智慧军工建设也面临着一定的挑战，特别是安全保密风险，与之相配套的安全保密标准还不完备，对此项工程的开展带来巨大的不确定性。因此，构建大数据应用服务体系，健全保障机制是重要举措，包括标准规范、安全保密、人才培养、应用推广等。

4.2　智慧研制需求背景

以歼击机、太空船、航母、大飞机、高铁为代表的产品，标志着中国工业水平的大幅提高。制造业研制体系创新、技术变革、信息化、数字化、两化融合等工程在工业进步方面发挥着巨大作用。当前正是"中国制造2025"的开局期，是规划未来、推动发展的重要时期。一切进步源于对现状的不满，特别是对差距和挑战的分析。经过对当前中国企业，特别是大型高端制造企业的现状观察，我们发现有多项挑战已经成为企业以及行业管理单位的燃眉之急。

1. 亟须升级大型复杂产品的研制管理体系

中国的大中型企业，特别是国防企业，产品越来越大型和复杂。产品研制表现出如下突出特点：

（1）全程化：不但需要管理技术预研、概念探索、方案论证、初步设计、详细设计和产品定型过程，而且要对生产和服役过程进行监控。企业需要考虑全生命周期中影响产品研制的所有阶段和因素。

（2）并行化：需要主设计单位与多家相关单位并行协同，以提高产品研制的效率和成功率。如飞机研制中，主设计单位必须与使用单位、制造单位、成品单位和试飞单位紧密协作。

（3）综合化：是多专业、多学科、多技术、多流程并存的过程。为了保证产品的先进性、高性能和高质量，产品的研制过程需要综合大量数字化技术，如创新设计技术、系统设计技术、仿真分析技术、综合优化技术、质量设计技术等，还要综合多种专业团队参与工作，如飞机研制需要总体、结构、强度、航电、飞控、综保等10多个一级专业、70多个二级专业的参与。

面对这些复杂特征，当前的研制体系已不能满足需求，必须突破现有框架，创建新一代工业研制体系。

2. 是基于逆向工程的跟踪研仿，而不是基于正向设计的自主创新

跟随仿制模式已经完成了历史使命，成为企业发展的瓶颈。但目前，我国大多数工业企业只具备逆向设计（即模仿）能力。设计过程从测绘、复原和仿制的物理设计开始，没有经历过产品正向设计中的需求定义、功能分解、系统综合等真正决定产品功能和性能的重要阶段。而跟踪研仿最多只能研制出最好的二流产品。

相比欧美发达国家，中国还仅仅是制造大国而非制造强国。强国战略要求企业从数量大、质量不高、科技含量不高的低端制造向高技术附加值的高端制造发展，要求企业实施精品战略，研制一流产品。唯有自主创新才能超越对手，自主创新的关键就是要建立基于系统工程的正向设计体系。

无论是国家宏观层面、行业（集团）细观层面还是企业微观层面，迫切需要从"跟踪研仿"向"自主创新"转变，"坚持把创新摆在制造业发展全局的核心位置，走创新驱动的发展道路"已在《中国制造2025》中确定为一项国策。另外，在核心技术上实现独立也是工业产业和军事安全的根本保障。

3．数字化研制流程未完整梳理，型号开发缺乏科学的顶层策划

我国产品研制能力进步不快的原因之一是研制过程缺乏固化。没有固化就没有基线，没有基线何谈进步。研制流程的显性化是固化研制过程的最好手段，但中国企业普遍缺乏对研制流程的梳理，甚至意识不到研制流程显性化的重要性。仅有的研制流程也没有利用信息化手段进行统一化、系统化和集成化管理，具有较高不确定性，缺乏引导和约束，缺少知识的支撑，且不能覆盖研制全过程。

4．企业仿真体系没有完整建立，仿真技术没有发挥应有的价值

中国企业已经意识到仿真的重要性，开展了部分软件的引入和应用工作，但并没有发挥应有的效果。主要表现为：企业重设计轻仿真、重软件轻人才、重使用轻规范；设计与仿真工具缺乏体系性的规划，选型与采购无序；使用随意，缺乏规范和标准；流程缺乏协同，数据缺乏管理；仿真人员成就感不高，人员不稳定；多学科仿真与协同能力薄弱。总之，中国企业轻视了仿真的复杂性，缺少综合仿真体系的建设。

5．知识与资源缺乏共享，没有融入研制活动中，知识与研制"两张皮"

知识是产品设计过程的关键要素，但当前多数企业产品研制主要靠个人能力而非集体力量。知识依附于个人，知识的传承与共享没有途径和平台。知识无法在产品研制过程中有效应用，也不利于研制人才培养。多数研制资源（如软件工具等）缺少共享平台，限制了资源的有效利用。虽然中国也有不少企业开展过知识管理工作，但知识没有融入研制过程，也没有融入设计过程和工具中，没有对研制活动起到支撑作用，存在知识与研制"两张皮"现象。

6．质量是少数人的事情，没有融入研制体系中，质量与研制"两张皮"

产品质量首先是设计出来的，其次是生产出来的，但绝不是检验出来的。一个产品的质量好坏，其实在研制阶段就大局已定，后期只能微小修正。因此，质量管理必须能够深入产品研制过程,这就是所谓的"质量管理重在预防"。当前绝大多数企业虽然建立了过程质量体系,但没有相应的手段、方法和平台,没有将质量融入研制体系中,更没有深入产品设计过程中,造成了质量与研制"两张皮"的状况,产品设计质量问题无法彻底解决。

7. 集成、协同与并行能力不够,不支持集团企业和企业联盟的研制

产品越来越复杂,周期要求越来越短,这就需要产品研制全生命周期能够在多个部门以及多家单位协同并行,甚至成立异地研制联合体。但目前支持集成、协同与并行研制的能力还远远不够。企业内的研制流程尚未完整建立,更谈不上建立企业间的流程。众多异构系统和工具缺乏集成,孤岛林立。缺乏多项目、多厂所、跨地域研制的并行协同架构,不能支持集团化和虚拟企业研制。

8. 只注重产品基础数据的管理,缺乏特性类和过程数据的管理

很多企业利用PDM(产品数据管理,product data management)进行研制数据管理。由于PDM自身技术架构和管理模式的局限,对复杂产品的研制管理存在盲区:产品数据管理限于图纸、工艺、材料类的基础数据,缺乏对功能、性能、质量和指标等特性数据的管理;特性数据零散分布在研制人员手中,容易流失,存在安全隐患;以详细设计数据为核心,缺乏对全程数据的管理;管理对象以结论性数据和静态报告为主,对体现研制成熟度及Know-How的动态过程数据没有进行有效管理,而且缺乏数据的关联与互动。

9. "两化"融合深度不够,对业务的支持不强

大力推动企业信息化建设与工业化融合进程,构建面向企业产品全生命周期的数字化综合能力平台,已成为实现企业产品协同研制生产、加快新一代核心技术形成、提高企业竞争力的迫切需要和必然选择。

"十二五"以前,企业的信息化建设还主要以硬装备(计算机+网络)为主,兼顾基础研制软件(4C1P:CAD/CAE/CAPP/CAM/PDM)的建设,属于信息化建设的打基础阶段。在"十二五"期间,企业引入了更多信息化系统,拓展到全生命周期管理。但是业务部门的反应往往是两化融合不够,认为信息化部门对业务不了解,建设成果与业务需求脱节,信息化系统用途不大,对业务支持不强。

在"十三五"时期,信息化工作的深化建设需要找到既能传承过去,又能创新未来的规划,解决信息化与工业化"两张皮"问题。

10. 智能技术的应用不多,无法支持智能产品的研制

现代智能科技(云计算、物联网、大数据等)是智慧研制模式的支撑技术,

也是产品得以智能化的基础技术。这些技术在中国工业领域仍然是新鲜事物，学习和认知远远不够，在模式体系建设与产品设计上基本没有得到应用，适应智能制造时代的研制体系尚有很长的路要走。

针对面临的诸多挑战，各个企业都提出了很多解决方案：引入与培养有经验的人才、采纳先进的设计方法学、细分和优化研制流程、使用各种先进研制工具、精细管理研制数据、积累和重用研制知识等。手段和要素多固然是好事，但也会让产品的研制变得更加错综复杂。企业越来越需要一个高度整合的研制体系，可以把研制中的各种手段与要素管理联合驱动起来，框架稳固不折腾，执行创新有实效，持续保证研制的高附加值。智慧研制的提出，正是为了满足企业的这种需求。智慧研制就是为了有效解决当前企业所面临问题的一套先进研制体系。

图4-3给出了智慧研制的体系概览。这是一个基于系统工程的研制体系，包含综合设计、知识工程和过程质量等核心子体系，可帮助企业实现研制模式转型，建立正向设计能力，同时规划未来智慧院所建设路线。以智慧研制为抓手，可以建设面向智能制造时代的现代工业研制体系。

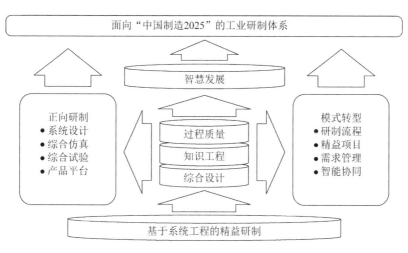

图4-3　智慧研制体系概览

4.3　智慧研制三维架构

本书将研制过程定义为产品进入大规模量产之前的过程，包括规划论证、系统设计、工艺规划、产品试制以及实验定型等过程，这些过程的划分和名称不同行业有所差异，但大体内涵相似。以系统工程专家霍尔（Hall）提出的三维框架[①]为理论基础，可形成智慧研制三维框架，如图4-4所示。

本框架的三个维度分别描述如下：

（1）时间维：描述产品或系统研制的进程，在企业中往往被称为"系统成熟度"或"研制阶段"。随着时间的推移，研制阶段逐步推进，系统成熟度逐步提升，直至产品研制完成。

（2）逻辑维：描述产品开发的思考逻辑、开发方法和实施步骤，在企业中称为"系统设计"和"产品实现"。在该维度上，每个阶段会走完一个完整的V字，然后转入下一个阶段。

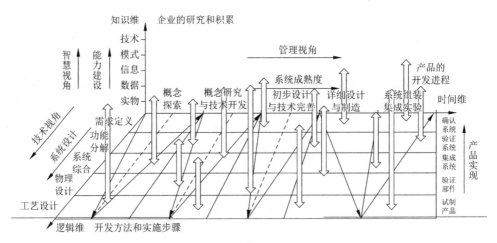

图4-4　智慧研制三维框架

（3）知识维：在产品研制的各个阶段和流程的各个步骤，都会有知识的使用和新知识的产生。这构成了第三个维度——知识维，主要管理企业在产品研制中的研究和积累，在企业中往往称为"能力建设"。

在这三个维度中，时间维是管理视角，逻辑维是技术视角，知识维是智慧视角。分析如下：

（1）时间维是管理视角。管理的目标是保证产品和服务满足客户需求的程度和进度。程度是质量管理，进度则是项目管理。时间维考察客户需求的满足程度是否在随着时间逐步提升，产品特性是否正在接近指标要求。如果是，说明产品成熟度在提升；否则，时间的逝去和阶段的推进并不代表成熟度的提升。此维度要么向前，要么停止，不能后退。后退意味着对成果的否定，对结论的推翻，也意味着出现了质量事故，研制项目的进度将被颠覆。

（2）逻辑维是技术视角。沿着V模型的技术执行过程，是沿着预定路线，

---

① 霍尔（Hall）模型的说明参见本书B.4节"霍尔（Hall）模型简介"。

采用相应工具和方法，获得正确结果的过程，如图4-5所示。V模型在时间维的每个阶段存在，意味着在不同成熟度阶段，此过程是多次迭代、往复循环的。

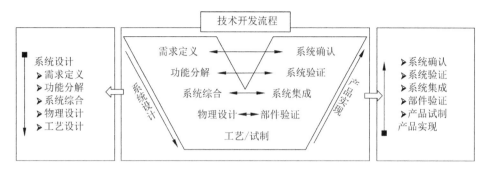

图4-5　技术开发流程

（3）知识维是智慧视角。该维度由知识的五个分类构成，基于知识工程和知识增值思想，知识工程具有五个层次。研制体系中知识的积累和应用层次决定了研制的智慧程度。知识层次越高，研制的智慧程度越高。目前普通企业研制所用知识的层次通常在显性化、有序化和共享化层次，先进企业开始使用自动化和智能化知识。这个维度没有固定的方向和预定的路线，取决于企业的历史积累。有积累，某个阶段或某个流程则可以跃迁到上一个智慧层级飞翔；没有积累，该阶段或流程就贬黜到下一个层级爬行。这种上下只代表企业积累的厚度，既非迭代，也非颠覆。

4.4　智慧研制理想模型

霍尔三维模型中嵌入的V模型是应用系统工程理论对产品研制过程进行分解和展开而形成的。该模型给出了产品正向研制的完整过程，如图4-6所示。

正向研制模型.mp4

理想的产品研制过程的起点是涉众需求，经过需求定义、功能分解、系统综合、物理设计、工艺设计、产品试制、部件验证、系统集成、系统验证和系统确认等阶段，最后完成产品的验收。V模型的右边部分既是产品交付，又是对左边相应阶段的验证。如果验证出现问题，会回到左边相应阶段进行修正。这个过程称为"正向研制"。

但通常来说，企业发展历程都会经历一个逆向工程过程。产品研制起点不是涉众需求，而是从V模型中间某个点开始。"物理设计"是中国企业的常见起点。本阶段仿照已经存在的产品，完成图纸绘制，进入试制和验证各阶段，完成产品交付或推向市场。V模型的右侧出现问题时，由于没有左侧相对应，所以只能回溯到前一阶段查询和解决问题。当回溯到物理设计阶段仍然解决不了问题时，那就成为永远的问题。清醒的企业会有意识地"补课"，研究物理设计之前的各个过程，以图追溯和还原仿制对象的本源。当然，这样只能还原部分本源。以上的过程称为"逆向工程"。

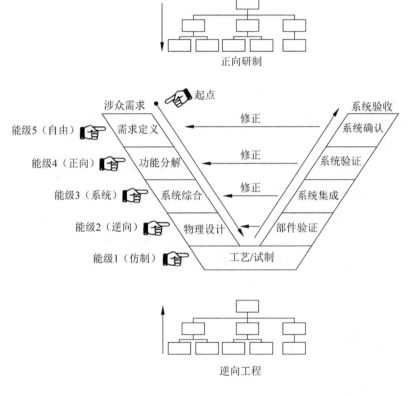

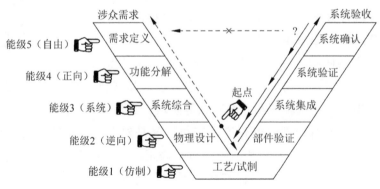

图4-6 基于V模型的正向研制和逆向工程

依据产品研制的起点可以评判一家企业的研制能力,即研制产品入手阶段,所对应的能级就代表了该企业的研制能力。这样,可以把企业研制能级(成熟度)分为五级:仿制级、逆向级、系统级、正向级和自由级。

为了保证 V 模型左侧的五个设计过程结果正确,需要引入五个小 V 循环,分别是指标分析、功能分析、系统分析、物理仿真和制造仿真,以期通过计算、分析、模拟或仿真等手段对设计进行确认和优化,如图 4-7 所示(后文为了图形的简洁,有些图省去了"制造仿真")。

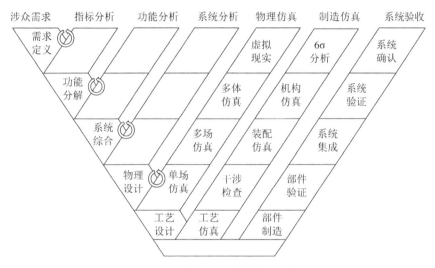

图 4-7　产品研制的完整技术过程

这样最终确定的研制体系的技术过程是由多个 V 嵌套的模型(确切地讲是 6 个 V),姑且称为"多 V 模型"。整体来看,多 V 模型的最左侧是设计过程,最右侧是试验与验证过程,最底层是试制过程,中间则是一系列仿真过程。

多 V 模型是对一般产品研制过程的抽象,它基本适用于所有产品的研制过程。但从企业角度看,它仅从技术视角表达了产品研制体系。企业完整的研制体系还应包括管理和知识两个层次:管理层包括需求管理、项目管理、流程管理和质量管理等要素;知识层则包括第 2 章所述的五大类知识(或资源),即实物、数据、信息、模式和技术等,从而形成企业产品研制体系模型(图 4-8)。

承担复杂系统研制任务的企业一般都是由多家子企业构成的集团或产业链联盟。每家子企业的研制体系都是一个包含了管理、开发(技术)和知识的多 V 模型。集团或联盟的研制体系是由多个多 V 模型构成的复杂体系。多个模型之间,首先需要建立业务协同体系,主要包括数据协同和信息协同;其次需要建立知识(资源)共享体系,当代研制知识(资源)共享最先进的体系是研制云(图 4-9)。

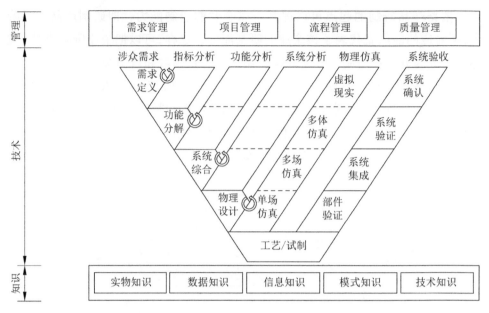

图 4-8 复杂产品研制体系模型

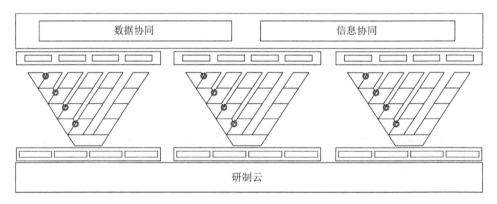

图 4-9 集团企业的研制体系构成

因此，集团化研制体系还要包括协同层和共享层。这样，最终完整研制体系的抽象模型是由协同、管理、技术、知识和共享五个层次构成的多 V 模型（图 4-10）。

图 4-10 所示模型称为研制体系理想业务模型，可以简称为体系理想模型或理想业务模型，包含了完整的研制要素及业务构件（图中每一个矩形或菱形就是一个业务构件）。任何一家研制型企业的业务模型都是本理想模型的子集或某个成熟度级别。越是复杂产品的研制或企业成熟度越高，其业务模式与本模型越一致；对于简单产品的研制企业，其业务现状是这个模型的子集；对于研制成熟度不高的企业，其业务现状是这个模型的较低成熟度状态。

第 4 章 知识泛在的智慧研制

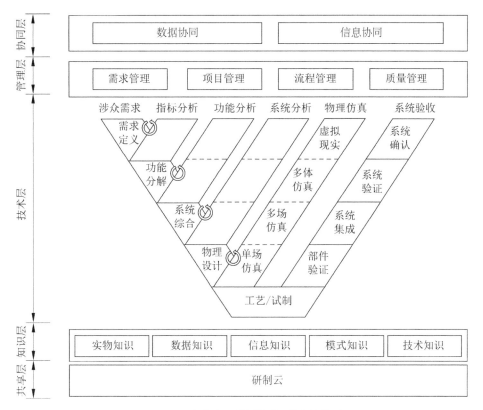

图 4-10 复杂产品研制体系理想业务模型

研制体系理想模型是研制型企业发展的对标模型，可以指导我们进行业务模式规划、能力规划、知识（资源）规划以及信息化规划。与此对标，本企业所欠缺的或不完善的业务构件，就是我们未来应该建设的内容。根据企业发展战略规划，可以形成研制体系未来建设和完善的计划和步骤，这样将形成体系的长远规划。

4.5 智慧研制集成平台

理想业务模型的提出，有助于解决中国企业普遍存在的一道难题：CIO或信息中心难以从业务角度出发规划和建设企业信息化，导致信息化和业务"两张皮"。理论上讲，理想业务模型中每个业务构件都至少有一个信息化系统做支撑。因此，我们可以一一对应地提出每个业务构件的信息化系统，填入图 4-11 中右侧的框架中，就形成了研制信息化蓝图，甚至我们可以针对某企业或行业提出每个系统的参考系统。

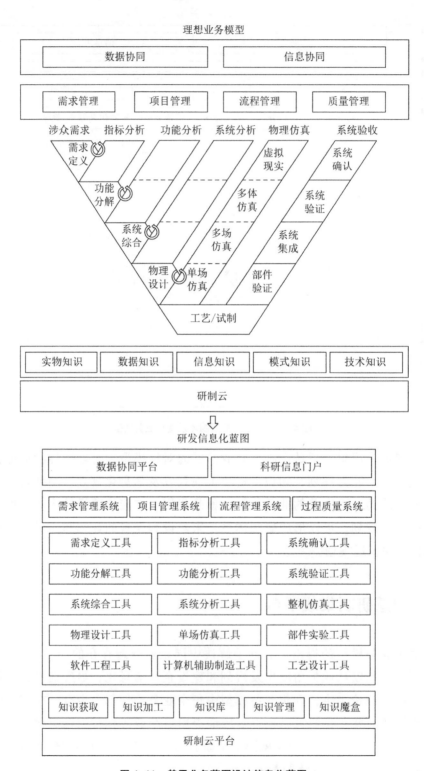

图 4-11 基于业务蓝图设计信息化蓝图

通过与理想业务模型对标,获得企业研制体系的发展规划,进而获得信息化的发展规划。通过研制体系的进化节奏,可以推导出信息化的建设节奏。具体做法如图 4-12 所示。

(1)企业各个部门分析本部门的职责和业务内容,与理想模型对比,找到本部门在理想模型中的定位,即图 4-12(a)所示的模型;

(2)各部门就所负职责和业务内容,对所拥有的信息化系统进行分析,评价信息化系统对本部门当前业务的支撑力度;

(3)与理想模型对比,形成部门的业务发展规划,同时提出信息化需求,包括信息化系统的能力、数量和建设步骤等,这些信息填写在图 4-12(b)所示的表格中;

(4)将各部门的分析结果汇总,形成全企业信息化整体规划,包括各信息系统的能力、数量和建设步骤,形成图 4-12(c)所示的表格。

智慧研制体系强调现代智能科技(特别是大数据和物联网)对研制体系的重要作用。因此,对理想业务模型做如下修正:将大数据引入到 V 模型左侧,将物联网引入到 V 模型右侧,形成的新模型称为智慧研制理想业务模型,如图 4-13 所示。

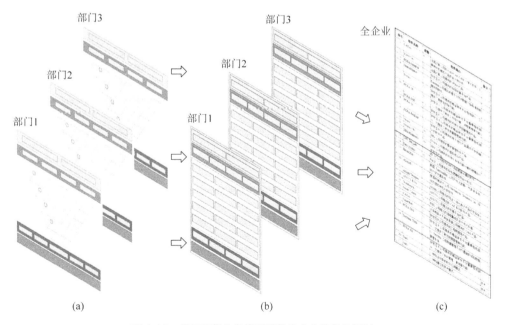

图 4-12　根据理想业务模型进行全企业信息化规划

除了强调云计算、大数据和物联网等智能科技的作用,智慧研制尤其强调知识工程的重要地位。知识维作为智慧研制体系的三个技术维度之一,代表了企业的能力建设和智慧发展。企业知识积累和应用的层次决定了研制的智慧程度，层次越高，企业研制的智慧程度就越高。因此，知识工程建设成果将形成企业智慧研制的基础，企业通过建设数字化资源库、标准化数据库、结构化信息库、范式化模式库、模型化技术库等，并按照智慧研制模式，将这些资源和知识组织起来，依照智慧研制的逻辑运行，即可形成智慧研制体系。

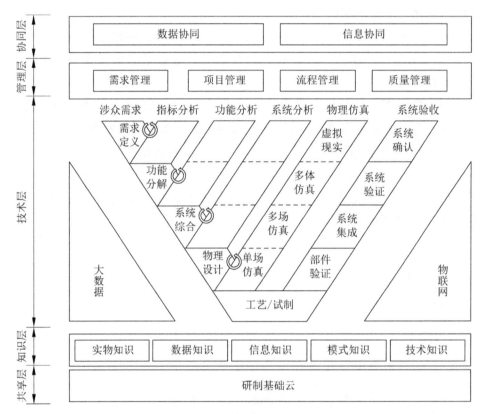

图 4-13　智慧研制理想业务模型

经过业务归类，多 V 模型由以下六个部分构成：系统设计、总体论证、机电设计、软件开发、综合仿真、综合试验等，如图 4-14 所示。

于是，基于智慧研制理想模型，推导出与之对应的信息化蓝图，也就是智慧研制平台。智慧研制平台的总体目标是建立一个基于产业链协同的、开放化的研制平台，可以基于知识工程进行研制平台的构件建设，基于大数据、物联网、工业仿真、MBSE（model based system engineering，基于模型的系统工程）等技术开发智能产品，利用大数据完成质量防控、精确管理和决策，具有不断研制出智慧产品和提供智慧服务的能力。

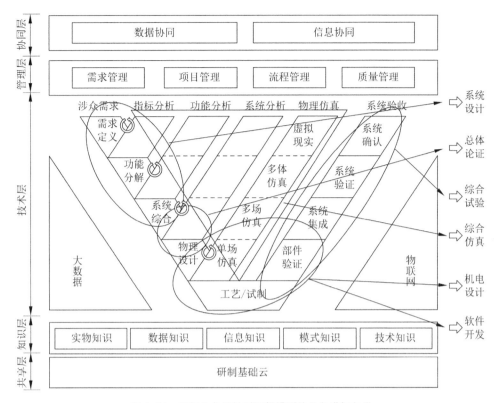

图 4-14 根据业务属性对理想模型的业务进行归类

智慧研制平台的功能框架如图 4-15 所示，主要包括：

（1）智慧驾驶舱：基于产业链云平台和大数据分析技术，进行产业链各企业的研制数据和信息等的协同、监控与展示。

（2）研制管理平台：基于云平台的产业链协同研制管理，用于进行产业链研制流程管理、智能产品需求管理、跨企业项目协同管理和产业链质量全面管理等。

（3）正向研制环境：基于性能样机的智能产品协同开发环境，对产品正向研制过程中工具和方法的集成、使用和管理。

（4）知识工程平台：对产品研制体系的要素进行增值加工建设，使其显性化、共享化、工具化和智慧化，与研制过程关联，与研制工具融合。

（5）研制基础云平台：用于支撑研制软件、硬件、计算等资源的共享，基于云模式支撑研制体系的开放、共享和协作。

智慧研制平台既是智慧研制体系的组成部分，又是完整体系的信息化载体。需要说明的是，智慧研制平台并非是一套软件，而是一系列信息化系统构成的集成化平台。根据企业的智慧研制目标，基于云计算架构，利用面向服务的柔性集成框架（如 SOA），将企业所有与研制有关的专业系统协同整合，形成为智慧研制服务的集成化平台。这些系统除智慧研制体系咨询和建设方所提供的系统外，还包括第三方系统、企业已有系统和未来引入的系统。因此，我们也经常将智慧研制平台称为智慧研制集成平台。

图 4-15　智慧研制集成平台框架

4.6　智慧研制体系模型

1. 智慧研制 WSR 模型

智慧研制体系属于社会技术学范畴，遵守社会技术学的技术、管理和经济规律。社会技术学体系在系统工程学科中称为 WSR（物理 - 事理 - 人理）模型①，基于此模型可建立完整体系模型。因此，智慧研制的完整体系模型应该由战略、物理、事理、人理及平台构成，如图 4-16 所示。

这个模型可归结为"1—3—1"结构。模型中的 5 个基本要素的内涵为：

（1）战略：智慧研制引领智能制造。

（2）物理（技术）：智慧研制体系采用的技术、工具与方法。

（3）事理（流程）：智慧研制体系运行的流程、标准与规范体系。

---

① WSR 模型的说明参见本书 B.3 节"物理 - 事理 - 人理（WSR）模型简介"。

（4）人理（组织）：支撑智慧研制体系运行的人才、组织与激励模式。

（5）平台：支撑智慧研制体系的信息化平台——智慧研制平台。

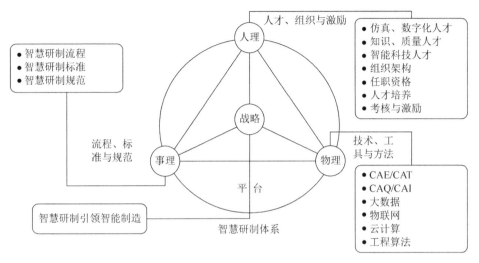

图 4-16 智慧研制体系的构成

2．智慧研制规范与标准

标准与规范是智慧研制体系的重要组成部分，企业需要建设的智慧研制体系典型标准与规范包括但不限于表 4-1 所述的实例。

表 4-1 企业智慧研制体系建设标准与规范实例

序号	制度/标准/规范	目的/作用
1	智慧研制总规范	指导企业进行智慧研制体系建设及运营维护工作的纲领性文件，规定体系建设及运营维护应开展的工作内容、范围、应制定/参照的工作标准等
2	智慧项目规范	用以保障企业重大科研项目按照智慧研制模式运作
3	智慧研制流程	用于规定基于智慧研制思想的研制流程体系，包括任务结构、任务间逻辑关系、工作任务内部信息，以及研制流程梳理方法和建模方法等
4	系统设计规范	基于系统工程方法和正向研制流程，规定系统设计的定位、流程、方法、工具和参与部门及人员
5	软件工程规范	基于 CMMI（GJB5000A）要求，规定软件工程的定位、流程、方法、工具，以及如何精益地获得认证和通过年审
6	综合试验规范	按照现代试验理论和管理手段，规定实物试验和虚拟试验过程的流程、方法、工具、数据管理要求等

续表

序号	制度/标准/规范	目的/作用
7	综合仿真规范	规定各个产品在不同研制阶段、不同专业应开展的仿真,以及各仿真任务应采用的理论、方法、工具,规定为支持不同学科仿真工作应配备的仿真人才体系,规定仿真工具的规模、应用方法及流程,以及仿真标准与规范
8	研制工具规范	企业研制工具建设及封装的标准化文件,针对研制工具的选择、开发、改造、共享应用、封装方法与技术等相关流程、准则及技术标准
9	过程质量规范	对企业遵从的行业标准进行细化,符合智慧研制对过程质量管理的要求,用以要求企业研制体系按照智慧研制质量管理模式进行产品研制
10	知识工程规范	规定企业内部共享知识收集、加工、评审、发布、维护的流程,知识工程建设及运营维护的配套措施
11	需求管理规范	按照系统工程方法,规定需求获取、追踪、变更、追溯等流程、方法和数据管理要求
12	平台建设规范	针对企业智慧研制平台建设的标准文件,对平台架构、技术、应用模式、安装部署等方面做出规定
13	体系激励制度	依据企业智慧研制体系进行 KPI 设计,用以促进员工按照体系要求规范化、高效率和高效益地展开工作

4.7　智慧研制成熟度模型

与知识工程类似,智慧研制体系的建立同样不能一蹴而就,需要先对企业进行成熟度评估,科学设立成熟度进化路线,长远规划,分步实施。为此,我们提出智慧研制成熟度模型。

在智慧研制三维架构中,第三个维度为知识维。企业知识工程达到的层次决定了研制的智慧程度。知识工程层次越高,研制智慧程度越高。因此,智慧研制的成熟度模型与知识工程的成熟度模式是紧密相关和相互对应的。

知识工程的成熟度分为 5 级,分别是有序级、共享级、自动级、智能级和智慧级。此外,1 级成熟度前面的显性级是 0 级成熟度,是知识工程的基础和起点。据此,我们将智慧研制成熟度分为 5 级,分别是意识级、稳序级、协同级、智能级和智慧级,1 级成熟度前面的自发级是智慧研制的 0 级成熟度,如图 4-17 所示。智慧研制成熟度和知识工程成熟度的对应关系如表 4-2 所示。

第4章 知识泛在的智慧研制

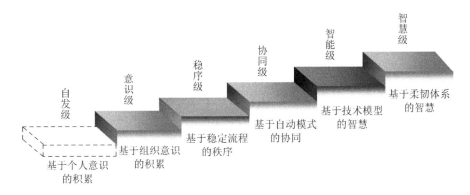

图 4-17 智慧研制成熟度模型

表 4-2 智慧研制成熟度与知识工程成熟度的对应关系

级别	0级成熟度	1级成熟度	2级成熟度	3级成熟度	4级成熟度	5级成熟度
智慧研制	自发级	意识级	稳序级	协同级	智能级	智慧级
知识工程	显性级	有序级	共享级	自动级	智能级	智慧级

智慧研制体系的各成熟度级别的细部特征如下:

1. 0级成熟度:自发级

本等级的定位是:基于个人意识的积累。总体特征是:在企业尚未有意识之前,优秀员工自发促进个体成长。具体特征包括:

(1)研制部门以设计人员为主,仿真、质量和知识相关人员较少甚至尚未出现,数字化人才和仿真人才处于边缘化状态。

(2)显性流程基本没有,按照约定俗成开展工作。

(3)对产品的物理参数有清晰的理解,具有工艺设计能力,可以做少量设计改进。

(4)数字化开始影响传统研制过程,但仿真手段对研制过程的影响不大。

(5)知识掌握在个人手中,通过数字化手段有所显性化,但企业尚未意识到知识管理的价值。

(6)从管理者至员工对质量体系的重视程度严重不足,质量体系基本上是走形式。

(7)研制数据管理较为零散,开始尝试使用产品数据管理。

(8)软硬件选型较为随意,没有特定的规划和标准。

(9)设计软件主要是 CAD 软件,尚无仿真软件。

(10)研制基础 IT 主要是个人机或工作站。

(11)尚无研制平台出现。

2. 1级成熟度：意识级

本等级的定位是：基于企业意识的积累。总体特征是：企业已经识别出研制关键要素，并着手开始有意识地积累工作。具体特征包括：

（1）数字化人才增加，仿真人才专职化，研制部门的质量人员以兼职形式存在。

（2）出现独立的质量部门，在研制组织中出现专职的仿真团队。

（3）对流程管理的重要性有所意识，并启动局部的管理工作。

（4）对产品的系统架构和运作逻辑具有清晰的理解，可以根据现有产品或系统进行逆向工程形成"新产品"或"新系统"。

（5）企业开始进行部分数字化研制规范的梳理，开始认识到仿真在研制中的重要性。

（6）意识到知识管理的重要性并有所行动，对数据类知识开始进行标准化加工，建立数据相关的知识库，知识开始具有有序化特征。

（7）管理者及员工开始对质量体系的建设与实施有所重视，质量文件规范完整；工程人员懂得必备的质量工具、方法，认识到质量是全部门的共同责任；质量主管参与重点型号评审。

（8）开展了产品数据管理，开始尝试进行仿真数据管理。

（9）软硬件选型主要依据型号（项目）的需求而进行。

（10）设计仿真软件主要是 CAD 软件、单场单学科仿真优化软件等。

（11）研制基础 IT 开始出现 HPC 硬件及调度软件，具有部门级的网格计算体系。

（12）研制平台方面，除了使用 PDM 外，开始尝试使用 SDM 平台。

3. 2级成熟度：稳序级

本等级的定位是：基于稳定流程的秩序。总体特征是：在流程引导下，企业开始将研制关键要素进行有序排布和运行。具体特征包括：

（1）数字化和仿真人才已成为主力，兼职知识人才出现，设计部门的质量人员以全职形式存在。

（2）任职资格体系定型，仿真人才形成独立部门，质量部门扩大，出现知识管理的虚拟组织。

（3）流程管理已经成为研制过程有序进行的保障。

（4）对产品或系统的功能架构具有清晰的理解，根据功能架构进行系统架构的设计与仿真，可以对物理产品的参数提出清晰的要求，必要时可进行物理设计。

（5）设计过程已经开始进行数字化变革，仿真成为设计的重要过程。

（6）对信息类知识进行结构化加工，在企业范围内开始共享并获得效益。

（7）有一定数量的各科室级别的详细作业规范，重视质量与管理的融合，质量数据成为管理决策的重要依据。企业有一定数量的绿带和黑带，质量部门在企业地位较高。

（8）设计数据和仿真数据的管理较为完备，开始进行过程、知识和质量等数据的管理，但这些数据管理之间相对独立。

（9）软硬件选型基于部门和能力建设的规划进行。

（10）开始将CAE与三维CAD集成使用，并使用多场耦合仿真工具、多学科集成系统。开始引入CAI、CAQ及系统设计与仿真软件。部分产品的核心部件拥有性能样机。

（11）研制基础IT开始出现企业级的研制资源云平台。

（12）研制平台方面，除了PDM、SDM平台，开始使用KM、CAQ等独立平台。

4.3级成熟度：协同级

本等级的定位是：基于完整体系的协同。总体特征是：完整的智慧研制体系使得研制关键要素得到有效的协同、集成甚至融合。具体特征包括：

（1）完成数字化改造，仿真人员成为研制骨干，知识人才专职化，质量能力成为基本能力。

（2）仿真部门回归、融入并充盈研制组织，实体化的知识管理组织建立，质量组织扩张到各业务部门及产业链中。

（3）研制流程已经成为将研制各关键要素综合集成起来的核心要素，并开始打通产业链的流程。

（4）对产品或系统的技术需求和指标具有清晰的理解，可以根据技术需求进行功能分解与分析，进而进行系统架构的设计与仿真，对物理产品的参数提出清晰的要求，必要时可进行物理设计。整个过程呈现出正向研制的特征。

（5）研制过程完成数字化改造，并开始进行仿真化变革，使得仿真可以在大部分重要的环节发挥作用，加速研制进程。完整的性能样机开始出现。

（6）开始利用少量的智能技术进行产品的智能化改造，对部分智能产品可以进行全新研制。

（7）模式类的知识用数字化手段进行建模，可以在计算机上自动运行，引导研制进程。知识融入流程和研制过程，直接支撑研制工作。

（8）重视质量与研制过程的融合，将质量文件的要求深入型号研制过程。

各专业室拥有足够的绿带和黑带,形成质量预防体系的基础。质量开始成为员工自觉行为。质量主管成为企业高级管理人员。

(9)建立较为综合和完整的数据管理体系,对设计数据、仿真数据、知识和质量等数据,依据研制流程进行完整管理。

(10)以对研制流程的支撑作为依据进行软硬件规划和选型。

(11)设计仿真软件方面,CAE软件开始向多场多学科优化方向发展,CAD软件向MBD方向发展,系统设计与仿真软件开始展开全面应用,CAI和CAQ工具开始成为重要工具。

(12)研制基础IT方面,开始使用产业链或集团化的云平台,部分智能产品开始在云中运营和维护。

(13)研制平台方面,各平台集成和融合,形成具有协同特征的研制平台。

5.4 级成熟度:智能级

本等级的定位是:基于产品全生命周期模型的智能。总体特征是:基于模型的产品生命周期,使得研制体系的运行都以量化的模型数据为依据,基于各类模型参数自动诊断和智能决策。具体特征包括:

(1)设计组织更像是仿真化组织,所有的设计人员都具有仿真的基本能力,仿真人员成为研制主力人员。

(2)实体化的知识管理组织建立,知识创造者是企业价值创造的主力。

(3)质量能力成为人才选拔的重要能力,质量组织扩张到各业务部门及产业链中。

(4)研制流程打通产业链,已经成为将产业各单元整合的核心要素,是产业链业务自动化流转的基本平台。

(5)可以从客户需求入手进行技术需求的分析,形成产品或系统的指标体系,可以根据技术需求进行功能分解与分析,进而完成系统架构的设计与仿真,对物理产品的参数提出清晰的要求,必要时可进行物理设计。

(6)研制过程完成仿真化变革,使得仿真可以在所有必要的环节发挥作用,发挥着驱动研制流程的作用。大部分产品的研制基于性能样机而进行。

(7)利用智能技术进行智能产品的开发与运营,大部分产品达到较高的智能化程度。

(8)对技术类的知识进行归一化、模块化和标准化,形成模型,建立产品技术平台,在产品开发时各类模型发挥智能作用。

(9)质量与研制过程充分融合,各专业室拥有足够的黑带,质量预防体系完善。质量成为员工自觉行为。

（10）建立较为综合和完整的数据管理体系，开始利用大数据技术对数据中的价值进行挖掘，获得对研制的支撑。

（11）软硬件的选型以全企业或集团化的视角来规划。

（12）在软件方面，基于模型的产品全生命周期（model-based product lifecycle management，MB PLM）的理念，对研制相关的软件进行配置和应用。CAD 与 CAE 相互融合，CAI、CAQ 及系统设计与仿真软件成为设计师的基本工具。

（13）研制基础 IT 方面，产业链或集团化的云平台是产品研制的基本平台，大部分智能产品开始在云中运营和维护。

（14）研制平台方面，各平台依据系统工程进行集成和融合，形成具有智能特征的研制平台。

6.5 级成熟度：智慧级

本等级的定位是：基于全企业模型及全息知识的智慧。总体特征是：基于全企业模型的和全息知识的智慧研制体系成为高度柔韧的体系，研制各关键要素融会贯通，且能随需而变，构成企业难以模仿的竞争优势。具体特征包括：

（1）研制组织的领袖是对仿真体系具有深刻理解的佼佼者。

（2）知识能力是基本能力，质量成为人才的基因。

（3）研制组织就是一个大仿真组织，知识和质量能力成为组织的基本能力或组织基因，独立化的组织形态已经不重要。

（4）从成功实践总结的研制流程成为企业核心能力，并且随着业务的变化和技术的进步而调整。

（5）具有完全和自由的正向研制能力，对客户（市场或涉众）需求进行合理细分、归纳、分析和管理，并据此形成产品或系统的技术需求和指标。根据技术需求和指标进行功能的分解和分析，进而完成系统架构的设计与验证。对物理产品的参数提出清晰的要求，必要时可进行物理设计。

（6）数字化设计过程已经完成仿真化改造，设计过程本身就是一个仿真过程。仿真技术让产品的功能、性能完全透视化，实时掌控产品特性。性能样机成为产品设计的主要交付模式。

（7）充分利用智能技术进行智能产品的研制与运营，产品都达到较高的智能化程度。

（8）知识成为企业能力快速复制的支撑，能快速适应并支持企业变革。

（9）重视质量与企业经营绩效的关系，建立并执行卓越绩效体系。质量主管为董事会一员，质量意识成为董事会共识。质量成为企业和员工的基因，成为员工无意识的自觉行为，企业在快速变革中保持优秀的质量不变。

（10）产品过程数据成为构成企业竞争力的要素，数据已经成为企业智慧的来源，通过大数据的挖掘来进行企业战略决策。

（11）软硬件的选型以产业链云的视角来规划。

（12）在软件方面，基于模型的企业（MBE）的理念，对研制相关的软件进行配置和应用，以支撑全企业的模型化改造。

（13）研制基础IT方面，研制云已经成为产业链研制的基础平台，所有智能产品在云平台中运营和维护。

（14）研制平台方面，各平台依据智慧研制思想方法开始集成，形成智慧研制平台。

4.8 开放式智慧研制模式

目前工业产业链配套单位多，协同关系复杂，但仍主要依靠传统的调度会、纸质或离线数据包的传递开展协同工作，协同周期长、成本高，难以实现并行研制和快速响应市场。智慧研制体系借助云计算、大数据、物联网和信息处理等技术，将各类分散的工业软件、硬件、加工检测设备的分析计算能力，以及它们产生的数据、计算、知识等软资源，整合成逻辑统一的资源整体——工业云，实现信息流、物资流、资金流、知识流、服务流的高度集成与融合，打造集团化研制、产业链协同研制、开源研制、外包研制等开放化协同研制模式。

4.8.1 基于工业云的研制架构

未来更为普适的研制体系将是基于工业云的开放式智慧研制体系，如图4-18所示。图4-15所示的智慧研制集成平台框架其实是这种研制模式之一——产业链协同研制，其他模式还有集团化研制、众包研制或开源研制等模式。本体系将基于基础工业云，通过虚拟企业云端总线整合各个企业的工业软件，开发工业云应用（如SaaS），形成协同化和开放化研制平台，这些云应用形态包括专业云应用和集成化云应用。

4.8.2 基础工业云

基础工业云以商业PaaS或开源PaaS为基础，通过数字化和组件化使工业元素服务化，面向产品研制提供一系列服务中间件，用于快速创建和

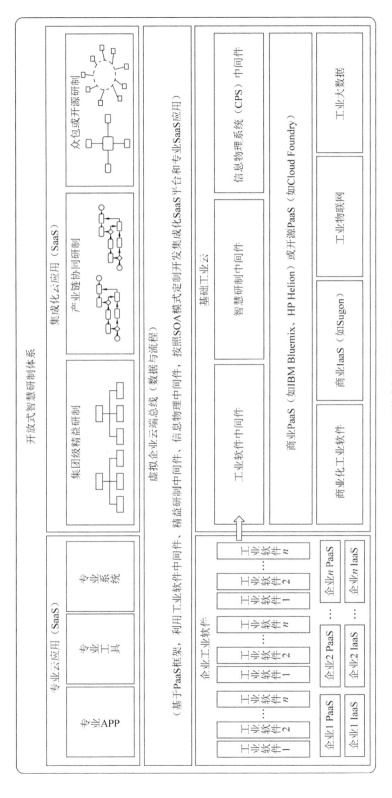

图 4-18 开放式智慧研制体系

定制工业云应用。中间件包括工业软件中间件、智慧研制中间件和信息物理系统（CPS）中间件等。

（1）工业软件中间件是对商业化工业软件及企业自有工业软件进行服务化封装，是工业软件的组件化（碎片化）过程，这些软件涉及 ERP、PLM、CRM、MES、SCM、CAX、ICS、SLM、TDM、TI、BI、AI 等。通过工业软件中间件，可以对企业工业软件进行柔性化集成。

（2）智慧研制中间件是基于知识工程的思想，对综合仿真、正向研制、知识工程、质量管理等系统进行服务化封装，形成一系列的碎片化构件，包括设计类构件、仿真类构件、管理类构件、流程类构件、知识类构件、创新类构件、质量类构件、数据类构件等。

（3）信息物理系统（CPS）中间件是采用物联网和大数据技术将工业元素数字化的结果，可能包括嵌入式软件、传感器、RFID、物料、产品、设备、生产线、机器人、智能终端、增强现实、虚拟现实设备、GIS 及其终端、GPS 及其终端、3D 扫描、3D 打印、多媒体设备等。

利用中间件进行工业云应用的开发需要基于虚拟企业云端总线（ESB）。虚拟总线是传统 SOA 模式在工业云计算框架上的延伸应用。按照 SOA 模式，利用工业中间件，开发三大集成模式（横向集成、纵向集成和产业链端到端集成），形成集成模式库等待调用。

4.8.3 研制云应用

基于 PaaS 框架，利用工业中间件和三大集成模式库，按照 SOA 模式定制开发两类研制 SaaS：专业云应用和集成化云应用。

1. 专业云应用

专业云应用是指功能和目的较为专一的应用，包括专业 APP、专业工具及专业系统等。典型的专业 SaaS 实例有仿真工具、仿真平台、创新工具、知识管理、项目管理等云应用。

2. 集成化云应用

集成化云应用是指多个组织或个人，应用多种系统或工具，完成综合业务场景的云应用模式。集成化云应用包含三类应用模式：集团化研制、产业链研制、众包或开源研制。

1）集团化研制

通过开放式智慧研制体系，集团型企业可以实现对下属企业研制体系的项目开发和能力建设的管理、协同和共享。

2）产业链研制

通过开放式智慧研制体系，产业链管理机构可对多家企业共同参与的大项目进行领导、管理、审核与监控。基于云平台的产业链协同研制管理平台，为复杂智能产品研制中的全过程、多地域、多领域、多专业并行协同研制提供了支撑。图 4-19 给出了一个典型的产业链协同研制场景。

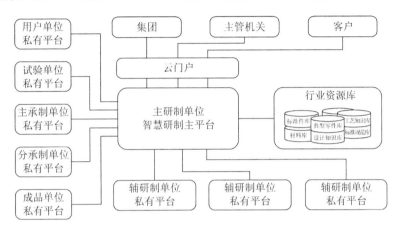

图 4-19　基于工业云的产业链协同研制场景

大型复杂智能产品的研制必须多企业合作完成。通过研制联盟或者虚拟企业来进行复杂智能产品的研制越来越成为趋势。主研制平台采用跨域协同的分布式架构，便于分布式部署。基于主研制平台构建产业链协同研制生态系统：主研制单位建设智慧研制主平台，辅研制单位则建设分平台，制造单位建设制造终端和辅制造终端，用户单位、试验单位和成品单位分别建设用户终端、试验终端和成品终端。除此之外，还可以通过云门户为集团、主管机关及客户提供监控终端和信息服务。通过各类终端与这些单位的私有平台建立联系，保持各单位独立性的同时，建立一体化的研制云体系。第 1 章介绍的"欧盟基于知识的研制体系"就是此类体系的一个实例。

图 4-15 给出的实际上是主研制单位的智慧研制平台框架。本形态比较适合于当前中国大部分央企的智慧研制体系建设，故将这种模式推荐给中国军工科研院所，作为智慧院所的参考框架。

3）众包或开源研制

随着工业产品研制的日趋复杂，未来基于工业云的研制外包将日益增多，如图 4-20 所示。

众包或开源研制是一种完全开放式的研制创新模式。开放式创新的最

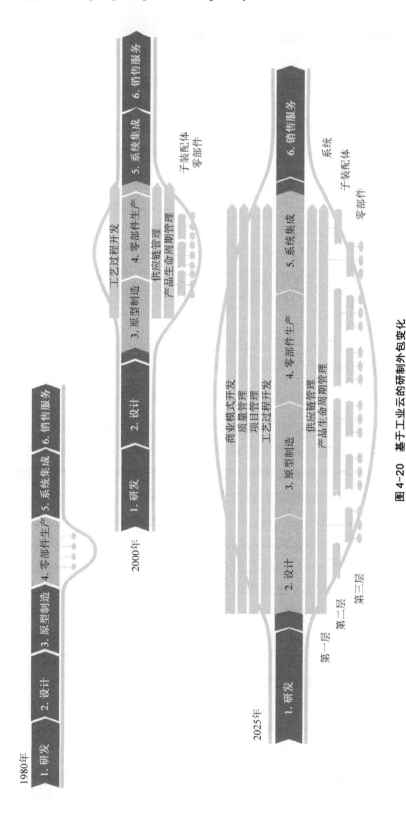

图4-20 基于工业云的研制外包变化

终目标是以更快速度、更低成本，获得更高收益与更强竞争力。在开放式创新模式下，从创意产生到产品市场化的过程，企业不仅自己进行创新，也充分利用外界的创新。在封闭式创新模式下，企业对市场机遇与技术机遇的认识都是从内部出发的，这很可能出现供给与需求的偏差。而在开放式创新模式下，企业对市场机遇与技术机遇的认识都是从外部出发的，这使得有效供给成为可能。

开放式研制是为了吸引社会化智力共同参与研制创新，只有良好的协同和管理才能维持这种模式长盛不衰。基于工业云的智慧研制体系则是将研制由传统的串行、封闭模式转向个性化、服务化、社会化模式，比较适合面向多主体、多租户和海量用户支持线上研制众包甚至开源研制。

4.9 智慧研制路线规划

智慧研制路线规划的目标是确定在可预期的有限时间内，依据目前技术水平，体系建设所能达到的最好程度，并研制合理的建设路线。通常来说，智慧研制建设路线一般规划为三个阶段，各阶段的目标分别是模式转型、正向研制和智慧发展，如图 4-21 所示。

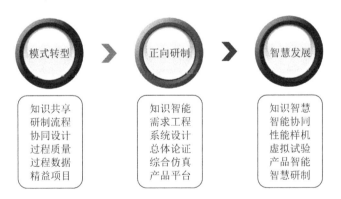

图 4-21 智慧研制体系建设的"三步走"战略

4.9.1 第一阶段：模式转型

围绕企业核心业务，开展业务优化、平台建设、管理改进三方面的工作，基于智慧研制体系推进研制模式转型，促进核心竞争力的有效形成和全面提升。

作为多学科、多专业、复杂产品的研制企业，数字化研制流程是开展型号工作的基础。在模式转型期间，结合智慧研制建设的总体目标，在研制流程梳理的基础上规划三个方面的建设内容：知识的伴随、质量的管控和研制工具的集成，最终形成具有智慧研制特征的数字化研制业务蓝图。

（1）研制流程：是复杂产品的顶层工作依据，是智慧研制体系的基础和核心。研制流程的显性化是研制过程固化的最好手段。对型号研制工作进行完整分解，形成标准工作分解结构（WBS），进而形成标准化和规范化的研制流程，是提高型号策划能力和工作执行力的基础。在型号开发之初，通过对标准产品分解结构进行剪裁、补充、完善和修改，完成型号研制的顶层策划，使整个产品研制过程有据可依。标准化的研制流程对研制人员在产品研制过程中的行为进行规范，强化研制过程的条理性、可预测性、可跟踪性和可追溯性，减少部门之间沟通和协调成本。

（2）知识管理：这个阶段也称为面向流程的知识工程，是智慧研制体系的重要内容，也是智慧研制的特色之一。研制型企业作为知识密集型企业，以往的型号资料知识保存于个人电脑或档案部门资料柜中，或者存在于研制人员的大脑中。通过实施知识工程，对企业知识资源进行系统梳理、建设与优化，形成适合企业发展的知识体系。将知识资源与研制流程相伴随，在型号研制过程中自动推送知识，实现知识资源的高效利用。

（3）协同开发：是复杂产品研制过程重要的工作模式。流程管理解决企业技术管理层面的问题，协同开发则是解决企业技术开发层面的问题。研制流程梳理将研制工作分解到工作包层级，协同开发则能够对工作包的执行步骤进一步细化分解，通过工作流实现研制人员之间的协同。通过工具集成、组件封装和过程建模等手段为工作包的执行制作工具，丰富工作开展的技术手段，提升综合解决研制问题的能力。通过过程数据管理实现所有活动与工具所产生数据的完整记录，最终实现人员、数据和工具的协同。

（4）质量管理：是企业对研制质量的持续改进，也是研制能力的持续提升。为了使质量管理真正融入型号研制过程中，在研制流程中增加了质量要求文件的自动推送。在研制活动执行过程中增加了质量检查的环节，研制人员利用检查表完成质量自查互查。为项目负责人和质量管理人员提供质量监控环节，实时监控项目质量情况。研制流程中增加质量控制点，通过质量控制点及时发现质量问题，并通过质量跟踪、质量归零等过程实现产品质量的全过程管理，最终实现高品质的研制。

4.9.2 第二阶段：正向研制

针对企业正向研制能力进行专项建设，形成完整的正向研制流程、方法、工具和平台，并进行相应组织的优化和变革。此项工作主要从以下几个方面展开。

（1）需求管理：建立系统化方法，用于获取、记录、组织和跟踪系统需求。针对型号研制的需求定义、需求关联、需求追踪、需求变更等要求，定义和配置各阶段、各文档需求追踪矩阵，以及进行需求变更影响分析。

（2）系统设计：打造从需求出发的系统设计体系和能力，可以完成需求定义与指标分析、逻辑分解与功能分析、系统综合和架构设计以及系统仿真等工作。建立基于MBSE的系统开发体系，构建一个基于模型的系统研制环境，解决以前基于文档的落后设计模式所存在的各种问题。

（3）软件工程：针对CMMI（GJB 5000A）的要求，梳理软件研制的真实流程，提供以软件项目管理为主轴，将过程域有机结合在一起的软件开发集成与管理平台，提高软件开发全过程管理的可视化。企业软件开发人员只需要按照熟悉的方式工作，平台可以自动记录、输出和排版CMMI（GJB 5000A）评审和年审要求的证据链。

（4）快速论证：建立总体方案的参数化快速建模和论证方法，快速创建行业化方案模型，通过型号研制所需的专业工程算法及商业分析软件，实现基于几何样机的总体方案快速论证与评估。

（5）项目管理：覆盖范围管理、时间管理、资源管理、成本管理、质量管理、风险管理、沟通管理、合同管理、综合管理等领域，以项目进度、资源、质量、成本整体最优为目的，实现对项目核心要素的动态控制。通过对复杂项目全过程中的信息进行整合与控制，解决工程数据与项目管理信息的关联一致，实现对型号项目的全生命周期动态管理。同时，实现单项目管理、多项目管理、项目组合管理的全方位管理，全面提升企业项目管理水平。

（6）综合仿真：打造企业综合仿真体系，实现仿真驱动研制的理想。通过梳理研制流程并进行仿真化改造，形成仿真流程、标准和规范，建立仿真组织和人才梯队，进行仿真软硬件装备的规划、选型和建设，开发协同仿真平台，包括仿真流程管理、仿真数据管理、仿真工具封装、仿真过程集成、多学科优化等模块。

（7）综合试验：包括实物试验管理和虚拟试验体系。试验管理是对实物试验过程和数据的管理，强调对试验数据资产的保护。虚拟试验是用仿真手段提升试验的有效性，促进实物试验的规划、目标设计、过程设计、过程操作和结果分析，将试验扩展到实物试验所不能达到的范围。

（8）知识工程：将智慧研制体系的构成要素进行分解，并据此进行针对性的知识增值加工，使这些要素与业务过程完全融合，按照智慧研制或其子体系的业务逻辑进行组织，就可形成相应的业务平台。详细参见第 4～8 章的内容。

（9）业务优化：在第一阶段已经建成的智慧研制模式与组织管理体系下，开展针对正向研制能力的业务优化和建设工作。对正向研制流程进行显性化梳理、数字化及工具化改造、知识伴随和质量关联，进行软硬件的规划、选型和建设。

（10）管理改进：根据正向研制模式的需要，进行组织机构和职能的调整以及专业间的重新组合划分，并开展流程、标准与规范的建设。

4.9.3　第三阶段：智慧发展

除了强调研制模式转型后的信息化以及正向研制的数字化外，智慧研制体系还关注以下几个方面：

（1）特别强调知识工程的深化应用，与研制体系全面和深入融合。知识工程是智慧研制体系的基础，是智慧研制体系要素建设的工程，是研制资源知识化程度的提升过程，也是智慧级别的提升过程。

（2）将工业大数据和工业物联网放到理想模型的两肋，不仅支撑和改造研制过程，支撑智能产品的开发，同时改造知识、质量、流程和监控体系。

（3）采用研制基础云平台，将 PaaS 和 IaaS 工业化，并嵌入工业中间件，以支持智慧工业时代基于互联网的开放化和协同化研制模式，同时支持智能产品基于云的智慧运营。

通过实施智慧研制体系，建设基于工业云的产业链协同研制、知识驱动的创新研制、基于大数据精确决策的研制体系，全面提升企业研制的智慧化程度。此项工作主要包括以下内容的建设。

（1）基于产业链云平台和大数据分析的智慧驾驶舱：研制过程智慧感知体系；

（2）基于云平台的产业链协同研制管理体系：管理复杂智能产品需求、产业链协同流程和跨企业项目协同；

（3）基于大数据的知识创新体系：利用大数据技术，对资源、数据、信息、模式和技术进行深度分析，形成全息化知识，并向研制过程精确推送；

（4）基于大数据的质量防控体系：通过产品全生命周期的大数据分析，特别是分析产品生产和运营期间的海量数据，形成对产品质量的反馈，指导研制过程对质量进行有效防控；

（5）基于性能样机的复杂智能产品协同开发体系：充分发挥仿真工具和技术的作用，为产品和系统开发提供全生命周期的设计分析和性能透视；

（6）基于工业云的科技资源共享体系：利用智能产品研制需要的构件，如工业软件构件、智慧研制平台构件、CPS构件、产品模型、技术模型和过程模型等，搭建智能产品开发资源的开放共享平台，即智能产品技术平台；

（7）基于产业链云和产品生命周期管理联盟（product life cycle support，PLCS）标准的数据采集、管理与协同体系：是产业链协同研制与产品全生命周期数据协同的基础；

（8）利用工业物联网、工业大数据、工业中间件、工业IaaS、工业PaaS等基础技术，建立研制云平台，为整个智慧研制体系及智能产品的服务化运维提供基础支撑。

4.10 智慧研制中知识泛在

智慧研制提出了面向智能制造的研制体系框架和理想蓝图，知识工程是本蓝图的实现途径。企业通过实施知识工程，可以在以下方面为智慧研制体系提供支撑。

智慧企业如何炼成.mp4

1．研制管理和运营的知识泛在

智慧研制体系建设是对研制管理和运营模式的创新。流程不仅是对业务显性化的过程，更是一种业务优化的过程。通过信息化手段可以规范业务流程，明确各自职责，做到各业务部门及人员之间的信息共享与紧密配合。利用已梳理的研制流程进行型号策划，可以明显提升型号策划、任务分解和任务执行的效率和科学性，实现对研制过程与结果数据的合理、规范化管理与应用。

利用知识工程的理念、方法和工具，对模式类知识进行数字化建模，形成研制流程模型库、协同研制模式库、研制流程交付物库、标准与规范库等，并使其可自动化运行，将有力支持智慧研制管理和运营的规范和模式创新。

2．正向研制体系的知识泛在

在基于系统工程的智慧研制体系中，研制体系主张从客户需求开始。经过需求定义、功能分解、系统综合、物理设计等过程，利用仿真手段对设计进行一系列虚拟验证，利用试验手段对设计进行一系列物理验证，最终使得产品满足客户需求，达到可交付状态。这一正向过程保证产品开发的源头是客户需求，而非仿制对象，从根本上保证所研制产品的创新性。在这个过程中，利用先进的创新方法、设计和仿真技术提升产品的性能，实现从跟踪研仿向自主创新转变。

利用知识工程的理念、方法和工具，对技术类知识进行归一化和标准化，通过数字化建模，形成客户需求库、技术需求库、系统设计模型库、快速论证模型库、产品模型库、技术模型库、专利技术库等。按照产品线的需求，这些知识聚合为不同的产品技术平台，将有助于正向研制过程的建立和运行。

3. 综合仿真体系的知识泛在

通过智慧研制体系建设，可以系统化地对仿真流程、标准、规范、工具、模板、组织和平台进行建设，结束过去零散使用的状况。开展对各类仿真工具和方法的治理和整合，提升仿真工具的使用效果。注重对仿真人员的尊重和培养，形成现代企业仿真人才健康成长的环境。进行仿真标准和规范建设，确保在正确的时候使用正确的仿真技术，并且把仿真做正确。对研制流程进行数字化和仿真化改造，践行"仿真驱动研制"的战略。

利用知识工程的理念、方法和工具，将仿真类知识按照仿真学科聚类，进行不同类型的加工（涉及数据类知识的标准化、信息类知识的结构化、模式类知识的范式化等）。利用软件封装与建模技术，形成多学科集成模式库、仿真模板库、仿真流程库、仿真数据库、仿真模型库、仿真规范库、仿真标准库、虚拟试验模型库、经验公式与算法库等，可对综合仿真和虚拟试验体系建设与运行提供支撑。

4. 智能产品研制的知识泛在

通过智慧产品研制体系和平台中的工业仿真、性能样机、大数据、物联网、嵌入式软硬件、工业云平台等技术，可以支撑智能产品的研制，以及产品投放市场后的智能运营，建立企业的智慧生态体系，建立服务化制造能力，创新商业模式。

利用知识工程的理念、方法和工具，对智能产品研制相关的技术类知识进行归一化和标准化，通过数字化建模，形成性能样机库、智能产品模型库、智能技术模型库、智能产品技术平台、大数据分析模型库等，均可对智能产品的研制提供支撑。

5. 研制质量管理的知识泛在

在规范研制流程的同时，加强研制过程控制，将质量要素融入关键工作包，解决质量与研制过程"两张皮"问题，实现对多层级研制流程与研制过程的质量管控。通过信息化支撑，改变质量管理流于形式的现象，形成基于研制流程的质量策划、过程质量检查、问题跟踪与归零处理等能力，使质量管理融入业务，落到实处。避免因产品研制质量问题造成的全生命周期的资源损耗，降低质量成本。另外，采集生产和使用过程的质量数据，通过大数据分析，理解研制过程中的参数和方法对产品综合质量的影响，将非常有利于产品质量问题的预先防控，有助于产品质量的实质性提升。

利用知识工程的理念、方法和工具，对质量相关知识按照质量学科聚类，进行不同类型的加工（涉及数据类知识的标准化、信息类知识的结构化、模式类知识的范式化等）。利用数字化建模工具，形成研制流程库、质量策略库、质量检查表库、质量归零数据库、质量审计数据库、质量评审过程库、外场质量数据库、生产质量数据库、产品运行数据库、质量大数据分析模型库等，均有助于研制过程和产品质量的提升。

6. 研制智能决策的知识泛在

研制决策层可以深入到产品研制的第一线，更容易、更直接地掌握产品研制过程数据，保持研制信息的通畅，并通过相关的数据处理功能（数据汇总、数据挖掘等）形成有助于产品研制的辅助决策数据。使产品研制有据可依，减少决策盲目性，保证产品研制决策的高质和高效。

利用知识工程的理念、方法和工具，利用大数据技术对各类知识进行全息化加工，并建立基于 PLCS 的数据共享模型库、大数据辅助决策模型库等，对研制过程中的各类数据进行分析和精准推送，可对研制的科学高效决策提供支撑。

智慧研制体系的成熟度进化路线表明一个观点：智慧研制在路上。自从计算机进入研制体系，就开启了智慧研制时代，人们就踏上了智慧研制的征途。相比制造过程，研制更早地引入了 ICT 技术，在智慧化道路上先行一步。在当今炙手可热的智能制造体系大建设中，工业体系数字化是我们踏上智能制造征途的第一步，而数字化在研制领域早就成为历史。正在到来的工业互联网，在研制领域则称为信息化，也是日趋成熟。方兴未艾的知识工程则成为研制体系的下一个追求目标。所以，在现代研制领域奋战的同仁们应该感到骄傲，我们提前步入智慧世界，并在引导着智慧工业前行。未来的智慧工业将是软件定义的工业，智慧研制探索者将是智慧工业的引路人。

第 2 篇　知识增值加工技术

本篇旨在给出知识工程核心内容（知识的增值加工）的工作方案，同时提供知识加工"六把刀"。尽管企业可以选择从不同的层级入手进行知识工程工作，但本篇的编写顺序是我们对知识层级跃迁的顺序建议。

显性｜隐性知识的显性化
有序｜数据知识的标准化
共享｜信息知识的结构化
自动｜模式知识的范式化
智能｜技术知识的模型化
智慧｜知识资源的全息化

第 5 章
隐性知识的显性化

隐性知识显性化是知识工程中的一个难题,也是绕不开的课题,因为它是知识工程的基础和起点。知识分为隐性知识和显性知识。通常以文字、图表、公式、流程和模型等表述的知识称为显性知识。在行为中所蕴含的未被表述的知识称为隐性知识。隐性知识是高度个人化的知识,具有难以规范化的特点,因此不易传递给他人。它深深植根于行为本身和个体所处环境,包括个体的思维模式、信仰观点和心智模式等。

知识评价方案:
知识 IPO.mp4

5.1 知识螺旋与显性化

5.1.1 知识螺旋

显性知识和隐性知识相互转化(也称知识螺旋)有 4 种类型,可实现隐性知识的传递。

1. 社会化

社会化是指从个体隐性知识到另一个体隐性知识的传播过程。这是人类知识传播最古老也是最有效的方式——师傅带徒弟。在知识管理过程中,我们不遗余力地将隐性知识通过信息技术显性化,但总有部分有价值的隐性知识难以实现转化。通过隐性知识的社会化阶段将隐性知识进行传递、共享及创新,已成为企业知识管理中非常重要的环节。这一过程中,参与者不使用语言也可以从别人那里获得隐性知识,如徒弟仅凭经验、模仿和实践就可以学会手艺。

2. 外化

外化是通过类比、隐喻、假设、倾听和深度谈话等方式将隐性知识转化为容易理解和接受的形式。将隐性知识转化为显性知识是典型的知识创新过程。人们将自己的经验、知识转化为语言可以描述的内容，是将感性知识提升为理性知识，将经验转变为概念。

3. 组合

该过程是隐性知识向显性知识的转化，是建立重复利用知识体系的过程。它重点强调的是信息采集、组织、管理、分析和传播。在这一过程中，信息是在不断聚合过程中产生新的理念。个人知识并不能直接共享，可以进行传递的仅仅是知识中的有关观点和信息。他人在接收信息后，要对其进行深入感知、理解和内化，然后才能形成自己的新知识。企业将从个体员工收集到的显性知识通过加工整理，最终浓缩为企业的核心知识，员工可以方便地吸收和使用，以实现企业的正常运营。

4. 内化

内化意味着新创造的显性知识又转化为企业中其他成员的隐性知识。显性知识隐性化的目的在于实现知识的应用与创新，是知识管理的终极目标。企业能否在竞争中占有优势取决于企业能否充分利用现有的知识，能否不断地创造出新知识。经过内化阶段，企业竞争力得到提高，知识管理完成一个基本循环。

在上述4种转化过程中，隐性知识向显性知识的转化是核心，是知识生产最直接和最有效的途径。员工个人的隐性知识是企业新知识生产的核心。为有效激发个体隐性知识转化，避免转化过程中的障碍，增加这4种转化方式的互动作用，将影响公司的新知识产生水平。

5.1.2 知识显性化方法

按照实施主体不同，隐性知识显性化有以下3种方法。

1. 组织统一梳理

企业结合业务流程，组织人员按照职能和项目两种类型进行统一梳理。首先要梳理出隐性知识点，特别是关键工作包中的知识点；然后把隐性知识点对应内部可求助的专家，组织知识贡献者（知识专家）把隐性知识点显性化。例如，企业可以定期（如每年）组织隐性知识梳理工作；按照领域对专家资源进行分类并划分级别（由高到低依次为顶级专家、特级专家、高级专家、中级专家、一般专家），各级专家可按照一定的模板来沉淀固化知识。

2．人际化方式

人际化方式指通过人与人之间互动交流实现知识的传播，让员工在交流过程中自然地实现隐性知识显性化。这种方式具有互动性、即时传播等诸多优势。一般可采用知识社区、博客、微博、维基百科、知识问答及内部讲座等方式。

为了能够方便及时地解决普通工程师遇到的问题，同时将专家的知识显性化，可以在普通工程师和专家之间建立通畅的咨询通道。专家对外开设网络化服务台是一种有效方法。服务台相当于将各专业领域的专家资源虚拟化，构建社交媒体，将专家大脑中的知识分享给知识的消费者，如图5-1所示。充分利用专家作为隐性知识载体的特性，通过交流方式显性化专家大脑中的知识，并在系统中转化为知识沉淀下来。普通工程师根据遇到问题的特性，在服务台的专家列表中选择专家，并从专家信息介绍（如专家的擅长领域、主要经验、历史知识贡献以及曾参与项目等）中判断选择合适的专家。

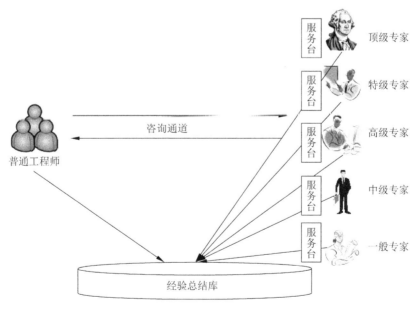

图5-1　专家知识的显性化方法

利用专家服务台的搜索功能，研制人员可快速获得针对性的知识和解决方案。针对具有代表性的知识社区内容，可通过"转化为知识"的功能，启动知识获取流程，将解决方案固化为知识后归入相应知识库中。

知识评论可以提高和改善知识本身的翔实程度。研制人员在查阅知识过程中，可对知识本身进行评论或补充，能提高知识的最终质量和应用准确性。

3. 业务流程中获取

由企业统一组织梳理隐性知识点的形式具有其局限性。一方面，这种大规模的运动本身投入成本比较大，不能作为常态管理；另一方面，这种形式下梳理出的隐性知识点的全面性无法保证，员工日常工作中或某个项目中都可能出现以前从未遇到过的棘手问题。作为第一种形式的补充，企业有必要结合业务流程，制定常态化机制，通过工作总结和问题事件促使隐性知识能够不断从流程中获取、积累和沉淀。

5.2　利用社区实现显性化

对问题进行深入的交流讨论，往往能够碰撞出思想的火花，从而拓展思维，产生新的思路和方案，所以对问题和知识的讨论可以产生新知识。但在日常工作过程中却往往缺乏这样的交流。即使有，在交流之后也没有及时沉淀下来，久而久之造成了这部分知识的流失。知识社区是有效解决此问题的方案。

知识社区是将对某一特定知识领域感兴趣的人联系在一起的网络。大家自愿组织起来，围绕同一知识领域共同工作和学习，分享和发展该领域的知识。

知识社区是关注某一个主题并对这一主题都怀有热情的一群人，通过持续地互相沟通和交流增加自己在此领域的知识和技能。学习是一项社会化活动，人们在群体中能最有效地实践。这里所谓的"实践"，就是积极主动参与学习以及与专家和同行的互动。

知识社区作为非正式组织，可为企业创造大量的非正式沟通渠道，其沟通方式可能是以定期开会或仅利用午餐休息时间讨论，或纯粹以电子邮件、讨论区、在线交谈等网络系统来相互联系。知识社区中有4种常见的沟通模式，依次是面对面沟通、电话沟通、网络沟通和书面沟通。

知识社区因其特点不同而种类各异。有些社区可以存在好多年，而有些社区为特定目标而成立，一旦目标达成就会解散；有些社区很小，成员都集中在一个区域，而有些以"虚拟社区"的形式存在，成员分散在不同的地理位置，主要通过电话、电子邮件、在线讨论和可视会议等联系和交流。

知识社区具有以下优点：

（1）为发展、共享和管理专家的知识提供途径；

（2）避免"重复发明轮子"；

（3）打破部门的界限，绕过逐级上报的报告程序；

（4）比传统的组织单位更为灵活；

（5）以问题为导向产生新知识；

（6）为潜在的机会和威胁提供早期提醒和预警；

（7）通过创建一种知识共享的文化改善企业文化氛围。

知识社区不仅仅为企业带来价值，同时也对社区的成员大有裨益：

（1）成员可以得到社区专家的帮助和指导，从而开阔视野，提升专业水平，社区成员也可以在工作中通过社区获得知识，寻求帮助；

（2）社区成员往往对个人掌握的知识更为清楚，也更为自信；

（3）社区为其成员发表个人的意见和想法提供了一个开放、自由交流的平台；

（4）社区能够保留更多专业的观点，并扩大成员的专业知名度。

针对如何创建和发展知识社区，目前已有很多途径和方法。作为起点，可以参考如下要点与指南。

知识社区是由成员自发形成的有机组织。理想状态下，社区应该由成员自行创建，试图"自上而下"成立社区很容易失败。然而，企业可以为知识社区"播种"。企业中有知识流动的任何领域和部门都可以成立知识社区，但创建一个新社区的最大推动力还是来源于企业人员具体的需求或对某个问题的认识。因此，创建社区时必须考虑到以下几点：

（1）定义社区的知识范围（确定社区的知识领域）。每个社区都有一个核心知识领域，它可以是一个专业学科，也可以是某些特定问题或主题。

（2）确定社区成员。谁将对这个社区做出重要贡献？谁是这一社区主题的专家、可能的管理者和推动者？谁是社区的知识管理员？这些角色是大家自愿担当，还是只能由指定的人担任？

（3）识别共同的需求和兴趣。实践中会有什么事件涉及社区的知识领域？社区成员会对它的什么方面感兴趣和有热情？他们希望如何从社区中受益？

（4）清楚社区的目的和价值。社区要解决什么问题，满足什么需求？社区要达到怎样的目的，产出何种成果？社区应该如何，以及怎样为企业增加价值？

可以考虑在一次工作会议上发起创建一个知识社区。在会议上成员们可以互相熟悉，并可以一起讨论社区目标、运作方式等。

初建知识社区阶段的热情过去以后，社区很容易被人遗忘。只有对其进行积极的维护，才能保证社区持续发展。为保持知识社区的活力和持续发展，对其管理和维护提出以下建议：

（1）保持社区成员的兴趣和参与度。判断一个知识社区是否成功，要看社区成员是否能持续对其保持兴趣，并保持较高参与度。一个好的管理者应该积极寻求各种途径来达到以上目的。例如，保证虚拟社区成员至少每年聚会一次以增强他们的关系；为社区成员安排足够的社会交往时间；确保企业能给社区成员参与活动提供时间等资源的支持；激励成员为社区建设作贡献；围绕社区主题，通过社区内部或外部专家引入新的观点等。

（2）保持社区成长。社区成员在其存续期内会不断更换，因此一个社区总是需要招募新人，代替已经离开的成员，或者补充新鲜血液。同样，在一段时间内，社区的不同角色（以及担任的职责）都将经常变换。所以，社区新成员能否很快被大家接受并融入这个圈子也会影响到社区的成功与否。

（3）发展社区知识。在这个阶段，社区将在相关知识的发展和建设上起到积极作用。社区进行的典型活动有创建知识地图、组织建立知识库、识别并填补知识断层等。对此，社区知识管理员的角色非常关键。

（4）使社区为企业增加价值。社区如果能够为企业所认可和支持，就会很快成长起来。因此社区最好能与企业整体目标协调发展，而不是自行设定一个独立于企业的目标。这样企业才会增加对社区的支持，如重视并认可社区成员和管理者，为他们提供奖励和资源支持，让社区参与重大管理决策和问题解决的过程等，但要注意不能使社区过于制度化和形式化。

成功地培育一个知识社区需要在给予指导和任其发展中求取很好的平衡。一方面，企业需要为社区提供足够的支持和指导，以保证其对企业的价值；另一方面，企业不能过度干预社区的发展，不然社区就可能会丧失其非正式的特质，而正是这一特质大大增强了社区的作用和效果。

培育一个成功的知识社区需要重点关注其社会结构——社区内建立的各种关系的总和。特别需要关注的角色有：

（1）社区领导（管理者）：企业往往认为社区管理者就是社区的发言人，社区交流和社区活动的组织者和协调者。

（2）社区推动者：推动社区的内部交流和互动，如召开面对面的会议，安排在线交流的时间表等。

（3）知识管理员：管理社区的显性知识来源。

（4）企业可以考虑为这些角色做必要的培训，如协调管理技能等。

用实践眼光看待社区的输入和输出，即社区使用和发展的资源。这些资源不仅包括信息和知识资源，如文档、数据库、网站等，同时也包括社区内部的流程和实践、通过研讨最佳实践提高和扩展知识的方法，以及与外部企业交流社区发展新知识的途径等。很多社区都因此成为企业的"焦点"，它们记录最佳实践，识别有价值的外部资源，进行案例研究，在特定的知识领域发展新的框架、技巧和工具。

5.3 知识的显性化表达

知识模型（元数据）是知识的抽象，是知识显性化的基础，约定了某一特定类型知识的表达方法，可以帮助专家、骨干、知识工程建设人员归纳和结构化知识。

可以用知识模板来表达知识模型。知识体系规划和建设过程中，每一类知识模板都用于定义相应知识的属性。知识对象的形态不同，知识的属性也不同，知识模板也就不同。表 2-1 中的资源类型还可细分，所以对应的知识模板可以再根据具体情况进行细分。知识模板有利于知识的有效管理和查询检索。

利用知识工程软件系统可以方便地自定义知识模板。知识模板包括知识的基本属性和扩展属性。基本属性又包括基本管理属性和基本技术属性。基本管理属性包括发布者、修改者、修改时间、状态、版本、发布时间等；基本技术属性包括名称、类型、关键词、摘要等。

在基本属性基础上，可定制模板的扩展属性和知识控件，如图 5-2 所示。知识类型不同，扩展属性差异较大。依据不同的知识类型，可按照业务需求

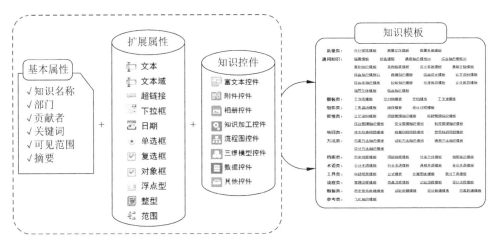

图 5-2 知识模板定义

自定义扩展属性。可以利用软件的扩展属性功能实现,包括文本、文本域、超链接、下拉框、日期、单选框、复选框、对象框等。通过知识控件可极大丰富知识可支持的格式,包括富文本控件、附件控件、相册控件、知识加工控件、流程图控件、三维模型控件、数据控件等。

5.4 知识体系的显性化

知识体系
显性化.mp4

企业知识体系是根据企业战略蓝图,特别是研制战略规划,以及知识资源的现状分析,形成企业知识的完整结构图,对企业未来较长时间内知识资源的建设给予指导。

企业知识体系是指企业知识资源的总和及其相关的结构与支持技术,是企业赖以生存的基础。由于不同企业所掌握的知识不同,结构相异,使企业的生产模式、产品、销售也不同。不同的知识体系和知识使用情况造成企业使用和配置资源的不同,使企业产生成本和利润的差别。可见,作为企业知识资源总和的知识体系是核心能力的静态表现,是最终提高其执行能力的基础,也是企业提升人力资源资本的基础。但并非每一个企业的知识体系都是合理的,知识的流动是通畅的。一般来说,自发的知识体系是以一种无规则方式存在的自组织体系,而企业调整和更新其知识体系的过程就是企业适应外部环境的过程。

知识体系的建立可以依据知识分类而进行。不同的知识观有不同的知识分类理论,不同的目的有不同的知识分类标准。完整意义上,知识体系是一个多维度矩阵结构,图 5-3 所示是一个三维结构实例。理论上讲这个维度可以很多,但是在实践操作中,过多维度会增加工作的复杂性,实际意义也不大。通常来说二维或三维矩阵已经足够业务应用。本结构中每一个单元体都有特定知识存在,利用这种结构化的方式可以把企业的知识体系建立起来。

在知识体系的多维结构中,唯有纵坐标(Y轴)是确定维度,横坐标(X轴)和竖坐标(Z轴)是不确定的,可根据企业需求选定。确定的Y轴设定为业务层级维度,分为战略层、管理层和作业层。横坐标(X轴)和竖坐标(Z轴)可以是业务要素的任何一个,如部门、专业、产品、技术、项目过程、生命周期、知识类别、构件要素等。根据选定不同,X轴和Z轴有时是独立的,有时是相互制约的。例如,X轴同样选择"生命周期",Z轴选定"产品"时,Z轴上将是产品 1,产品 2,…,X轴可能就是由需求、研制、制造、运维等构成;

如果 Z 轴选定"部门"时，本轴上将是部门1，部门2，…，相应地，X 轴可能是由初创、发展、成熟、收缩、取消等构成。本书前文基于增值加工特征将知识分为5类，也是 X 轴或 Z 轴一种可能的选择。

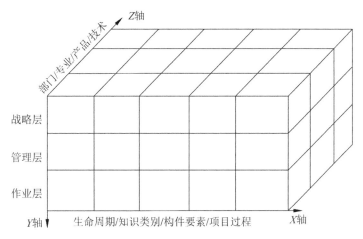

图 5-3　知识体系的多维结构

当选择 Z 轴是"专业"、X 轴是"生命周期"时，可以形成基于流程进行知识体系的架构方式。其原理是将研制流程中的关键工作包识别出来，针对该工作包的完成需求进行知识梳理，或者将已经梳理的知识伴随其上，让知识融入业务流程，最终实现知识的推送（图 5-4）。

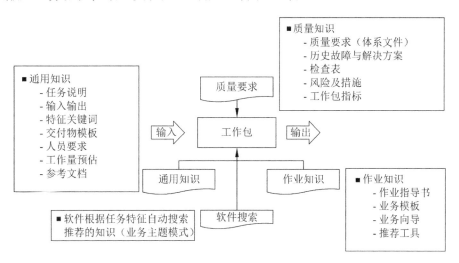

图 5-4　流程工作包伴随知识

当研制人员启动相应的研制流程或研制任务时，系统能够自动将与该任务紧密相关的输入数据和输出数据要求、质量要求、参考标准规范、参考工作流程、参考历史经验、类似作业指导书的专业知识以及专家信息等知识推送至研制人员，从而减少研制人员数据与知识获取的时间，提高研制效率。利用软件的特征对应和搜索能力，可以为工作包自动推送相关的知识，尽管这种方式所推送知识的直接程度不如手工伴随，但是计算机的自动化特性可以减少工作量，有益于定向扩大知识参考范围和视野。

当选择 Z 轴是"产品"、X 轴是"构件"时，可以形成基于产品构件（BOM）的知识体系架构。所谓产品，是企业自研或外协的整机、部件或零件。基于产品构件的知识就是这些产品相关的研发、设计、仿真、试验、工艺、试制、生产、运维相关的所有知识或资源。这些知识与产品关联或伴随便形成了基于产品构建的知识体系。这些知识涉及表 2-2 中的所有知识类型，表达方式与图 5-4 相似。产品应选择企业的典型产品或核心产品，这些产品的知识对大部分产品的研制具有指导意义。更为优越的做法是利用成组技术或者模型化技术（参见第 9 章），通过"三化"（通用化、系列化及模型化）过程形成标准化或归一化的产品平台，以此为基础进行知识体系的建立。基于产品平台的知识体系其实就是基于产品构件的知识体系，也是基于产品平台进行产品研制、生产和运维的知识密度较高的手册及指南。

根据各种知识在企业中的作用可以将其划分成核心知识、基本知识、一般知识三个层次，可以据此对知识打上价值标签。核心知识是指提供或可以提供竞争优势的知识；基本知识是整合为一个业务的知识，它可以提供短期的优势，如最佳实践；一般知识是指对企业生产过程没有主要影响的知识。上述三种知识在企业内部形成了一个塔形结构，但相对于企业的作用来说，又形成了一个倒塔形结构。

核心知识是一个企业区别于另一个企业的主要内容，是形成企业核心能力的主要部分。一般来说，核心知识是企业独有的，属于企业的商业秘密。对核心知识的判断可以从特有能力、逆向工程难度、对设备/能力的要求等几个方面来考察。其特有能力越高，表明被仿造的可能性越小，对企业来说其核心能力得以保持。逆向工程是根据企业产品（或服务）推断其知识的过程。技术诀窍的类型若属于显性知识则容易被其他企业模仿、获得；如果是以隐性知识的方式存在，则难以被模仿。

企业中，知识通常是资源属性，是员工提升工作能力和工作效率的一种手段。大部分知识是大众在工作中归纳总结而成的"草根知识"。企业鼓励这种知识的产生，但不强求使用，就像我们用维基百科或 360 问答，一项知识有多人回答，每项回答基于不同角度和维度，所以各有特点。查阅者通读之后通常会获得基本满意的答案。显然，不完整和不规范的回答仍然非常有用，也特别有利于企业形成知识共享文化。另一种知识是官方知识，企业要求员工必须要使用和遵守的知识，也就是标准和规范。这种知识往往是对草根知识二次总结的成果。草根知识有好有坏，好的知识被大众识别、推举置顶后，企业应该关注它，二次加工形成企业的标准规范，上升为企业的官方知识，成为企业运行的强制性条款，对产品研制、生产制造和运维服务的一致性（质量保障）是非常有帮助的。因此，企业的知识体系，应该对知识和标准做一定的区分。

5.5 知识关系与知识地图

知识之间的关系是知识体系中的重要概念。常规知识关系的建立可以通过手动方式完成，但对于更为广泛的关系，或者自动关系的建立，则需要利用知识本体来完成。本体是相关概念之间关系的规范表达，领域本体是实现知识智能搜索的基础。用户可以对本体词汇所属领域或专业的分类进行查看，方便查找到自己需要或感兴趣的本体词汇。利用知识关联的本体术语以及本体术语间的关系可构建知识地图。

术语是知识准确表达的重要基础，所有共享都需要在概念理解一致的情况下进行。规范知识的表达、减少知识的重复新建、让知识易于理解，构建专业术语库是基础，让所有贡献知识的人员都能用相同的专业术语去表达知识。

在术语基础上，构建术语之间的本体关系。以术语之间的关联关系，作为知识拓展搜索的基础。通过基于本体的拓展搜索，能够基于构建好的规则（术语关系），给业务人员提供更多相关知识，从而拓展知识面，发现新知识。

本体拓展知识之间的内在联系，是知识工程应具备的重要特性。知识原本就是一个相互之间有很强联系的整体，不能因为知识管理的分类破坏知识的整体性。本体本质上是实现不同知识之间的相互关联，如知识跟知识关联、知识与信息关联、知识与具体业务和工作类型关联、知识与人关联等。只有通过知识之间的关联，才能建立新旧知识、不同业务知识之间的互相引用，才能更好解决工作中的问题。

虽然现有的语义分析技术能够在一定程度上自动建立这种关联关系，但从企业长远发展的角度看，为了关联和搜索的准确性，企业有必要专门组织力量手动建立本企业特有的关键词表。分类词表经常被用在大数据量的信息和知识组织中，如图书馆、档案馆、行业信息组织等。在企业内部实践中，由于成本和时间的约束,大部分企业不可能从头建立分类词表。我们的经验是企业可以根据自身核心知识领域,结合部门、职能、流程建立关键词之间的简单关联。例如在某个知识领域,确定其关键词,然后确定关键词的同义词、近义词、上位词、下位词及跟其他关键词的关系与连接,基本可以建立起初步的分类词表,满足企业应用。

关键词的同义词、近义词、上位、下位关系,就是术语的几种本体关系。术语是与领域论证工作相关的术语,所以称为领域术语。领域术语之间的关系称为领域本体。领域本体构建方法包括4个步骤。

第1步:确定本体的领域与范围。

首先要明确本体的专业领域、目的、作用、应用对象等信息。应该明确特定专业领域的特定内容及特殊表达法。在领域本体的构建范围确定后,可参考图5-5进行领域本体术语的构建。

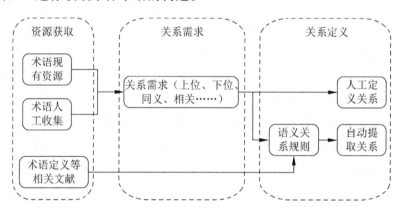

图5-5 本体术语的构建过程

第2步:列举领域中重要术语和概念。

通过专业领域的标准规范、前人的总结以及人工集中收集获得领域术语。在领域本体创建的初始阶段,尽可能列举出想要陈述或解释的所有概念,而不必在意所要表达的概念之间是否重叠,也不需要考虑这些概念到底用何种方式(类、属性还是实例)来表达。

第3步:建立本体框架。

第2步已经产生了大量领域概念,但却是一张毫无组织结构的词汇表,需要按照一定的逻辑规则进行分组。另外,需要对每个概念的重要性进行评估,选出关键性术语,摒弃那些不必要或者超出领域范围的概念,尽可能准确而精简地表达出领域知识,最终形成一个领域知识的框架体系,得到领域本体的框架结构。

第 2 步和第 3 步并非是绝对的顺序，这两个步骤也可以颠倒过来或交叉迭代进行。有时会先列举出领域中的术语和概念，然后从概念中抽象出本体框架；也可以先产生本体框架，再按照框架列举出领域的术语。至于如何具体进行，应该根据开发人员对领域的认识程度而定。如果领域内已经存在非常清晰的框架或者对领域的认识已经很深刻，则可以直接产生本体框架。

第 4 步：定义领域中概念之间的本体关系。

这些关系除了包括上位、下位、同义等常规术语关系外，还可以定义其他有意义的关系，如"相关"。可以通过人工方式逐个定义术语之间的关系，也可以参考术语定义相关的标准文献，找出术语关系描述规则，通过自动语义分析提取术语之间的关系。

这些关系仅涉及相同工作领域的概念。不同工作领域的概念也可以相关，只是在实践中属于同一工作领域的本体才具有实用价值，且跨领域概念之间的关系应该不限于同义词、近义词、上位、下位关系，本书不对此进行深入讨论。

利用本体可以建立知识之间的关系。知识关系可以直观展现知识间的关联，可以基于地图直观地追溯和查寻所需内容，如图 5-6 所示。

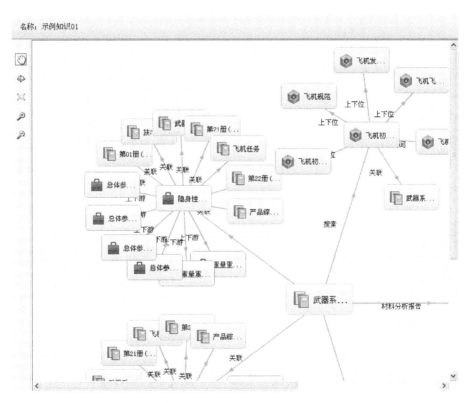

图 5-6 知识关系与知识地图

5.6　知识显性化以人为本

现代企业已经开始意识到隐性知识的价值，对人力资源的投资也开始逐步增加，但如何将人力资源管理与隐性知识管理相结合，作为企业新的竞争力的研究做得仍不充分。知识工程是研制型企业的能力建设，是企业通过日复一日、点点滴滴的积累而成的，没有捷径可走，但很多企业一直幻想有一条捷径。企业总是任务重、项目多，技术人员都很忙，而且，越有能力、知识越多的"大拿"越忙。他们希望世界上存在一项"聪明"技术，让企业的知识积累可以自动完成，而不愿意激励技术人员花时间总结整理。任正非说"华为成功的秘密就一个字——傻，华为的发展靠的是工匠精神"。我们不否认技术的重要作用，但我们更强调人在知识工程中的主体作用。中国企业都羡慕和佩服德国企业的工匠精神，其实知识工程同样需要工匠精神。我们实践发现，在知识工程这件事情上，看上去越"聪明"的企业，在知识积累上越是原地打转。那些老老实实按照既定路线梳理知识、加工知识的企业，在知识工程的道路上，反而越走越扎实。因此，在人力资源管理过程中，建议从以下几个方面推进隐性知识的显性化。

1. 建立激励机制，保证知识的转化和共享

知识创新具有高成本性、高风险性以及收益和分配的不确定性，使得创新成功后知识的拥有者为了回收成本，会有意垄断所拥有的知识。传统的激励机制只能加剧个体的这种垄断，因此，企业需要建立恰当的激励机制，合理满足隐性知识拥有者的利益要求，激发他们分享知识的愿望。一方面，应该承认员工个人隐性知识的独创性和专有性，建立恰当的评价指标和以知识贡献率为衡量标准的评价体系，使企业成员得到知识共享的实惠；另一方面，要为员工提供成长机会，引导员工进行隐性知识的交流与共享，促使员工获得不断创新和发展的动力，这对推动员工隐性知识的交流与共享十分重要。

本书作者团队根据互联网思维发明一种称为"知识 IPO"的激励机制与算法，可有效激励企业员工提升知识贡献和学习的积极性，并促进知识应用效果。

2. 建立人力资源知识库，形成企业知识地图

整合企业资源，体现人力资源的竞争力，是目前人力资源管理的一个重要课题。通过企业知识库的建设，有效地将员工知识进行规范管理，可以促进知识在企业内部的有序流通，提高知识的利用率。同时，将企业的人力资源登记入册，建立技能清单数据库，既可以按图索骥寻找企业需要的人力，也可以制定人力资源持续计划，促使企业员工形成长远发展计划。

3. 建立学习型组织，提高隐性知识价值

学习型组织是通过培养企业的学习气氛，充分发挥员工的创造性思维能力而建立的一种有机的、高度柔性的、扁平的、符合个性的、能持续发展的组织。隐性知识始终贯穿于知识积累的整个过程。因此，企业应开展定期和不定期的培训，增强企业内部的学习气氛，开展员工之间的知识交流和共享会议，实现企业内部知识的持续创新。

4. 重组组织结构模式，构造动态团队

由于隐性知识难以表达、观察和描述，其相互转化就不能延续惯常的思路。除了薪酬、奖励等机制的外部激励外，企业应该建立全新的组织结构模式，动态团队的构造有利于隐性知识转化，隐性知识的学习往往可以从人与人接触的潜移默化中达成。因此企业应适时为实现某一项目，将不同工作领域的具有不同技能的员工集合于一个特定团队中，在完成项目的过程中，有效地实现知识的传播、整合、共享以及创新。企业对知识社区的存在应该给予高度重视，鼓励知识社区的产生和发展。

第6章
数据知识的标准化

数据知识标准化.mp4

企业的研制数据在各种业务过程和项目中产生，且以不同形式和格式保存。数据的不标准化特点，使得数据的可读性较差。一项业务或一个项目的数据只有本业务或本项目的人熟悉其格式特征，能较快理解，其他业务或项目的人员很难读懂，所以他们往往很不情愿阅读其他业务或项目的数据，更不可能从这些数据中提炼和总结知识。因此，很多企业的一个常见现象是：数据一经产生就变成尘封档案。通过数据知识的标准化，设法统一数据的形式和格式，从纷繁复杂的数据中提炼共性数据。这些工作不仅可以促进数据的有序化，而且可以促进业务的有序和协同。

研制型企业的数据通常包含综合数据和专业数据。综合数据是在特定业务（或项目）开展过程中的完整数据，以业务进展过程为主线，将所有数据综合在一起的数据集合。专业数据则是企业进行专业化分工的结果，不同专业的人员和部门对业务数据的关注视角和掌握领域不同。专业数据往往不是以项目或业务进展为主线，而是以专业特征为视角予以关注。

对于专业数据，如仿真、试验、制造、运维等数据以某种有参考价值的视角进行提取、组合、保存、再计算等手段，形成可供参考查阅的标准化数据。仿真数据管理和试验数据管理是专业数据标准化的实例，这在很多企业中仍然是新鲜事物。6.1 节和 6.2 节以仿真数据和试验数据为例，来介绍专业数据的标准化管理。

对于综合数据，将业务（项目）数据的某个有参考价值的断面、最终数据甚至完整过程（项目）形成约定格式或统一形式的数据库，以促进数据的标准化。多数企业已经部署的 PDM 系统是综合数据标准化的一个实例，相信读者对此都不会陌生，本书不做讨论。多类型、跨领域和跨区域的业务协同是企业的另一项重要课题，需要数据的标准化来支撑。6.4 节和 6.5 节将对此进行讨论。

所有企业都存在大量纸质、离散的标准化工程数据，如材料库、外部产品库、各种工程数据表等。通过软件工具形成数字化甚至参数化的数据，是激活原有数据并扩大价值的有效手段。对于这些已标准化的数据，可以按照某种规则（公式、曲线）动态计算形成的新数据，动态查询计算；也可以形成静态数据供查阅，进一步扩大数据的应用价值。这些内容将在 6.3 节予以讨论。

6.1 仿真数据的标准化

仿真数据是研制过程中最为复杂的数据，独特性和规律性并存。对于不同业务和不同仿真对象及仿真工具，仿真数据具有较大的差异性。但对于相似过程、相似类型和相同工具的仿真，又具有规律性。

仿真数据管理主要实现对协同仿真过程相关数据的标准化管理，如仿真几何模型、仿真网格数据、仿真载荷数据、仿真边界条件数据、中间结果数据、最终结果数据、仿真流程模型数据、仿真计算报告等。与仿真工具与流程的紧密结合、支持多人多学科协同设计仿真分析、支持多轮迭代快速设计与仿真分析，都是仿真数据管理的使命。

1. 仿真数据标准化的目的与价值

从知识工程角度来看，仿真数据标准化的目的与价值包括：

（1）目前仿真过程数据主要散落于仿真人员的本地计算机中，通过仿真数据管理系统，从输入数据、中间过程数据、结果数据之中进行相应的元数据抽取，形成标准化的管理结构，利用模板实现统一规范化管理，在授权范围内支持对多部门、多专业、多人员协同仿真数据的规范化管理和共享。利用仿真报告模板还可快速生成分析报告，从数据层级向信息层级跃迁。

（2）多学科迭代分析需要数据格式、存储和传递的标准化，而目前多工具、多专业协同仿真过程主要以手工方式进行数据处理与传递，处理方式和传递方式都不标准。利用仿真数据管理，对各仿真步骤相关输入文件、输出文件、参数或约束条件等数据标准化、结构化和统一化管理，既方便进行全程记录与跟踪，也支持多工具迭代分析。

（3）在产品仿真过程中，如果发现存在相应的设计质量问题，需要进行数据的反向检索与追溯。未标准化的数据为检索和追溯带来巨大难度，这种情况下往往只能通过人工判断和追溯。如果数据标准化，可以通过系统进行自动或半自动化的查询和追溯。

2．仿真数据标准化的主要特点与难点

（1）每次协同仿真过程涉及数据量大，但这些数据都是为了完成某个特定的分析任务而产生的，不可分散管理，需要按照仿真特点建立逻辑关系。

（2）仿真过程数据类型多种多样，既有参数型数据，也有文件型数据，还有数据库模式。数据表现形式既可能是个体参数、参数表格、矩阵图表、文本文件、图片，也可能是一维、二维、三维模型等。数据格式与类型的多样化给仿真数据标准化管理带来了难度。

（3）协同仿真过程往往需要进行多轮迭代分析，每轮分析都会产生大量过程数据。如果没有有效的信息化管理手段，数据大都零散存储于仿真人员本地计算机之中，各版本数据关联性差，建立数据追溯关系难度较大。

（4）仿真工作常常需要涉及多部门、多专业、多人员、多工具协同完成，数据协同较复杂，需要进行大量与数据标准化相关的前后处理工作，耗时耗力。

6.2 试验数据的标准化

企业试验数据是花费巨大代价而获得的，重要数据应长时间保存。但由于无法预见数据未来用途，试验数据清晰、永久保存的重要性容易被忽视，人为因素导致版本混乱甚至数据遗失的情况时有发生。

企业各个试验室的数据往往分散孤立存储，没有专业的试验数据中心，缺乏数据汇总能力，更没有进行标准化处理，在试验数据的重用方面存在巨大障碍。

在产品研制过程中，很多试验都需要多个部门共同参与，因此试验结果数据也需要在多个部门共享。但是，由于数据格式种类存在较大差异，缺乏统一的数据存储、访问、显示、处理机制，不同人员、不同软件工具之间无法共用数据，丧失了试验数据的应有价值。试验管理体系的核心内容便是实现试验数据的标准化管理。

1．试验数据采集

为了保障试验数据获取的及时性，需建设实时试验数据采集与监控系统。使用者可通过网络，对试验设备统一监控、数据采集、远程发布、数据入库、试验过程的远程监视和试验设备的调度管理。不同试验所采用的数据采集系统存在一定差异，所生成的数据格式、数据存储结构以及数据的压缩程度有所不同。建立高效的试验信息收集和标准化管理手段，实现检测数据的自动化获取和实时入库，需要对各个实验室测控采集系统进行更新，对试验数据进行数字化和标准化改造。这不仅会减轻检测人员数据录入的工作量，更重要的是可以提升试验数据的共享能力。

2．试验数据入库

为实现试验数据的快速入库，系统需提供与采集设备集成、手工录入、手动导入、自动导入等多种数据入库方式。系统可按照用途进行归纳合并，参照国际通用的工程数据格式标准（如 ASAM），针对每种数据制订专门的数据文件存储格式，形成规范、统一的数据格式标准。

3．试验数据存储

将分散的、不同种类的数据按照统一格式进行存储，并能够选择格式导出，便于业务系统中的各种工具方便获取、处理、传输和显示。对数据进行分类管理，包括试验任务书、试验大纲、操作规程、试验计划等试验任务信息，试验方案、试验报告、试验数据等结果文档，以及试验案例、试验算法等试验总结文档。将各类文档与产品型号、试验任务相关联，支持对非结构化文档的上传、查询、浏览、下载、全文搜索。

4．试验数据应用

试验数据标准化之后，可以通过系统进行试验数据浏览、查询、展示、统计、对比、处理、全过程反演、知识挖掘、报告生成等，实现对试验数据的充分共享。通过对以往试验数据重新整理、归纳及综合分析，能够为型号优化提供支持。

6.3 标准化数据管理框架

除了前文所述的仿真数据和试验数据，企业中存在更多种形式的数据，特别是工程资源数据，如在产品研制过程中需参考的大量历史型号及相似产品数据，都可尝试进行数据标准化，来发挥数据的最大价值。但目前企业通常会建设多个不同的数据管理系统，由于来自不同的供应商，所以系统框架也会不同。不同数据库系统之间很难实现数据统一管理与应用，给企业数据的有效应用带来挑战。

标准化数据管理框架可用于构建企业级或部门级统一工程资源数据管理系统，支持不同类型和结构的数据管理，最终能实现企业资源数据的统一管理与应用。

利用标准化数据管理框架，可以持续建设与维护多类数据库，如材料类数据库、产品实例数据库、成品设备数据库、标准件数据库、专业知识数据库、文档管理数据库、创新设计数据库等。标准化数据管理框架提供文档材料、数字模型、图片信息、数据信息及相关成品信息等科学高效的管理和利用。通过对结构化数据、图片、设计文档等数据文件进行全新的优化设计，可以实时显示结构化数据，实时查看图片及模型，打开或下载处理相关联的设计文档，可以对大量的已有实例进行设计要求和参数选择的统计分析，为设计提供参考（图6-1）。

图 6-1　系统实例库图、模型数据展示

1. 标准化数据管理框架具备的能力和特点

（1）数据库结构维护采用开放式的数据结构维护模式。通过对不同类型数据的分级管理，自定义组合模式，模板化数据维护，实现不同颗粒度的结构化数据的存储和管理。

（2）支持数据库模板的自定义，支持多种数据类型的管理，支持多层级属性定义（图6-2）。

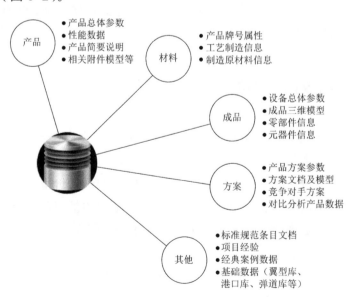

图 6-2　数据的多层次定义

(3)数据浏览功能提供用户进行包括结构化数据、图片、模型、参考文件等数据的在线浏览。

(4)数据对比分析支持多种方式,如数据表格、XY-chart 图、柱状图、散点图、饼状图等,便于用户直观地进行数据的比对。对数据进行重新组合、计算、对比,可延伸数据价值,如图 6-3 所示。对比分析结果数据可以快速导出应用,用于对比分析报告等文档的编写。

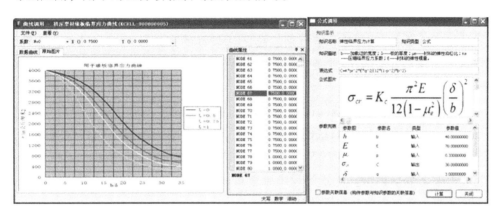

图 6-3　重新组合、计算、对比可延伸数据价值

(5)通过数据审批流程,用户可以查看提交审批的数据库或数据实例的状态,可以查看审批流程。

利用数据模板对设计、仿真、试验、装配等业务过程中需要用到的共性资源进行统一分类、存储和集成、共享管理等,在业务应用过程中通过对数据的重新组合、计算、对比等,延展出与业务紧密关联的新数据。

2.标准化数据管理框架的应用价值

(1)不断积累和沉淀历史产品数据和工程资源数据;

(2)促进员工从不同渠道搜集和贡献有价值的数据;

(3)减少企业内部数据来源不统一产生的问题;

(4)统一管理同行业产品数据,有利于应对市场竞争;

(5)能够在较短时间内获得更优的方案数据和参数可行域空间。

6.4　基于标准化数据的业务协同

1.数据标准化促进业务协同

随着各类信息系统在企业各业务部门相继实施,完成了设计、仿真、试验、工艺、制造、生产等以工程产品为中心的一系列信息化建设。而各信息系统大量应用，数据共享、系统集成等问题也越来越突出。各信息系统只关注实施范围内的业务，为业务建立了各自所需的数据库。有些数据重复建立且来源不统一，系统与系统之间的集成较弱，导致数据共享性差，无法对各信息系统产生的数据进行整合、清理。一物多码、一码多物的问题得不到解决，严重制约数据利用。另外，主设计企业作为型号产品研制的核心单位，需要与众多单位进行协同设计与制造，但各单位所用信息化管理系统不尽相同，数据格式也千差万别。总之，数据的完整性、规范性、一致性、准确性无法保证，给跨业务、跨企业、跨地域的数据共享和协同带来极大困难。

曾经通过各信息系统间的两两集成来实现产品全生命期数据共享和协同（图6-4），但随着信息系统的不断扩充，建设和维护难度呈几何级数增长，这种模式已不切实际。传统工程数据中心方案虽然引入了数据协同总线概念，但由于缺乏数据标准，导致建设困难重重。花费大量精力规划、梳理、实施、定制开发，依然面临重复建设的问题。

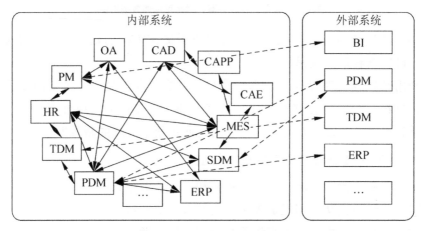

图6-4　传统信息集成与协同模式

因此，需要参考标准数据管理格式来建立数据协同中心，实现对不同业务系统的数据协同与统一管理，解决数据格式不统一带来的信息集成困难，如图6-5所示。建立数据中心标准化信息集成接口，实现协同设计、协同仿真、协同试验、数字化制造以及综合管理信息化之间的信息集成与共享，进而通过信息集成、数据中枢及协同环境实现对企业内外关键合作单位之间的协同（图6-6）。

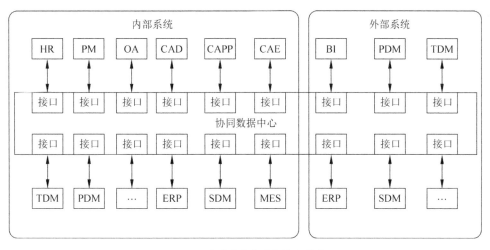

图 6-5 未来信息集成与协同模式

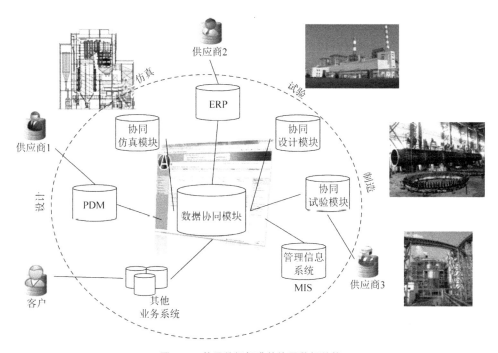

图 6-6 基于数据标准的协同数据总线

2. 基于 PLCS 标准的数据协同

建立基于 PLCS 标准的数据协同中心是解决以上问题的有效方案。利用该标准,梳理分析产业链中的数据关系,通过信息化平台将这些数据的源平台链接形成智能协同体系。

标准是活动执行的依据。在产品研制、销售、维护、保障过程中，业务对象涵盖了需求定义、功能分解、系统综合、物理设计、仿真、试验、生产、工程变更、计划、任务、资源、质量等多种业务类型。因此，产品全生命周期数据中心的建立，首先要规范数据对象的分类，形成标准的定义与表述形式，以便在应用层面大家理解一致。

在 IT 层面形成规范的数据字典，使不同型号及不同部门对同一数据对象的表述一致，为数据追溯体系的建立提供基础。

国际标准化组织依据 ISO 10303（即 STEP）标准，对产品数据对象的描述提供了通用性参考 PLCS 标准。PLCS 标准应用协议提供了数据集成、交换和管理技术数据的架构。本标准通过 134 个应用活动模型、500 个实体、1200 个属性来表达产品全生命周期的数据。数据协同中心在 .NET 平台上实现 PLCS 标准，并通过数据层级间的映射构建更高级别的数据对象以供企业直接应用。

数据中心不是简单的标准化存储，而是需要在数据存储和共享的基础上，服务于研制人员和企业管理人员。这需要建立标准的产品信息模型，以便不同用户和不同信息需求以不同的方式使用信息模型。为此，需要在数据中心建设初期，梳理形成适用于本企业的基于 PLCS 的信息模型定义标准。

数据存储的对象是构建数据协同中心的基础，决定了数据存储模式的设计、可追溯的范围、可分析的类型。PLCS 标准根据产品全生命周期的业务特点，将数据对象分解为分析类、产品结构类、文档类、配置类、组织类、计划类、状态类、人物类、指令类、方法类、区域类、请求类等多种类型。基于每一类要素、数据结构与存储模式，进行规范性描述，形成覆盖产品生命周期数据对象的统一定义与描述标准。

该标准致力于打通不同环节、不同区域之间的数据关联，消除信息孤岛，实现数据从需求、设计、采购、生产、装配、销售、维护等全生命周期的数据档案，形成可基于某一产品型号、阶段、部件号的追溯与分析，为科研改进、管理决策提供数据支持。这涉及如何组织形态各异、各不相同的数据类型的关联整合，是项目实施阶段的主要工作。为此，可应用国际 ISO 10303 标准，对产品不同阶段的数据类型与关联进行定义组合，形成数据协同中心框架。

3．数据协同方案业务框架

基于 PLCS 标准的数据协同方案的框架如图 6-7 所示。本框架分为三层：

第一层：数据存储备份层。根据这一层的各类系统，如 PDM、ERP、MES、CRM、CAPP、QMS 等，进行源数据梳理，必要时进行补充建设，以完善和充实数据来源，并根据数据来源的梳理成果，结合标准的产品信息模型，形成数据集成方案，对数据进行采集、存储、基础数据管理。

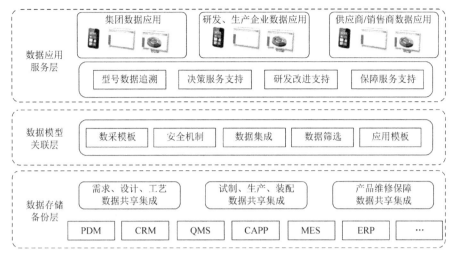

图 6-7 数据协同方案业务架构

第二层：数据模型关联层。在第一层数据存储的基础上，基于 ISO 10303 标准构建数据采集、筛选、映射模板，打通各数据之间的关联，对数据进行合并转换，为数据追溯提供基础。数据模型关联层的建设要注意数据模板的可扩展性、数据的安全可控性、数据的时效性等要点。

第三层：数据应用服务层。基于第二层的数据档案，建立数据分析、追溯模型与应用系统，为产品研发改进、决策支持提供服务。一方面要根据移动终端、PC 终端等不同终端类型构建不同的服务渠道，另一方面对不同用户提供不同的数据支持与服务视图。

总之，通过协同数据中心建设，可实现企业内部以及企业之间不同数据格式与标准之间业务系统的数据共享。在不改变原有系统应用模式的基础上，通过信息集成，可以打通研制与生产、试验、综合管理以及合作企业之间的业务与数据协同，从而构建企业联盟，实现大协同模式的型号产品的设计、仿真、试验、制造、管理及服务。

6.5 基于数据标准化的科研驾驶舱

企业科研门户是数据标准化的初级应用模式，以基于系统工程的产品研制流程为基础，将科研数据及信息进行共享。科研门户为企业研制与管理人员提供个人登录管理、任务管理、消息管理、数据检索、数据看板等功能，满足用户对产品研制相关任务及数据的获取、监控、分析和决策,如图6-8所示。

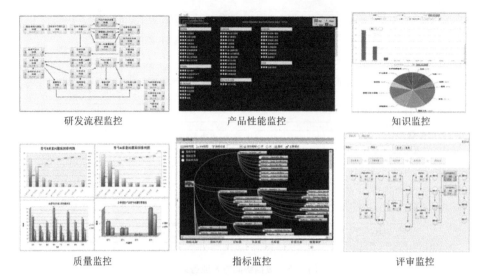

图6-8 科研信息门户

科研驾驶舱是数据标准化的高级应用,类似在商业体系中的商务智能(business intelligence,BI),我们不妨称之为技术智能(technical intelligence,TI),如图6-9所示。驾驶舱将研制相关数据按照数据关系和业务逻辑聚集,形成有决策意义的数据集,可在任何时候对任何对象的任何数据做有意义的展示和分析,对产品和技术研制进行诊断和指挥。依据系统工程理论,从产品和系统顶层对产品最终设计目标的达成进行协调和把控。通过研制驾驶舱实现对复杂产品数据的共享与协同,进而实现科研业务的协同和控制。

图6-9 企业科研驾驶舱

第 7 章

信息知识的结构化

信息知识指的是在产品研制工作中，对工作成果进行总结形成的文档类报告（如论证报告、设计报告、仿真报告、试验报告等）、对这些报告进一步总结的知识（如设计指南、作业指导书等）以及在对外学习交流过程中积累下来的文档类信息（如科技情报、专利信息、档案文献等）。信息类知识对业务的支持体现为对研制工作的参考、指导或约束，其特点是以文档方式成文，但其格式和结构并不相同，从中快速获取信息和知识的难度较高。信息知识通常都分散保存，有的保存于不同的信息管理系统，有的由不同的部门/科室集中保存在文件系统中，有的则由设计工程师们个人保存。而且，这些知识的保存方式和存储结构也各不相同，即使可以无障碍地访问这些系统，也无法快速找到自己需要的文档。因此，有必要对这些知识进行结构化处理以促进其应用。

对于信息类知识的结构化，常用的方法有以下几种：

（1）提纲与目录：为文档建立一个框架，形成结构化目录。适度分离使文档看起来不杂乱无章，但每一部分又紧密联系，仍然是一个整体。

（2）自动摘要：根据知识的特征，自动形成关键词、简介和摘要。

（3）知识分类：根据知识的属性和特点，将其分门别类管理，方便查找使用。利用标签的方式可以根据知识的属性和特点，实现对知识的柔性分类。

（4）知识聚类：基于知识的特征，按照某种特定目的，将其自动聚合。主题是一种常见的聚类方式。

（5）组合查询：将各种查询方法按照某种特殊目的进行组合，快速获得此目的下的准确知识。

（6）基于流程的结构化：利用业务流程和工作活动相关联的方式，将知识进行结构化，同时便于知识对业务的主动推送。

7.1 利用自动摘要进行结构化

所谓自动文本摘要就是利用软件自动从原始文献中提取文摘。文摘是全面准确地反映某一文献中心内容的、简单连贯的短文。如果能从 3000 字的文章中提炼出 150 字的摘要，就可以为读者节省大量遴选和阅读时间。由人工完成的摘要称为"人工摘要"，由机器完成的摘要称为"自动摘要"。许多网站都在使用此种技术，如论文网站、新闻网站、搜索引擎等。

2007 年，美国学者的论文 *A Survey on Automatic Text Summarization*（《自动文本摘要研究综述》，Dipanjan Das，Andre F.T. Martins，2007）总结了目前的自动摘要算法，其中很重要的一种就是词频统计。这种方法最早出自 1958 年的 IBM（International Business Machines Corporation，国际商业机器公司）科学家 H.P. 卢恩（H.P. Luhn）的论文 *The Automatic Creation of Literature Abstracts*。卢恩博士认为，文章的信息都包含在句子中，而一个句子包含的信息有多有少，"自动摘要"就是要找出那些包含信息最多的句子。句子的信息量用"关键词"来衡量，包含的关键词越多则句子越重要。卢恩提出用"簇"（cluster）表示关键词的聚集，所谓"簇"就是包含多个关键词的句子片段。

自动摘要方法分为三类：基于特征分析的方法、基于计算语言学的方法和基于篇章结构的方法。

基于特征分析的方法将句子视为词的线性序列，将文本视为句子的线性序列。首先是计算词的权值，其次是计算句子的权值，再次是对原文中的所有句子按权值高低排列，将权值最高的若干句子确定成摘要句。最后，将所有摘要句按它们在原文档中的出现顺序输出。

基于计算语言学的方法的重点在于如何构建知识模型和如何利用领域知识进行推理。此类方法先识别出文档中的时间、地点、人物和事件等基本要素，并将之套用在事先定义好的模板或框架中，接着经由这些知识模型的推演来得知文件内容的主题，最终用模板生成摘要。基于计算语言学的方法利用领域知识得到文档的内容，由此进行判断和推理，最终得到摘要，所以抽取的摘要也较为全面和精准，在逻辑上也较为连贯通顺。但是面向大规模真实语料，既没有合适通用的知识模型，也没有通用的分析和推理机制，必须将处理的文档限定在一个领域范围内，这使得系统难以移植。此外，知识模型过于复杂，实现也非常困难。

基于篇章结构的方法中，强调篇章是一个有机的结构体，篇章中的不同成分承担着不同功能，各部分之间存在着错综复杂的关系。基于篇章结构的方法试图分析篇章的结构特征，找出文章的核心摘要。目前基于篇章结构的研究方向主要有：修辞结构分析、语义分析、词汇链、关联图和潜在语义分析等。

基于篇章结构的方法着眼于文档的宏观结构，自然比基于特征分析的方法质量高，又解决了基于计算语言学的方法受领域限制的难题。但这种方法要求文档结构清晰，易于被机器识别。更重要的是，在哲学意义上不能确定计算机是否真正理解了文档的内容。

自动摘要方法各自有其优劣，可以考虑综合各种方法建立一种面向非受限领域的综合方法。采用潜在语义分析对文档进行自动分析，依据语义相似度的段落关联图划分出意义段。在每个意义段中依据典型词、位置、提示语等文本形式特征计算句子的权值，分别从各个意义段中选取高权值的句子作为摘要句。对摘要句进行句法和语义分析，消除冗余，解决摘要不连贯问题，最终组成一篇简洁、通顺、可读性好的摘要。

让计算机像人一样能够阅读各类文章，并做出令人满意的摘要，是计算语言学不懈努力的目标，也是标志机器具有人工智能的里程碑。通过自动摘要这些年来的研究与实践，取得了很多理论成果，也开发了很多应用系统。但是，目前所开发的系统远远不能让人满意，其中最重要的问题是如何定义知识表示框架来描述文档的内容。

7.2 利用分类进行信息的结构化

正如前文所述,知识分类是知识体系的建立基础。知识分类的方法参见3.4节，此处不再赘述。

利用知识工程软件可以在一定程度上进行知识的自动分类。通过知识模板定义不同的知识类型。通过发现内容里的概念,使用户得到准确的分类类别，确保所有的数据最大限度地精确归类和正确理解。

1．分类训练

预先定义分类的名称、指定知识源、语言类型等匹配条件。可以输入关键词、句子或文章等，定义逻辑表达式，针对分类进行初始训练。系统会返回符合训练要求的知识，然后再次进行训练和词汇权重的调节，以此进行精化分类的标准，深化分类的准确性。

2．自动分类

根据不同的分类主题建立分类节点，前台用户以及后台管理员就可以点击相关的分类树节点，查看相关分类的结果。

3．分类推荐

建立分类体系以便于分类查看，但是如果分类树过于庞大，或者没有时间逐级点击分类节点，系统可提供分类推荐，根据每个用户的隐含个性需求，来推送给用户需要查看的分类节点。

系统分析用户行为是基于用户针对多种内容进行的操作行为，如搜索行为、查看文档、发布消息等，从而积累用户的行为特征。

利用给知识打标签的方式可以进行柔性化的分类操作。在知识录入或采集时，通过对知识指定不同的分类标签来达到多维度分类的目的。通过对知识在业务过程中的使用情况自动生成与使用分类标签，如某型号、某任务、某用户等。通过标签将相关知识聚集在一起可以减少分类维护的成本，实现知识在共享使用过程中的自动聚集。

7.3　利用聚类进行信息的结构化

知识聚类也称为知识分类组织法，是指将知识按一定的聚类标准分门别类地加以类集和序化的过程。聚类与分类是互为前提、互为结果的，所以我们常常把知识的分类组织方法等价为知识的聚类组织方法。根据聚类标准，知识聚类的方法可分为多种类型。

1．以学科聚类

知识的学科聚类方法，是最基本的也是人们最常用的知识聚类方法。它是以知识的学科属性为聚类标准，把不同学科的知识分别加以集中与整序，从而形成知识的学科序列系统的一种方法。知识的学科聚类，是古今中外各种文献分类法的方法论基础。在企业中，以专业聚类是以学科聚类的一种典型应用。

以学科聚类法可采用类目法（具有某种共同属性的文献知识的集合性概念）表示各学科、子学科及其类属因子，用类目的等级体系以及参照、注释等方法来显示知识关联（类目之间的关系）。这种结构特点使各学科知识形成族性序列，便于族性检索。

2．以概念聚类

知识是由概念构成的，任何一种知识都具有特定的概念结构。以概念聚类知识，就是指用一定的概念逻辑方法来集中排列相关知识的一种方法。

任何一个概念都有内涵和外延两方面，而且两者之间具有反变关系，即内涵越多，外延越小；内涵越少，外延越大。根据这种反变关系，我们可以通过增加概念内涵的方法来缩小概念外延，从而形成更为专指的概念；也可以通过减少概念内涵的方法来扩大概念外延，从而形成更为泛指的概念。

利用概念内涵与外延之间的这种反变关系，可以形成两种概念逻辑方法：一是概念的概括与划分方法；二是概念的综合与分析方法。知识的概念聚类，就分别采用了这两种概念逻辑方法。

3．以事聚类

所谓以事聚类，是指围绕某些事物或事件来集中编排相关知识的一种知识聚类方法。从一般概念逻辑上看，"事物"包含"事件"，但在知识组织活动中，人们往往把关于历史事件的知识从一般事物知识中抽出来单独组织，由此形成了以事件聚类知识和以事物聚类知识的两种以事聚类形式。

（1）以事件聚类知识是围绕某一历史时期的某一事件或某些事件来集中编排相关知识的一种方法。以事件聚类知识可分为单一事件知识的聚类和多事件知识的聚类两种形式。单一事件知识的聚类，能够集中翔实地记述某一事件的相关知识。以流程工作包为依据进行的知识聚类便是典型的以事聚类的实例，详见第5章。

（2）以事物聚类知识是围绕某一事物或某些事物来集中编排相关知识的一种方法。许多工具书都具有以事物聚类知识的功能，其中类书最为典型。类书是辑录古籍片断、整篇或整部著作，按类目或韵部编排，以供寻检、征引相关知识的工具书。企业中，以产品聚类便是以事物聚类的典型应用。

4．以用聚类

所谓以用聚类，是指按知识本身的用途或效用来集中编排相关知识的一种方法。在文献知识组织中，以用聚类要体现用户保障原则和文献保障原则。从这个意义上看，以用聚类知识，实际上就是按用户的实际需求来集中相关知识的一种方法。

文献情报部门在文献采集工作中，始终遵循以用聚类的原则。例如，高校图书馆的文献采集，要考虑与学校所设专业对口的原则，同时还要考虑与用户学历层次相对应的原则；科技图书馆的文献采集，要考虑与用户科研课题需要相对口的原则；公共图书馆的文献采集，要考虑用户需求多样性（类型多、层次不一）的特点，同时还要考虑一些重点读者的个别需求。由此形成了各文献情报部门的以用聚类的文献收藏特点。

在文献知识的分类组织中，有一个"实际效用原则"，即文献归类时要考虑本单位的专业性质和本单位专业读者的需要，要把文献归入到最大用途的类目中去。这一原则充分体现了以用聚类知识的原则精神。为了充分体现和落实"实际效用原则"，一要树立专业意识，二要树立用户意识。

5．以人聚类

所谓以人聚类知识，是指围绕某一人物或某些人物来集中编排相关知识的一种知识聚类方法。企业中，以专家为依据进行的知识聚类就是以人聚类模式的典型应用。以人聚类的方式可分为以生平事迹聚类和以思想类别聚类两种类型。

（1）以生平事迹聚类，是以记述人物的生平事迹为主线来组织相关知识的一种方法。这种方法主要体现在传记类文献和非传记类文献中的人物部分。人物传记可分为个人专传和多人群传两种类型。

（2）以思想类别聚类，是按人物所属的不同思想类别（或称派别）来集中相关知识的一种方法。人物思想类别的最显著代表就是各种科学学派或流派。所谓科学学派，是指拥有独树一帜的研究纲领，由领袖人物及其追随者组成的享有较高集体威望的科学共同体。按学派类别集中知识，不仅能反映一个学派整体的科学主张、观点、方法及其成就，而且还能反映学派共同体中每个成员的科学思想及其成就。任何一个学派都是由其领袖及其追随者组成的，所以按学派类别集中知识，实际上也属于以人聚类知识的一种方式。

6．以时空聚类

任何知识都具有时空属性或结构。根据知识的时间特性和空间特性来对相关知识加以集中编排或整合的过程，就是以时空属性聚类知识的方法。它可分为以时间属性聚类、以空间属性聚类和以时空综合属性聚类3种类型。

（1）以时间属性聚类，就是根据知识产生的时间序列来集中编排或整合相关知识的方法。

（2）以空间属性聚类，就是根据知识产生的地理区域，把相关知识按域别加以集中编排或整合的方法。

（3）以时空综合属性聚类，就是把时间属性和空间属性综合在一起作为聚类标准的一种方法。知识的时间属性和空间属性的综合,往往表现为一种立体网络结构。这种立体网络结构如果体现在知识的实际运用过程中,就会产生知识的整合效应,而这种整合效应正是知识创新的一种表现。

知识聚类的方法类型多种多样,不仅限于上述 6 种。随着科学技术的发展和人类知识组织活动的继续深化,有可能产生出更多、更新的知识聚类方法,而且现行的知识聚类方法,也必将得到进一步的完善。

知识导航是企业知识聚集的一种较为综合的方式。在知识创建时,为知识添加标签、主题、领域板块等属性。按照属性对知识自动进行组织,最后以导航的方式陈列展现。

业务人员通过知识导航的方式可以浏览查看感兴趣的知识。由于知识导航展现出来的知识都是按照一定业务规则聚集,并按照业务逻辑组织在一起,业务人员可以更广泛、全面和系统地获得知识。

通过导航方式,部门的管理人员和研制人员还可以对部门拥有的知识资源有一个总体认识,可以系统化地管理知识资产,也可以对部门各领域知识的构成情况有全面了解,为改变知识结构提供数据支撑。

知识主题是另一种综合的知识聚集方式,围绕用户的业务对象进行知识聚集并系统组织,如围绕飞机总体设计业务主题的各种活动需要建立不同的知识目录,包括外形、气动、隐身、重量、重心、布置、布局等知识。

7.4 信息知识的组合检索

知识搜索是研制人员应用信息知识的最重要途径之一。利用知识工程系统,基于自然语言的全文搜索引擎技术,可实现正文和附件知识的全文搜索。知识搜索通常需使用如下关键技术。

1. 模糊检索

模糊检索的检索词包含在命中字符串中即可而无须完全相同,所以模糊检索可弥补精确检索的某些不足,如检索结果不全面和用户检索时用词不准确等。模糊检索能够扩大检索范围,提高查全率。搜索系统还可以自动按照用户输入关键词的同义词、近义词进行模糊检索。

2. 分词技术

分词技术是搜索引擎针对用户提交查询的关键词进行查询处理后,再用各种匹配方法进行处理的一种技术。分词就是将连续的字序列按照一定的规范重新组合成词序列的过程。在英文中,单词之间是以空格作为自然分界符,而中文的字、句和段均有明显的自然分界符,唯独词没有。虽然英文也存在短语的划分问题,但是在词这一层上,中文比英文要复杂和困难得多。分词技术分为以下 3 种:

(1) 字符串匹配分词方法。这是常用的分词法,它是按照一定的策略将待分析的字符串与一个"充分大"的机器词典中的词条进行匹配,若在词典中找到某个字符串,则匹配成功(识别出一个词)。

(2) 词义分词法。这种方法是通过让计算机模拟人对句子的理解,达到识别词的效果。其基本思想是在分词的同时进行句法和语义分析,利用句法信息和语义信息来处理歧义现象。它通常包括分词系统、句法语义系统和总控系统。在总控系统的协调下,分词系统可以获得有关词、句子等的句法和语义信息来对分词歧义进行判断,即它模拟了人对句子的理解过程。这种分词方法需要使用大量的语言知识和信息。

(3) 统计分词法。从形式上看,词是稳定的字的组合。因此在语言环境中,相邻的字同时出现次数越多,就越有可能构成一个词,字与字相邻共现的频率或概率能够较好反映成词的可信度。当它们共现程度高于某一个阈值时,便可认为此字组可能构成了一个词。这种方法只需对字组频度进行统计,不需要切分词典,故称为无词典分词法或统计分词方法。根据词组的统计,如果发现两个相邻的字出现的频率最多,那么这个词就很重要,就可以作为用户提供字符串中的分隔符来分词。

除了以上的检索外,为满足自定义字段的检索,还可融合数据查询技术,实现自定义模板知识的精准查询。同时应支持高级搜索功能,利用"或""与""包含""不包含"等选择方式,也可绑定某个维度进行特定范围内的搜索,确保信息检索范围的快速性、准确性。此外,可自动生成附件摘要,搜索关键字在摘要中高亮显示,搜索结果可按相关度和点击率进行排序等。

第 8 章
模式知识的范式化

模式知识的范式化.mp4

模式是指在人们长期工作过程中总结形成被验证有效的工作过程。模式的特点是不需要对过程本身质疑，只需要按照过程的要求完成即可得到预期的结果。这种特征使我们可以将这种知识提炼总结，将不同形态、形式和特征的模式归一化、普适化和标准化，这样就可以利用计算机技术将其自动化。这就是本章所述的范式化。范式的作用是将最佳实践制成模板，成为普通工作者的参考。

常见的可范式化的模式资源包括如下几种。

（1）研制流程：也称为研制管控模式。将在多个型号或项目中成功应用的流程范式化，通过软件进行流程建模，形成可自动驱动研制活动流转的范式。

（2）工作流：也称为设计协同模式。将在多个产品或过程中成功应用的多人协同流程范式化，通过软件进行流程建模，形成多人之间协同工作的范式。

（3）工具流：也称为仿真集成模式。将在多个产品或过程中成功应用的多工具集成流程范式化，通过软件进行流程建模，形成可自动驱动工具运算与流转的范式。

（4）技术流：将在多个产品或过程中成功应用的工具内的应用步骤范式化。通过封装工具制成组件或模板，可以在工具应用时直接调用，可以降低软件的使用难度，提高使用效率及正确性。

（5）质量过程：也称为质量管理模式。在多个型号或项目中成功应用的质量策划、管控和归零流程范式化，在软件中植入标准和规范，无须人为参与而自动执行标准和规范。

（6）项目实施：将在多个型号或项目中成功应用的成熟项目实施运行的过程归一化、普适化和标准化，在软件中固化形成企业的标准项目过程。在此过程中实现知识、质量和工具与项目工作的融合以及数据的自动管理。

8.1 模式知识的主要形式

研制模式通常用流程来表达。它主张对产品研制进行工作分解、逻辑定义和流程管理。通过研制流程体系提供的项目管理、科研策划、任务管理、过程监控等能力，提升研制的规范化和标准化程度。从项目策划到任务下发、从具体任务的详细策划到任务的协同执行，实现对项目全局的掌握和把控。

研制流程管理以工作结构分解（work breakdown structure，WBS）为基础，形成典型型号的工作分解结构和工作包。通过引用典型分解结构，快速完成型号研制策划，实现工作包的合理分配。项目管理者以研制流程为依据，添加每个研制活动的人、财、物、时间等信息，形成项目计划。利用研制工作分解结构，实现在型号研制过程中工作任务的监控。

WBS 以"横向分段，纵向分层"的方式表达，如图 8-1 所示。横向分解为多个研制阶段，纵向将每个研制阶段分解为多个层次形成 WBS。WBS 最小的节点是工作包。工作包还可以再分解为一个个任务。这些任务可以是多人协同的任务，也可以是多工具协同的任务，还可以是多技术协同的任务，这三类协同任务通常是逐层嵌套的。

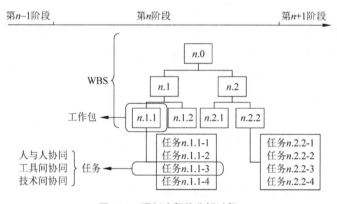

图 8-1　研制流程的分解过程

基于系统工程的三维框架为复杂系统数字化研制流程的梳理提供了方法论。基于系统工程的流程分析可获得数字化研制流程五层模型，如图 8-2 所示。

第一层，价值流（Phase）：由产品研制的各个阶段形成的顶层流程。

第二层，任务流（WBS）：每阶段逐层分解形成 WBS。工作包是型号研制任务执行的基本单元。工作包按照顺序和数据关系连接可形成研制流程。

第三层，工作流（Workflow）：每个工作包的具体执行由一系列工作来完成，即工作流。工作流体现工作人员间的协同。

第四层，工具流（Simflow）：工作流中的各项任务由一系列多学科工具软件联合完成。过程体现软件间的数据流转。

第五层，技术流（Steps）：单个工具软件内部，对特定任务由多个步骤（Steps）完成。步骤体现软件的使用过程。

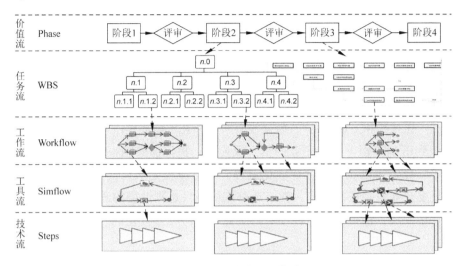

图 8-2　研制流程五层模型

五层流程又可以分为两大层：管理层和技术层，如图 8-3 所示。

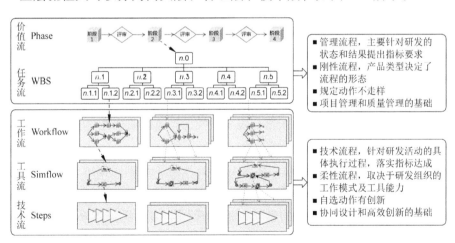

图 8-3　研制流程的管理层和技术层

（1）由价值流层和任务流层构成管理层，主要关注研制状态和结果，是相对稳定的流程（简称刚性流程）。产品类型决定了流程的形态，不随着组织的变化而变化。

（2）工作流、工具流、技术流三层共同构成了技术层，主要关注研制活动的具体执行过程,属于柔性和创新性流程,随着组织、人员和工具的变化而变化。

这两大层流程的关系可用体育术语形象地概括为:管理层——规定动作不走样;技术层——自选动作有创新。

研制流程的刚性层和柔性层界面的选择是进行研制管理的要点之一。该界面的选择与产品成熟度、管理成熟度及企业管理风格有关,既没有一定之规,也没有优劣之分。对于产品或管理成熟度较高、管理偏于精细化的企业,界面倾向于下沉;对于产品或管理成熟度较低、管理偏于授权化的企业,界面倾向于上升。如果界面过低,会有科研管理部门和质量管理部门"手伸得过长"之嫌,引起抱怨;如果界面过高,会引起项目进度和成本失控,质量与研制过程脱节。所谓"一抓就死和一放就乱",就是没有科学和艺术地界定刚性层的高度造成的。

谈到研制流程,很多企业的第一反应是:我们的研制很复杂、很创新,每次都不一样,所以我们不存在固化流程,或者流程无法显性化。但我们的经验是,只要企业研制还在运作,就一定有流程,只是刚性层的选择有高有低而已。我们往往发现,恰恰在持这种观点的企业中,流程显性化的效益是最大的。

8.2 研制管控模式范式化

日常所谈研制流程,主要是指管理层刚性流程。刚性流程是项目管理和质量管理的基础。因此,研制流程是研制管控的基础。在大型型号管理中,刚性层流程形成的工作包一般下发到部门级或专业组级,不会下发到个人。个人的工作由部门或小组负责人在工作流层面进行分解和分配。对于小型项目,工作流一层会退化为由一个人完成的多项工作而非多人协同流程,此时相当于工作包直接下达到个人。科研部门和质量部门主要监控工作包的完成进度、质量和成本。

研制流程的范式化表达形式一般有以下几种:

第一种是常见的树形结构,称为WBS,反映了研制工作所有任务的集合,但不反映任务之间的关系,如图8-4所示。WBS是最简洁的研制流程表达形式,也是研制流程其他表达形式的基础,所以应用非常广泛。本书中后文通常将WBS等同于研制流程。

第二种是泳道图,反映各任务之间的顺序和责任人(或组织),如图8-5所示。不同责任人的所有任务排列在不同泳道中,排列的顺序代表了各任务之间的顺序关系。各任务之间的连线代表了任务的数据关系,这些关系可以是跨泳道的。

第三种是NN图,这种图将所有的任务排列在对角线上,如图8-6所示。

第 8 章 模式知识的范式化

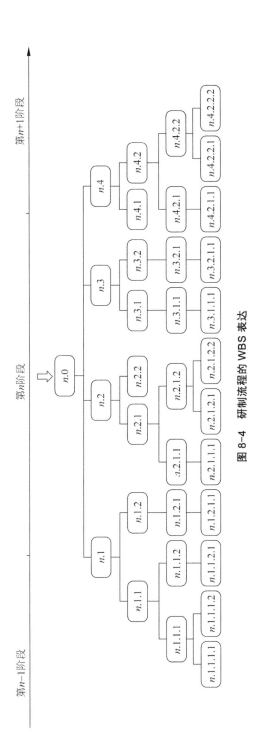

图 8-4 研制流程的 WBS 表达

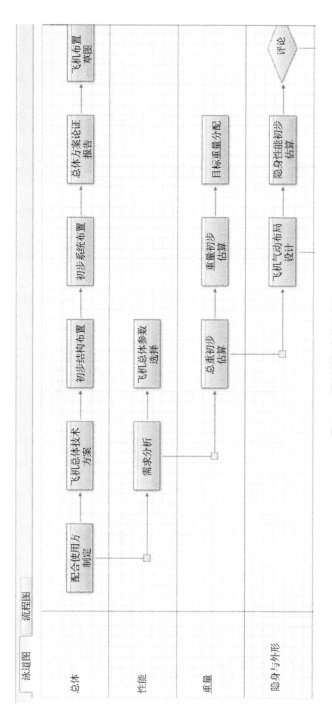

图 8-5 研制流程泳道图表达

第8章 模式知识的范式化

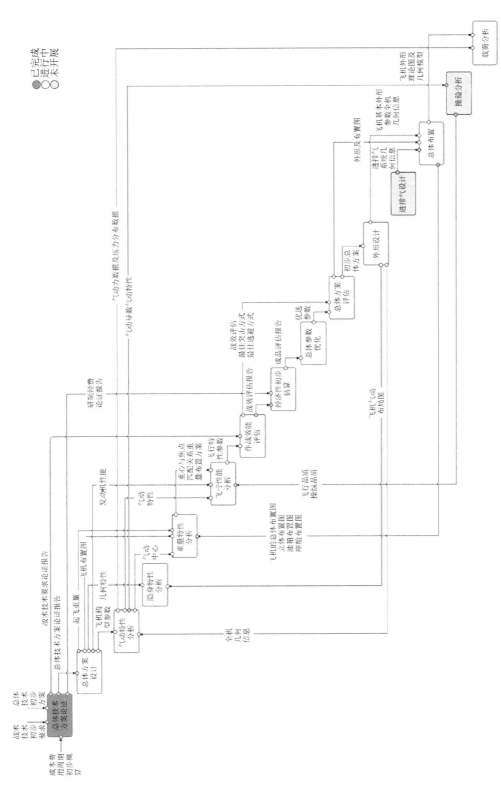

图 8-6 研制流程 NN 图表达

任务之间的数据关系通过它们之间的角形线表达,在角形线上标注数据内容。这种图形比较适合表达数据关系比较复杂的研制流程。

不管用什么表达形式,流程都是由节点构成的,流程节点称为工作包。知识工程体系中的工作包在以下三方面对常规工作包进行了进化:一是增加伴随知识要素,将完成该工作包所需要的知识伴随到工作包中;二是增加质量要素,将本工作包所遵从的质量要求(质量规范和检查表)关联到工作包中;三是增加了工具要素,将完成本工作包要求或推荐的设计与仿真工具集成进来,对工作包进行数字化和仿真化改造。由此形成了智慧研制的灵魂——智慧工作包。如图8-7所示是一个智慧工作包的范式。

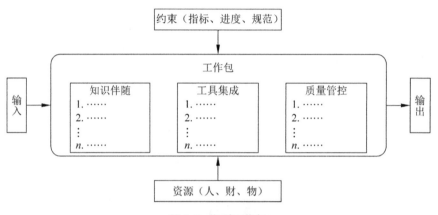

图 8-7　智慧工作包

这些知识通过工作包范式加入到流程范式中,可以提升流程范式的知识密度。智慧工作包范式的梳理和建立方式如表8-1所示。该表明确提出了对知识、工具和质量的梳理要求。

表 8-1　智慧工作包的模板

编号:	名称:	版次:
研制阶段:	所属领域及专业:	
要求及约束:	工作内容:	双向输入/输出: (要有上游科研活动的编号,并注明状态)
单项输入: (要有上游科研活动及结果的编号,并注明状态)		单项输入: (要有下游科研活动的编号,并注明状态)
伴随知识:	工具和方法:	质量控制:
设计:	审校:	批准:
相关专业:		

8.3 设计协同模式范式化

如上文所述，五层流程模型的上两层构成刚性流程，下三层构成柔性流程，如图 8-8 所示。下三层流程的目的是完成刚性流程下发的工作包，需要工程师们灵活创新地协同工作，这就是这三层流程必须是柔性流程的原因。协同设计模式的范式化主要以工作流为抓手。

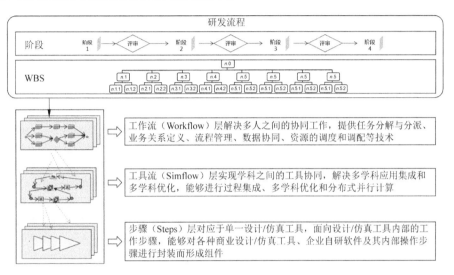

图 8-8 协同设计流程

柔性流程完成的工作可能是系统设计工作，也可能是总体论证、物理设计或软件工程的工作。这些工作是设计组长将工作包再次分解为工作流分配下来的。设计工程师获得任务后使用工具流或技术流（组件或模板）来完成工作。工作完成交付的同时，数据保留在过程数据管理系统中。

协同设计场景如图 8-9 所示。

将在多个产品或过程中成功应用的多人协同流程归一化、普适化和标准化，通过软件进行流程建模，使工作者之间的协同配合范式化。借助标准工作流范式模板，研制管理人员可以快速进行工作流构建和任务分配与下发。研制执行人员接收到任务消息之后，完成任务的接收、执行与反馈。数据统一纳入过程数据管理系统。结合流程管理与数据管理，管理人员可以实现对协同设计流程与任务的监控。

协同流程与任务管理是研制管理人员（如设计科室主任）的职责，是他们进行协同研制任务分解、任务下发以及研制过程监控的主要手段。

研制管理人员可以利用软件，通过可视化环境调用一个范式，然后进行多人多专业协同工作流编制，并支持流程对应任务节点信息的定义或修改（如任务描述、开始时间、结束时间、任务承担者等），可快速完成协同任务分解。

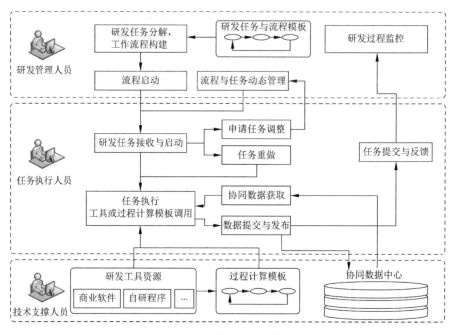

图8-9　协同设计场景图

研制管理人员将协同设计流程启动后，各任务节点研制人员会收到相应的任务提醒信息。研制人员接到具体的研制任务后，即可进行任务信息查询（如任务描述、任务要求、开始时间、结束时间、上下游任务等）。确认无误后，即可进行任务启动。在任务执行过程中，研制人员之间的协作流程是自动完成的，同时可以使用既定工具流或技术流模板快速完成任务。

8.4　仿真集成模式范式化

在协同设计模式中，多工具流和工具内的技术流可以帮助设计人员高效率、高质量地完成工作。仿真集成模式的范式化主要以工具流和技术流为抓手，将在多个产品或过程中成功应用的工具间以及工具内的应用过程归一化、普适化和标准化，将多学科工作过程封装成过程模板，把软件内的应用过程封装成组件。其他范式直接调用工具集成范式，可以降低软件的使用难度，提高使用效率及使用的正确性。以上这些过程主要为仿真过程，所以本节称为"仿真集成模式范式化"。

仿真学科种类繁多，而且各学科之间无可替代。但各学科所分析的产品对象是同一个，它们之间必然具有关联。事实上，在产品定型过程中，不同设计参数会对不同学科的性能有不同影响，往往这种影响之间是冲突的，必须权衡折中解决。因此，多学科集成仿真和优化成为一项重要的工作。

多学科仿真与优化人员需要对仿真工具进行封装以方便相互集成。这种工作往往需要一个专业化的环境来进行。这个环境包括工具封装、多学科流程集成、专业界面定制等功能。

1．工具应用范式封装为模板（组件）

仿真软件的使用门槛高，过程复杂，解决问题的难度高。资深人员的知识可以通过对特定问题在仿真软件求解的操作过程体现出来，其中反映出软件选择、计算方法、材料选择、模型处理、边界条件、载荷等效、计算控制、结果处理及评价、试验标定等方面的经验。如果将本过程固化并封装，将是企业非常宝贵的财富。可以对一系列特定问题的仿真计算方法经过归一、抽象和总结，形成具有普适意义的指南，便是仿真应用范式。

仿真组件是将仿真应用范式通过封装软件形成即插即用的、具有特定和单一任务的"仿真机器人"。其中每一个步骤中会应用到指南中确定的仿真经验、仿真算法、关键步骤和参考数据。如图 8-10 所示为某机车车辆转向架多工况组合计算的组件实例。

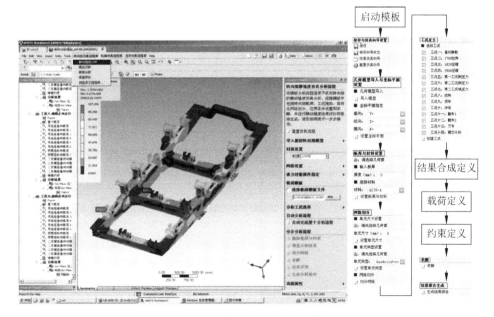

图 8-10　某车辆转向架多工况组合计算组件实例

通过软件调用接口、参数解析和封装工具，对企业研制过程中使用的各类仿真软件进行应用范式封装，可对单个工具的应用方式进行标准化改造，从而实现"前端参数化设置、后端自动化运行"的应用模式。封装过程主要包括输入文件参数解析、软件驱动方式设计和输出文件参数解析等。

2. 多学科仿真流程建模

仿真工具封装还是过程集成的基础。针对已有的各种工具、算法、设计分析过程的封装，形成专业化的应用组件后发布到组件服务器中，用于后续在过程集成模块中搭建各类过程模型，或被计算节点调用执行。

多学科集成环境可通过拖拉的方式建立多学科协同仿真过程流程/模板，如图8-11所示。依次把需要的组件从平台客户端拖拽到分析视图中，并通过定义各个实例化组件变量（参数和文件）之间的关联关系，建立自动化分析过程。多学科集成仿真过程模型支持顺序、并行、嵌套、循环、条件分支等多种控制模式。此环境在工具封装与集成基础上，通过可视化编辑环境实现仿真流程设计、模板定制、参数提取、数据关联等。

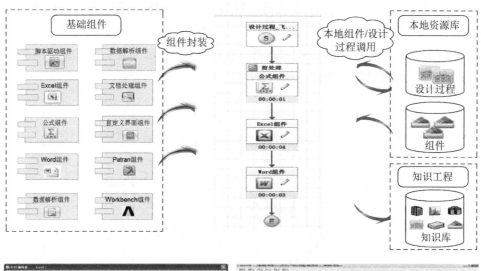

图8-11 多学科协同设计仿真过程流程/模板定制及参数提取和关联

仿真集成环境提供数据链接编辑器,针对工具组件对应的输入输出文件进行解析,以及关键参数的定义与提取,并通过拖拉的方式建立各工具组件之间的数据传递关系,从而建立各个仿真分析变量之间的关联关系,形成仿真分析任务的多学科集成过程模型。组装好的多学科集成过程模型可提交给运行环境,以自动化方式完成仿真任务。

多学科仿真过程运行环境能够访问分析服务器上所有可用的服务,把模板库中的组件自动部署到分析服务器中,并自动驱动多个组件按分析流程依次运行,使仿真数据自动地从一个组件传递到另一个组件。

3.专业界面定制环境

工具应用范式封装或仿真流程范式封装后,需要一个人机交互界面以帮助范式的应用。根据各专业业务需求,利用控件可以快速实现专业系统界面的免编程定制,还可以将相应的工程研制经验、质量控制要求等嵌入界面,如图 8-12 所示。

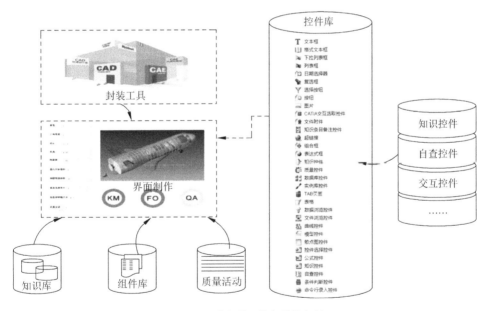

图 8-12 专业界面的免编程定制

8.5 质量管理模式范式化

质量管理的范式化是将已形成的质量管理的最佳实践归一化、普适化和标准化,在以后的质量管理过程,对于不同的业务场景,调用不同的质量管理范式。自动运行的质量管理范式可以提高工作效率、降低难度和错误率。

研制流程模型给出了研制业务的运行模式,理想情况是研制工作能按照此流程展开。但是流程是由人来执行的,而人是有缺陷的,工作执行总会存在偏差。因此质量管理专家戴明(Deming)提出戴明环 PDCA(计划-执行-检查-行动)来控制过程质量。研制流程五层模型其实只是给出了戴明环的 P 和 D,另外两个要素 C 和 A 实际上就是为了避免执行偏差而设计的过程,在业界称为闭环归零和持续改进,如图 8-13 所示。

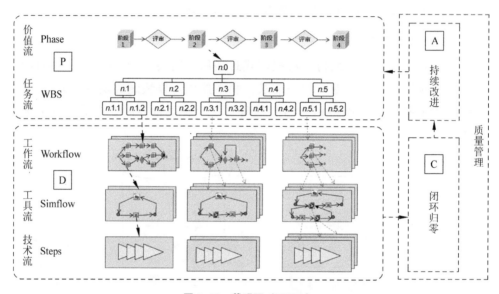

图 8-13 戴明环(PDCA)

智慧工作包的提出,是要把质量、知识和工具关联到工作包中,以提升工作包的执行效率和完成质量。我们认为只有把质量要求落实到工作包的时候,才能保证质量是设计出来的。需要梳理关键工作包的质量支撑资源、控制目标和自我检核项,才能对关键工作包的交付质量进行定义、监控和评估。

过程质量的本质是提升研制过程的透明化程度。曾经一度流行透明厨房,老板旨在通过厨房的透明打消食客对卫生的顾虑。没想到出现一个有意思的结果:顾客们评价菜变好吃了。这就是因为做菜过程的透明提升了厨师职业化程度和敬业精神,有助于提升菜的质量。另外,过程质量的另一个重要做法是引入自检和互检。高速公路上常见一个有意思的牌子:此处多次撞车。按说这样一个没有技术含量的牌子不应该对交通事故产生实质性影响。但据调查,在曾经多次撞车的地点树立这个指示牌后,大幅减少了撞车事故。我们常见一种现象:设计人员总是质疑质量人员的价值,主要理由就是"质量人员不懂技术，怎么可能对设计质量起到实质性的影响"。但高速公路上一个很没技术含量的牌子确实在起大作用。

厨房透明后，普通食客的监督就能提高菜的质量，主要原因是大众菜的质量是有人尽皆知的范式所遵从。对高速公路路牌的案例也是如此。但对于复杂工业品的研制过程、质量过程是较为复杂和专业的，质量范式可以普及质量工作并提升水平。

质量范式的建立旨在对过程质量相关的流程进行梳理及优化，识别企业质量资源与流程的最佳或普适位置形成质量策略范式，供以后的具体项目调用。具体工作如下：

1．流程梳理与优化

（1）控制点策划模式梳理优化：质量小组同研制流程小组一起，确认新型号策划工作模式。

（2）过程质量检查的工作流程梳理与优化：确定研制过程质量检查的工作模式及检查表梳理的责任部门及人员。

（3）评审管理流程梳理优化

① 了解企业现有评审管理的现状（层级、方式、类别、流程），确定现有评审过程需要改进的环节；

② 确定优化后的评审工作模式及业务流程。

（4）质量复查流程梳理优化

① 了解企业质量复查相关作业规定、管理现状，收集改进期望及建议，整理优化质量复查业务流程；

② 对优化的质量复查业务流程进行探讨及确认。

（5）质量评估模型及流程梳理：确认质量评估模型及流程的可行性及合理性。

（6）质量监控要求梳理：整理并确认各级主管关注的统计视图。

2．质量范式建设

（1）展开基础控制点梳理，形成基础控制点清单

① 确定基础控制点、质量要求及检查表；

② 制定基础控制点梳理指南及梳理模板；

③ 根据梳理指南，梳理各部门的基础控制点。

（2）展开检查表梳理，形成检查表清单

① 制定检查表梳理指南及梳理模板；

②根据梳理指南,梳理各部门的检查表。

(3)展开质量要求梳理,形成质量要求清单

①制定设计质量要求梳理指南及梳理模板;

②梳理所各部门质量文件,明确质量文件间关联。

(4)质量经验推送模式梳理:质量部门及研制部门完善并确认质量经验推送方案。

(5)质量要求推送模式梳理:确认质量资源所推送的业务对象及流程。

8.6 智慧项目模式范式化

智慧项目以科研流程为基础,将知识、质量、工具融入项目策划过程和工作包执行过程,确保输入输出明确、工具方法有效、工作接口合理。在整个项目过程中,监控项目和任务的执行情况,预防质量问题,及时处理已经出现的问题,保存项目过程数据,归档项目最终成果。

以上过程可以形成一个范式,固化后形成自动运行的项目过程,提升项目的策划和效率。智慧项目执行的业务逻辑如图8-14所示。

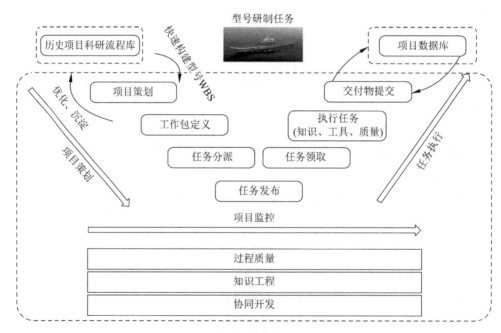

图8-14 智慧项目实施的业务逻辑

智慧项目实施典型场景包括项目策划、任务分派、知识应用、任务执行、

输出物管理、过程质量管理、项目监控、与常规项目管理的交互等，实现对一个项目/产品研制全过程的高效执行。

智慧项目执行业务运行范式如图 8-15 所示。

通过梳理历史项目归一化、普适化和标准化后，形成项目范式库，作为新项目策划的基础。从范式库中提取项目范式进行裁剪，快速构建新项目的 WBS。实例化工作包的基本属性（科研活动名称、编号、工作说明）、输入输出、关联知识、工具、质量信息。对工作包任务进行分派，发布工作包，完成项目策划。与项目管理体系协同，形成科研控制计划。

执行人员领取工作包，依次完成如下工作：参考范式中的伴随知识、应用知识库中的知识、启动范式约定的相关工具执行工作、提交输出物，以及按照范式中的质量管理要求完成自检、互检、评审、归零和评价等。管理人员通过流程可视化技术，可以对整个项目执行状态、进度等过程信息进行实时监控，实现对科研工作的高效管理。在项目策划和执行完成后，可以根据项目的实际运行效果对项目范式进行优化。

智慧项目实施范式具有以下几个特征：

（1）项目策划前需要利用知识工程体系对项目进行充分理解；

（2）项目策划后即可形成项目数据结构树，项目执行过程就是数据树的兑现过程；

（3）工作任务执行前，项目成员利用知识工程体系对任务进行充分理解；

（4）工作任务完成后，利用过程质量体系推送的检查表进行自检和互检；

（5）关键工作包需要进行审批，判断是否需要评审，如需要，则展开评审；

（6）每项工作结束后，将数字化的数据和文档入库管理；

（7）提供项目看板，监控项目的执行进展。

智慧项目范式可与常规的项目管理系统（PM）集成应用，模式如下：

（1）智慧项目平台与项目管理系统进行协同，交互信息。项目管理系统读取智慧项目系统中梳理的研制流程，提取 WBS 作为项目策划的基础。智慧项目系统则将项目执行的进度和工时等信息提供给项目管理系统。

（2）常规项目管理系统的计划管理一般到达部门或科室一级，部门通过项目系统对工作包进行再次细化与分解。协同设计系统则通过智慧项目系统领取分解的工作活动完成任务。

智慧项目实施范式与知识工程的其他范式及常规项目管理体系的协同工作模式如图 8-16 所示。

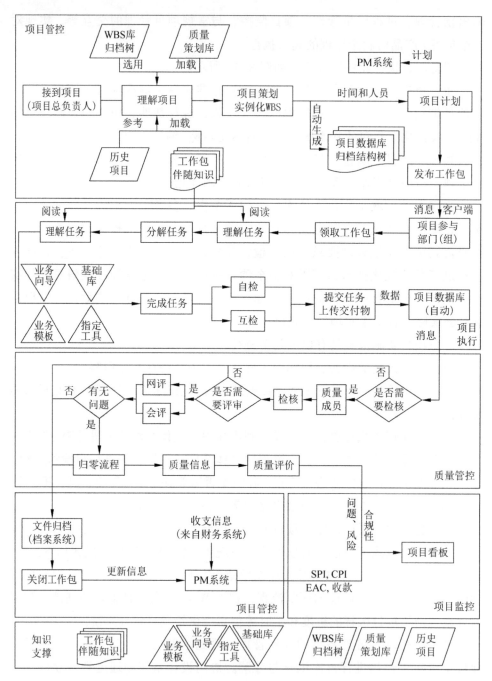

图 8-15　智慧项目运行范式

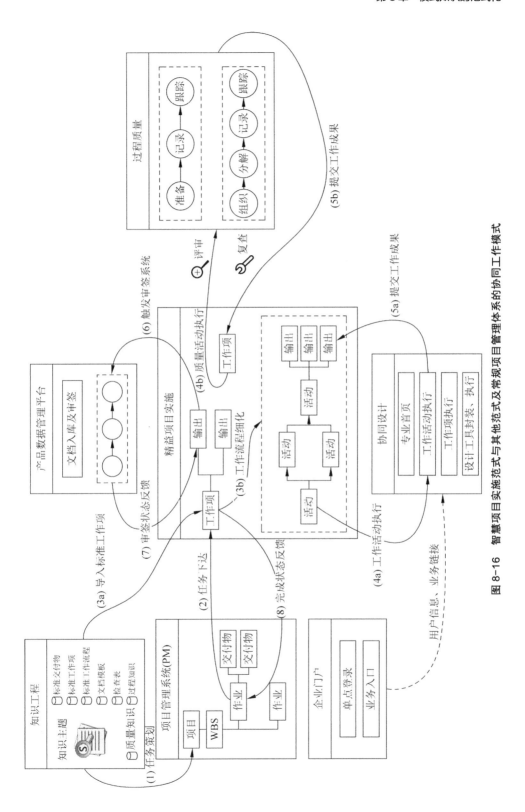

图 8-16 智慧项目实施范式与其他范式及常规项目管理体系的协同工作模式

第 9 章
技术知识的模型化

技术知识模型化.mp4

技术知识指的是在产品研制过程中形成的产品设计成果和技术研究成果，这些成果可以在未来的产品设计或技术研究中重用。产品成果包括产品的零件、部件、子系统、整机，以及与之伴随的设计、仿真、试验和工艺相关的模型及过程。技术研究成果包括通用技术、独特技术、核心技术等。这些资源通常是存在于特定产品研制过程和成果中，因产品不同而形态各异。这些知识的原始创造者（或者其他有经验的研制人员）从其他项目成果中可以提取出来相关成果，根据两个项目的差异性，做针对性的改变而形成新项目的成果。而其他人员就很难对其重用，重用过程往往并不比自己新做一个设计简单。其实，新做一个类似的设计就像重新发明轮子，所带来的问题绝不仅仅是一点新增的工作量，而是给研发和制造全过程均带来复杂性和可靠性问题，由其引发的成本和浪费更是惊人得难以计量。

技术知识的模型化就是把已创造的成果标准化、统一化而形成产品模型或技术模型，在未来的产品设计或技术研究中，通过对参数进行适当调整即可形成新的设计。其实，在大多数的情况下，这些模型的参数甚至可以不作调整，直接重用即可满足产品或新技术的要求，对制造的复杂性、批量化、低成本、统一性及质量保障方面的贡献是非常大的。

模型是一种区别于自然语言的工程语言，对于资源对象的表达不仅更为直观、科学、全面、准确、无二义性，而且信息更为丰富、更具动态性。

对于不同类型的技术资源，其模型特征、模型化方法及应用方案也大相径庭。常见的技术知识模型化方法及应用方案包括产品技术平台、基于模型的系统工程、基于模型的快速设计与论证、基于仿真模型的虚拟试验、基于模型的定义（MBD）等。这几种方法是应用于产品研制的不同过程和专业的模型化方法。在近期，业界提出了更为综合的模型化方法和应用方案：基于模型的产品全生命周期（MB PLM）和基于模型的企业（MBE），是将技术知识模型化这种知识增值方法大而化之的成果。

9.1 基于模型的产品平台

很多国内企业在技术研制上由于没有长期持续的投入和努力，普遍缺乏核心技术。但更为突出的问题是，对支持产品开发的技术知识缺乏积累和系统性的规划与建设。企业一般呈现出以下现象：

（1）产品线多，各线之间缺乏良好的共享机制，重复、低价值的开发较多；

（2）项目众多，定制开发量很大，以前的成果不方便借鉴；

（3）项目和产品越来越多，却没有规模效应，成本上升，利润下降；

（4）新产品或项目开发压力很大，质量和稳定性出现问题；

（5）核心技术无法得到发展和持续提高，容易被对手超越。

业界为了解决以上问题，提出了产品技术平台理念和方法。产品技术平台是企业的系列产品所采用的共同技术要素（common building block，CBB，也称共用组件）的集合。CBB包括共用的系统架构、子系统、模块/组件、关键零件、核心技术、通用技术等，特征是技术成熟度高、质量稳定、应用范围广。产品技术平台可以帮助企业实现快速产品设计，并促进核心技术持续提升。

企业一般会制定产品发展目标及具体开发计划，但很少在产品技术平台战略和产品线规划上下功夫。由于缺乏明确和前瞻性的产品技术平台规划和产品线规划，产品开发就失去了路线图，产品开发人员将无规可守，无章可循。设计人员在不知该产品在公司未来规划中所处位置的情况下定义和开发产品，其结果必然是各个产品相互拼凑，不能形成一条体系化的产品线。而企业由于不能按恰当顺序开发并投放新产品，往往错失良机。在市场压力和浮躁心态下，企图将所有产品都做出来，结果摊子铺得太大，发现自己不具备充足资源，必然处处受制，困难重重。

1. 异步开发模式

产品开发是企业生存与良性发展的关键，容不得任何风险。但是为了保持竞争优势，企业必须在规定时间和规定成本下开发特定功能和特定质量的产品，又必须在产品中增加创新要素，而创新是有风险的，可能体现在进度上，也可能体现在成本上，还可能体现在性能指标上。所以，为了兼顾创新、时间、成本、质量等多方面要求，可行的办法就是采用异步开发模式，即将新技术开发和新产品开发分离。新技术开发先于产品开发，而且不必限定应用于哪个目标产品，而产品开发只采用企业的成熟技术，绝不预期在产品开发过程中创造新技术。因此，产品开发是纯粹的项目管理过程，注重进度、成本和质量；技术开发是纯粹的技术创新过程，不做过多的成本和进度限制。异步开发模式如图9-1所示。

异步开发模式是产品技术平台的基础，产品技术平台是异步开发模式的结果。产品开发总是在产品技术平台上进行，技术开发为产品技术平台创造有竞争力的新技术，以及基于这些技术产生的CBB。

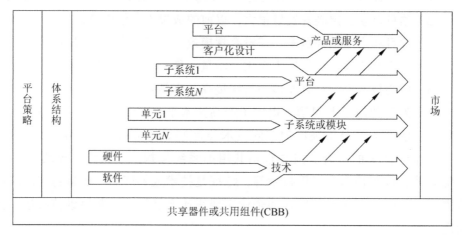

图9-1　异步开发模式

2．产品技术平台的4种战略

基于平台中公用模块的共享方式和范围，把平台战略分为利基战略、横向战略、纵向战略和滩头战略（图9-2）。

（1）利基战略：这个平台专为一个细分市场设计(如军车)，其他任何细分市场都不能共享这一特定平台。这个战略的目的是确保产品的高性能和高差异性，接受由此带来的高成本。

（2）横向战略：这种平台在同一类细分市场中可以在不同品牌下共享。典型案例是大众汽车公司的A平台。这个平台为大众汽车、斯柯达（Skoda）、西亚特（Seat）、奥迪（Audi）等公司覆盖了中端汽车细分市场。

（3）纵向战略：这种平台在同一品牌下可以在低端、中端和高端细分市场中共享。

（4）滩头战略：这是个最雄心勃勃的平台战略，单一平台便可以贯穿不同品牌和不同细分市场。

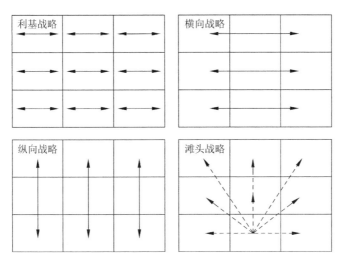

图 9-2　4 种产品技术平台战略

3．产品研制细腰型架构

基于产品技术平台的研制体系具体表现为一种细腰型架构，如图 9-3 所示。这种架构的特点如下：

（1）上层产品丰富：面向客户的产品系列多，满足客户个性化和多样化需求。

（2）中间平台较少：产品技术平台数量尽可能少，但产品框架适用性要尽可能强，能够支撑上层产品的各种变化。

（3）下层货架丰富：包括技术货架和产品货架，丰富的货架是产品技术平台的适用性和灵活性的保障。

以产品技术平台为基准，快速满足客户个性化要求，采用尽可能少的产品技术平台，发布尽可能少的产品版本，从产品货架和技术货架上提取成熟的公共模块和技术，以接近批量化的成本满足尽可能广泛的客户群需求，批量化与个性化兼得。同时，牵引技术货架和产品货架的发展，并通过核心技术与关键技术的突破，推动平台的升级换代，保持核心竞争力，带来利润的持续增长。

4．产品技术平台的建设

1）核心建设内容

五类核心资源库是产品技术平台的建设主体：技术分类库、技术货架库、产品模块（building block，BB）库、产品货架（CBB）库、产品技术平台库。

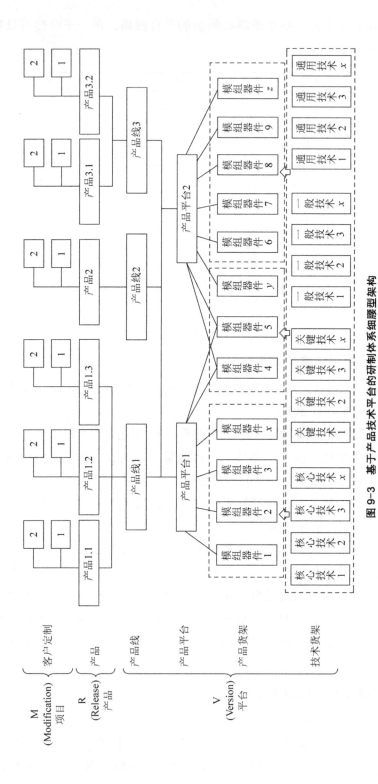

图 9-3 基于产品技术平台的研制体系细腰型架构

这五大核心库的成熟度和标准化水平依次提高，也反映企业产品技术平台体系的建设顺序。并非只有建立完整的产品技术平台才能支撑产品研制，而是每建设一层就能获得相应的效益。任何制造业企业都可以在本体系中找到一种最适合自身的产品技术平台方案。

（1）技术分类库。技术分类库是从企业产品或项目开发中提取技术，按照一定规则进行分类存储所形成的技术储备库。技术基础较薄弱，或暂时无法大规模建设产品技术平台的企业，可以先建设技术分类库，把企业所有技术进行分类整理。其价值在于摸清家底，对企业的技术优势和劣势进行全面梳理和分析，从而为技术复用和针对性技术改进提供依据。对这些技术归一化处理和标准化封装，形成技术模型，可以在未来技术研制和产品设计中直接调用。

（2）技术货架库。技术货架是一系列成熟且标准化技术的合集。这些技术可以是一般技术、关键技术、核心技术，应用在不同产品中。技术货架可以自成体系，也可以向产品技术平台输出成熟的技术资源，与平台一起构成更大的体系。

技术货架是技术分类库的高级形式。成熟度高、形式完备的技术树就是技术货架，工程师可直接使用。技术积累较好，有一定技术力量的企业，可以尝试建立技术货架。

（3）产品模块（BB）库。产品模块库可按照企业的产品习惯划分，不须过多加工，其价值在于摸清企业的产品模块家底。在CBB梳理不充分前，可以用BB库在一定程度上加速企业的产品设计过程。BB库建设过程中，可以结合技术分类库或技术货架，更加清楚地了解企业产品模块的优势和劣势，有针对性地加强研究。

（4）产品货架（CBB）库。如前文所述，在产品中尽可能多地采用CBB，能够大幅提高产品质量，降低成本，缩短研制周期。具有典型、规范结构形式的CBB集合，就形成了CBB库。CBB库可以自成体系，也可以向产品技术平台输出成熟CBB，与平台一起构成更大的体系。

CBB库是BB库的高级形式，工程师可直接使用。CBB库适合于技术力量强，多品种、小批量的制造业企业。这类企业通常没有固定的产品形式，客户定制较多，一般无法建立形式完备的产品技术平台，而CBB库基本就是模型化的最高形式。

CBB库可以按照不同的分类模式进行组织，既可以按照不同的技术成熟度形成分层结构，又可以按照产品结构树的形式分类。

（5）产品技术平台库。产品技术平台库是整个系列产品所采用的 CBB 的集合。其特征是：

① 具有业务逻辑。产品技术平台是针对一个产品系列的，即每一个产品型谱拥有一个产品技术平台。该平台可以是整机的开发平台，也可以是重要部件、组件或子系统的开发平台。

② 综合性强。大部分内容来自于技术货架与产品货架，并且与需求、指标等相关联。需要定制的部分要给出明确的界定，如功能、范围、接口、所使用的技术等。

③ 成熟度高。来自于产品货架和技术货架的比例越大，定制开发的比例越小，则说明产品技术平台的成熟度越高，开发出的产品成熟度也越高。

产品技术平台适合于大部分制造企业，企业的技术水平、市场压力、组织结构、企业制度、资金实力等因素决定了产品技术平台的水平。不过，平台是分层次的，可以从技术分类库逐步建设起来。技术实力强的企业可以直接从平台框架入手建设，各核心库可以分步或同步建设。

2）平台开发方法

图 9-4 给出了产品技术平台的规划、开发、应用、维护和监控的路线图。

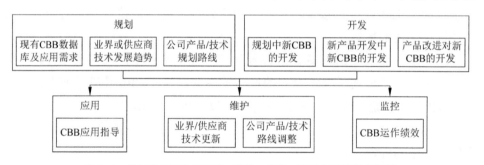

图 9-4　产品技术平台的规划、开发、应用、维护和监控的路线图

本路线图中，"开发"是核心，有两条路线：自底向上法和自顶向下法，如图 9-5 所示。

对于产品成熟度不高，或企业对产品的理解或者分析尚不透彻的情况，建议采用自底向上法：基于企业已有的产品和项目数据总结归纳出产品货架。

对于对产品成熟度高，或企业对产品的理解或者分析较为透彻的情况，可以采用自顶向下法：基于企业战略规划和产品需求分析，规划与建设产品技术平台。

典型企业的起步往往从项目模式起步，需要从现有的项目模式过渡到产品技术平台模式。我们为此设计了"项目—技术—平台—产品"进化循环，帮助企业逐步从项目模式走向产品技术平台模式，如图 9-6 所示。

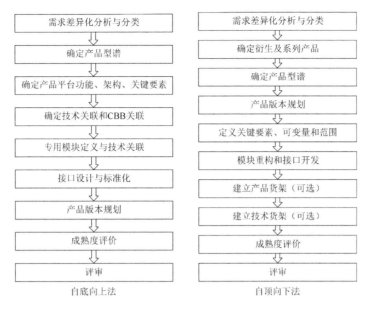

图 9-5 产品技术平台的两种开发路线

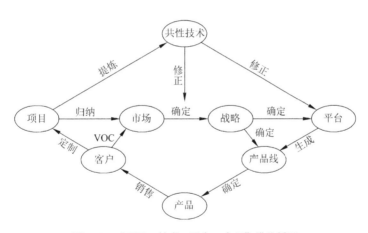

图 9-6 "项目—技术—平台—产品"进化循环

5. 产品技术平台的信息化

信息化平台的目的是将梳理成功的产品技术平台及各类资源导入软件系统中,与业务系统结合,以支持新产品高效和高质量的开发。

信息化平台分为应用层、功能层、管理层、资源层、系统层等 5 个层次,如图 9-7 所示。

(1)应用层面对用户,是设计人员的使用界面和功能入口,可提供 WEB 端和客户端两种登录方式。

(2)功能层提供产品技术平台的建设及应用所需的功能。五类核心库的应用步骤和所需功能不同。本系统将五类库的功能进行整合，以较少的功能模块满足了五类库不同的需要。

图 9-7　产品技术平台架构

（3）管理层提供对资源的管理，如变更、差异分析、成熟度评价、配置管理等。同时提供对功能层的支撑，如技术树管理、产品树管理、型谱管理等。

（4）资源层是整个系统的核心，所有工作都围绕这些库展开。对企业来说，根据企业不同的技术状态和研制特征，可以选择最合适的核心库进行建设。这些库皆可以独立建设和运行，组合使用则能发挥出最大效能。

（5）系统层是系统管理和配置方面所需的功能。

6．基于平台的敏捷研制

基于平台的敏捷研制是以产品技术平台为基础，最大限度地减少时间和资源的浪费。利用少量平台敏捷地满足大量客户的个性化需求，并精益求精地持续更新平台，保持企业研制的敏捷化。产品技术平台可支持以下各类敏捷模式：

- 快速产品设计
- 快速产品原型
- 快速系统设计
- 快速仿真
- 快速产品配置
- 快速投标
- 快速低成本采购
- 快速成本预估
- 快速制造

以快速设计为例，具有以下重要特征：

- 敏捷设计：采用成熟架构、成熟技术和成熟模块。

- 大量重用：采用公用框架和公用模块。
- 降低成本：统一工艺降低制造成本，批量采购降低物料成本。
- 质量稳定：由成熟技术和成熟模块保障。
- 多样化和个性化：更多精力用于满足个性化要求，产品呈现多样化。

7．产品技术平台的价值

成熟 BB/CBB/ 平台的持续建设和广泛应用，帮助企业凝聚和发展核心技术，积累和固化产品资源，降低成本，缩短交付周期，提高质量和客户满意度，提升品牌价值。具体表现在如下方面：

（1）促进企业从以项目为核心的开发模式转向基于平台的产品开发模式。

（2）可以实现规模化扩张，做大企业；持续积累核心技术，做强产品。

（3）可以最大程度地实现技术、模块、产品等成果的共享，减少重复开发造成的浪费。

（4）减少零部件种类，增加零部件的采购批量，减少供应商数量，增强议价能力。

（5）实现快速设计，快速响应市场需求，快速推出新产品。

（6）形成最佳产品技术开发模式，如产品开发与技术开发分离、产品设计与项目设计分离等。

（7）实现研制队伍梯队的合理配置，持续提高团队技术水平。

9.2 基于模型的系统工程

基于模型的系统工程（MBSE）是现代系统工程的最新发展。曾经的产品设计师利用图板做产品设计。CAD 软件的出现，让工程师们甩掉了图板和图纸，其间的效益大家都理解。系统工程师们当前的境遇与以前的产品工程师相似，利用文档做系统论证与设计。MBSE 的出现类似于 CAD 的出现，改用软件进行系统设计与论证，这种设计模式带来的效益将不亚于 CAD 带给产品设计师的效益。更为重要的是，用数字化模型代替纸质图纸只是一种便利性量变，而 MBSE 则为系统设计带来质的变化，是一种用以表达系统及其运行方式的科学和完备的全新方法。如图 9-8 所示为 MBSE 复杂系统设计实例流程图。

1．问题的提出

现代工程系统伴随着技术精细化与管理思想的发展，复杂性迅速增长。

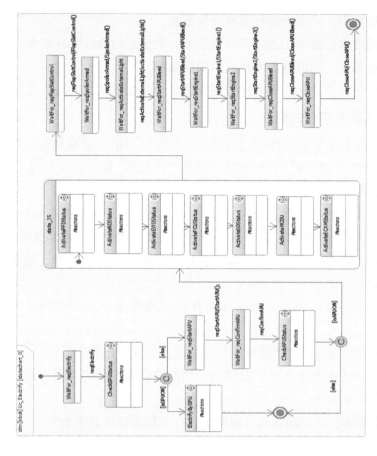
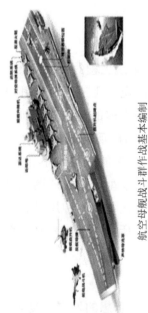
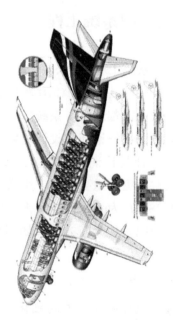

图 9-8 MBSE 的复杂系统设计实例流程图（仅作示例）

其构件密集的特性越来越突出，单位成本急剧增加，研制组织中几乎没有人或单个团队能够理解整个系统。而且，与其相关的运转支撑环境也越来越复杂。这些特点都对复杂产品和系统设计带来了新问题，具体表现如下。

1）高端复杂产品的研制面临严峻的挑战

高端制造业复杂产品及其运转系统已从分立式演变为高度综合式，其复杂性带来开发周期和成本的增加。复杂产品系统的研制需要考虑众多因素，如产品系统本身、产品系统交付客户后的使用运行环境等。以空客 A380 为例，由于体量的变化，相关的运转支撑环境需要发生相应变化，如运送餐食的车辆、产品检修、运送行李等地面设备都需要做相应调整，同时廊桥也需要根据空客 A380 而重新设计。同样，就战斗机的作战活动来说，也不再是战斗机单一机种的事情，可能需要预警机进行空中指挥预警，由于航程因素需要空中加油机提前到指定空域会合，电子战飞机事先进行电子压制，然后才是战斗机执行战斗任务。在最危险的前线还需要无人机执行任务。

2）系统设计中的庞大信息与数据难以管理

现代工程系统在整体复杂度上有了明显增加，系统设计过程产生的庞大信息与数据开始变得难以管理和维护。而传统的系统工程方法采用文档作为基线来组织系统工程活动，在现代系统工程中会生成各个方面和层面的大量文档，由此引发许多困难，如：

（1）众多信息分散于各个文档，难以保证完整性与一致性；

（2）传统工程说明文档对于复杂的、动态交互性强的活动难以描述，表达力不足，甚至有时会产生歧义，导致工程人员交流时产生误解；

（3）工程细节难以维护与跟进，某处文档内容更改后，与该文档相关的文档都需要做相应更改，工作量大，维护困难。

3）系统设计开始前未能全面了解需求

过去的工业品设计过程中，在需求和系统方面花的时间往往很少，而把大部分时间花在做各种仿真和试验上。需求没有分析清楚，工程师就开始进入设计过程。一个实际工作中最典型的问题是：某产品可能一共存在 15 种场景，结果工程师只是对其中 8 种场景进行过分析。设计到最后发现还有很多场景没有考虑到，只能重新来过。因此，错误的需求和系统设计，往往会造成南辕北辙的严重后果，浪费大量的人力和物力。

4）缺乏准确（无歧义）描述目标的手段

通常，在产品开发的各个阶段，几乎所有人都只是从自己的视角去描绘了一个目标。因此，在各阶段转换的过程中存在信息断层。例如，从需求转化到产品功能定义，往往没有明确统一的交付物，各个阶段、各个学科应用的工具、模型、描述方式均不相同，无法互通数据。而这些描述性文档，往往会由于阅读者专业背景的限制，造成理解偏差。如何通过构建统一明确的模型，来减少各个学科和阶段的信息交互偏差，是现代工程系统开发必须解决的关键问题之一。

5）早期验证发现问题不到位

在复杂产品的设计中，如果能早期就对系统进行验证，及时发现错误并予以纠正，可节约大量纠错成本，有效提高产品质量并缩短产品开发周期。但由于缺少早期验证手段，使得在复杂系统设计过程中发现问题的时间很晚。

2. 问题解决思路

MBSE 方法建立系统开发体系是一条比较成熟的路线。利用需求模型、行为模型及结构模型，对系统的需求、功能、物理和参数进行全面表达，将顶层系统模型逐层分解成可被硬件、软件表达的各个子模型，将子模型逐层集成整合为全系统模型。在这个过程中，模型带来的另一种便利和益处，就是可以进行系统仿真，对系统的各个层次进行透视、验证、确认与优化。

综合来看，MBSE 模式带来的预期好处有以下几个方面：

（1）采用系统工程方法，从上到下进行定义与分解，再从下到上进行集成与整合验证，以应对复杂系统与体系的设计；

（2）引入 MBSE 中的"模型"，实现对象模型化，从而保证从上到下定义分解过程保持最本源共识；

（3）系统的表达由"以文档为中心"转变为"以模型为中心"，基于统一建模语言的一系列系统模型成为全生命期各阶段产品表达的"集线器"，可以被各学科、各角色研制人员和计算机所识别，为研制组织内的高效沟通和协同奠定了基础；

（4）通过需求模型、结构模型和行为模型解决目标共识的问题；

（5）为了保证需求定义、功能分解、系统综合与整合验证过程不失真，从系统开发早期开始，就从多个维度和多个层级进行全过程系统的仿真验证。

3. 建设方案

根据建设思路，可以采用成熟的需求管理、系统设计和系统仿真等工具作为系统开发体系的信息化支撑平台。同时系统开发体系还应包括系统工程方法论、软件应用模式、最佳实践和模型库。图 9-9 给出了 MBSE 的流程。

系统设计工具通过标准建模语言 SysML 构建需求模型、功能模型和架构模型；通过需求管理工具实现需求管理；系统设计工具实现功能到架构的分

第9章 技术知识的模型化

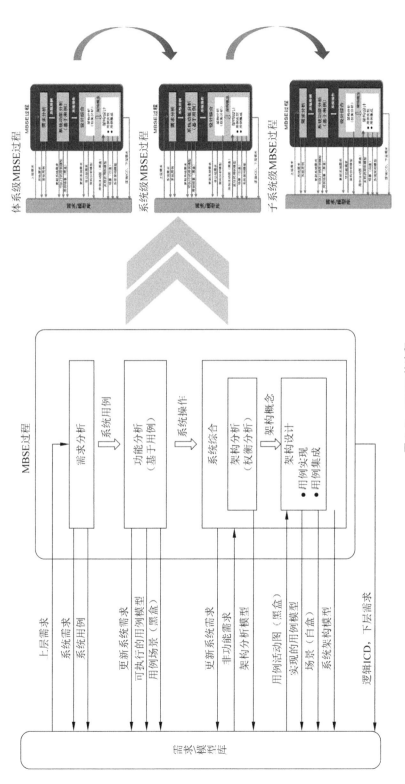

图 9-9 MBSE 的流程

解和分配；通过模型的执行，实现系统需求和功能逻辑的验证和确认；采用系统仿真工具实现系统联合仿真。

（1）根据使用需求、运行方案等，识别需求和验证策略，给出结构化的需求体系。建立追踪体系，输出需求规范和用例模型。

（2）分析系统静态结构和动态活动，完成需求和功能逻辑的验证和确认，输出系统功能模型。

（3）选择最优架构，基于模型开展功能分解和分配，识别系统内外接口。通过模型的执行，实现系统需求和功能逻辑的验证和确认。

（4）利用系统仿真工具进行系统及体系的统一建模与联合仿真，实现功能（性能）样机的协同。

4．设计工具

根据系统开发整体业务框架，基于模型的设计工具主要具有以下几个方面的能力：

（1）完成需求图、结构图和行为图的 SysML 建模，可与需求管理工具无缝集成；

（2）一种可视化编程环境，具有完整的、可定制的代码自动生成能力；

（3）统一的设计和开发环境，可进行系统调试和验证，是可扩展的体系结构；

（4）系统建模与仿真，在设计初期考虑系统功能的影响，对各个功能子系统进行多方案评估。

5．预期效果

MBSE 引入特定的建模语言与工具、建模规范与流程，以模型为基线来组织系统工程活动。工程中所有相关人员如利益方、设计方、实践方、验收方等，都能够着眼于公共认同的系统模型，需求定义、结构分析、功能分析、性能分析、仿真验证等活动全部围绕着系统模型进行。不断利用该模型来指导工程，也不断通过工程实践的反馈，来维护更新模型，以使模型与工程并行前进。

MBSE 的系统开发体系有助于理解、组织、管理复杂产品开发，贯穿于产品生命周期的各个阶段。从早期需求，到确定产品的功能，再到建立技术架构，完整考虑产品开发相关技术和业务的各方面因素，如性能、成本、采购、制造等。

MBSE 体系解决的问题涵盖多个领域、多个学科，并提供产品在各层次和各方面的定义。除了前文所述的综合益处外，MBSE 还具有以下优点：

（1）MBSE 的表达能力强大，能够做到信息与知识表达的无歧义性；

（2）模型是一个可以传承知识和成果的载体，是持续积累进而功力增强的基础；

（3）建立的系统模型具备一致性与完整性，系统模型涵盖工程全生命周期，包括需求、设计、分析、验证与确认过程，所有层级之间可贯穿、可追溯；

（4）提供一个科学严谨的系统描述方式和直观的系统表达，有助于驾驭一个大而复杂的系统和体系，可大幅提升大型复杂系统的功能和性能；

（5）提供多视角、多剖面进行系统的审视，有助于在设计初期进行验证确认，降低修改成本与风险；

（6）系统仿真使得仿真技术的应用从单学科、零组件级向多学科、系统级乃至体系级进化，真正实现对研制早期阶段和系统工程全过程的支持，实现客户需求在复杂产品系统全生命期各阶段的分析、定义、追踪和验证；

（7）有助于大团队协作。大战役需要多人多团队共同参与，基于一个统一模型来对话，可降低协同工作难度。

6. SysML 简介

SysML 是 INCOSE 和 OMG 合作发起的 SEDSIG[①]组织基于 UML 发展而成的系统工程建模语言，是 MBSE 的基础。

SysML 为系统的结构模型、行为模型、需求模型和参数模型定义了语义。结构模型强调系统的层次以及对象之间的相互连接关系。行为模型强调系统中对象的行为，包括它们的活动、交互和状态历史。需求模型强调需求之间的追溯关系以及设计对需求的满足关系。参数模型强调系统或部件的属性之间的约束关系。

SysML 与 UML 之间的关系如图 9-10 所示。

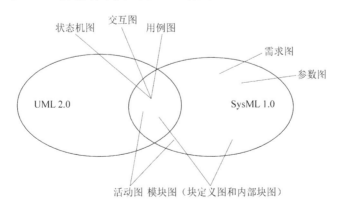

图 9-10　SysML 与 UML 之间的关系

---

① INCOSE：国际系统工程委员会；OMG：面向对象的管理组织；SEDSIG：Systems Engineering Domain Special Interest Group。

（1）需求图（requirements diagram）和参数图（parametrics diagram）是UML中所没有的新图；

（2）活动图（activities diagram）和模块图（blocks diagram）来自于UML 2.0的重用，并在SysML中进行了扩展；

（3）状态机图（state machines diagram）、交互图（interactions diagram）以及用例图（use cases diagram）是来自于UML 2.0的重用，没有进行修改。

SysML定义了9种基本图形来表示模型的各个方面。从模型的不同角度来划分，这9种基本图形分成3类：需求图、结构图（structural diagram）和行为图（behavior diagram），如图9-11所示。

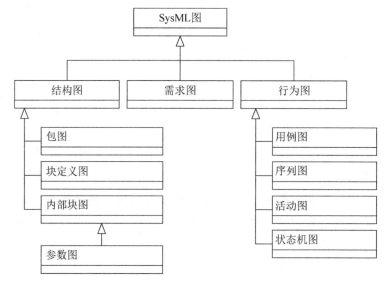

图9-11 SysML图

1）需求图

需求图用于表示基于文字的需求及其之间的关系（包含关系、继承关系以及复制关系）。

2）结构图

结构图用于表达系统的静态结构。主要有如下几种呈现方式：

（1）块定义图（block definition diagram）：用于表示模块和值类型之类的元素，以及这些元素之间的关系。块定义图通常用于显示系统层级的关系树及分类树。

（2）内部块图（internal block diagram）：用于指定单个模块的内部结构，显示模块内部组成部分之间的关系，以及它们之间的接口。

（3）参数图（parametric diagram）：用于将一种或多种约束（特别是等式和不等式）与系统的属性绑定。参数图支持工程分析，包括性能、可靠性、可用性、电力、人力和成本，还可以用于支持候选物理架构的优劣势研究。

（4）包图（package diagram）：用于显示系统模型的组织方式，这种组织方式是相互包含的层级关系。包图可能还会显示包（package）中的模型元素及包之间的依赖关系。

3）行为图

行为图用于表达系统的动态行为。主要有如下几种呈现方式：

（1）活动图（activity diagram）：用于表达控制流程，以及通过一系列动作把输入转换为输出的过程。活动图一般用作一种分析工具，以理解和表达系统所需要的行为。

（2）序列图（sequence diagram）：用于表达模块的组成部分如何通过操作调用来和异步信号进行交互。序列图通常用作详细设计工具，以精确地把一种行为指定为生命周期开发阶段的输入项。序列图也是指定测试案例的一种优秀机制。

（3）状态机图（state machine diagram）：用于表达模块的一系列状态，以及响应事件时状态之间的可能转换。状态机图和序列图一样，都可以精确说明一个模块的行为，可以作为生命周期开发阶段的输入项。

（4）用例图（use case diagram）：用于表达系统执行的用例，以及用例的发起者和其中的参与者。用例图是系统在用例发起者的协作下所执行服务的黑盒测试图。

总之，SysML是一种能够表达丰富内容的图形建模语言，为模型表示法提供了完整语义。利用SysML建立系统模型，比文档直观、精确和严谨。模型可重用、可执行和可验证，便于需求跟踪。可以把系统的结构、行为、需求和参数可视化，便于与他人沟通。一旦利用SysML建立起系统模型，未来系统的发展和进化将会事半功倍。

9.3 基于模型的快速论证

系统设计属于总体设计过程，但这个阶段的产出物是系统架构，尚未形成几何样机。而产品设计终归要形成几何样机，总体设计阶段需要利于几何样机才能最终确认总体设计的合理性。图9-12给出了飞机产品的总体论证的

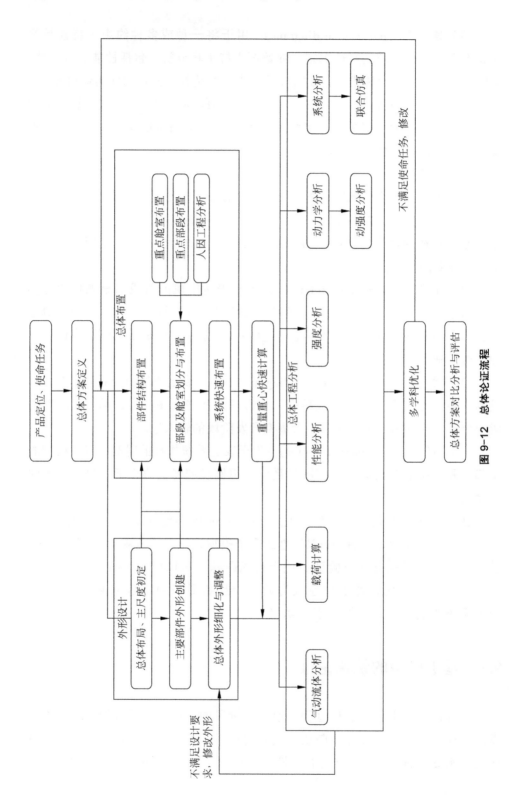

图9-12 总体论证流程

业务逻辑实例，包括外形（气动、雷达散射截面）、空间、布置、布局、重量、重心等的论证。

复杂产品的研制企业都有一个特殊部门——总体部。总体部以前主要利用会谈、电话、会议和文档的方式，通过组织和协调专业室人员完成总体论证，非常耗时，论证效果却不尽如人意。因此，今天的企业总体部需要一个总体论证系统，总体设计人员需要能够在较短时间内快速创建复杂产品的参数化三维概念模型，并能针对概念模型进行快速工程分析和多学科优化，实现对不同方案的快速设计和对比分析。先在总体部小范围快速论证，获得基本结论后再协调各专业室确认和修订，以提高总体论证的效率和质量。图9-13所示为总体论证几何样机实例。

概念阶段的总体论证不求详细和精确，但追求速度与效率。因此，利用产品已有的论证模型，快速进行数字样机的搭建与分析，来进行新产品的快速论证是可行的。利用模型化工具可以快速进行产品方案定义、方案建模、方案工程分析、多学科仿真优化、方案对比分析与评估。工具需要集成用户的自研程序、工程算法、商业分析软件、工程数据库等现有成果与经验。

1．方案快速建模

利用现有的论证模型库，快速建立论证对象的数字样机，包括外形参数化设计、结构快速设计、舱室划分与布置、系统布置、人因工程分析等。复杂产品三维模型须包括总体布局外形、主要部件结构及总体连接结构、部段及舱室划分与布置模型、系统设备布置模型。可通过参数化方式快速创建具有行业产品特点的总体布局外形，基于外形模型可以布置各部件主要结构、内部部段及舱室区域划分、主要系统设备布置，通过自行创建和导入外部模型的方式实现产品方案三维模型的快速创建。用户可以通过修改设计参数的方式实现模型快速更新和关联模型的更新，减少前期设计过程中因为模型调整而导致的大量重复性工作。由于复杂产品的使用都需要人的参与，为了提高产品的易用性和使用效率，还需要针对产品方案模型进行人因工程分析，分析人员生活工作空间、使用环境条件等。

2．快速工程分析

利用现有的工程分析模型，快速搭建分析模型，利用现有的计算模型快速进行工程分析，包括重量重心快速计算、气动流体分析、载荷计算、强度分析、动力学分析、性能分析、系统分析。复杂产品三维模型建立后，为了提高产品方案的合理性并降低仿真分析与试验的成本，有必要尽可能在前期对产品

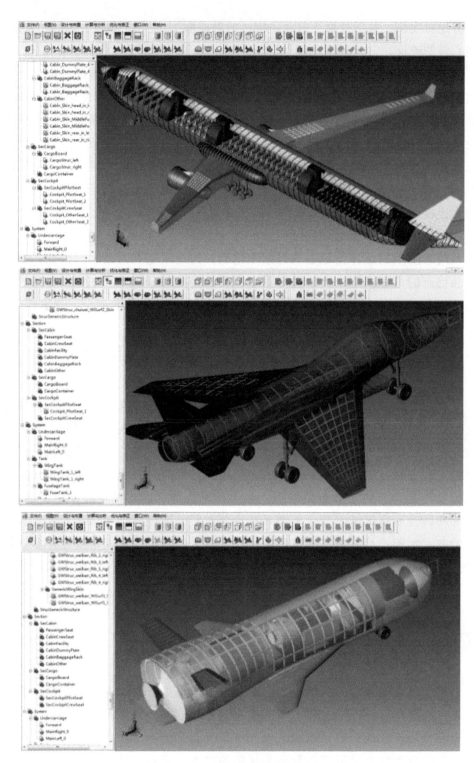

图 9-13 总体论证几何样机实例

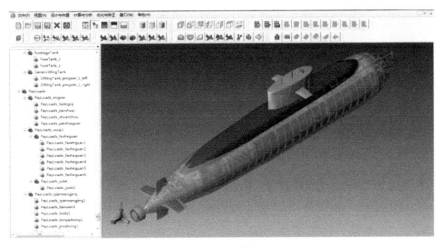

图 9-13 （续）

方案进行快速工程分析。将 CAD 三维模型通过专业算法快速转化为工程分析所需的模型，如用于气动和流体分析的外形有限元网格模型、用于结构强度及动力学分析的结构有限元网格模型。有限元网格模型与 CAD 三维模型直接相关，CAD 三维模型修改后网格模型会自动更新。基于方案三维模型及通过模型计算的相关数据，可以按照行业特点和产品设计分析特点进行多种工程分析，既可以集成现有商业软件进行快速分析，也可集成用户自研程序或工程算法实现快速计算与分析。商业软件及自研程序等都集成在软件后台，用户不需要熟悉被集成的软件和程序即可实现快速分析与计算，这将大大缩短中间数据处理和熟悉专业软件程序的时间，有效提高工程分析的效率。

3．多学科优化

将现有的优化模型（算法）加载到分析模型中，可对论证对象进行优化，包括总体参数优化、外形优化、布局优化、结构减重优化等。为了实现方案的最优化，既可以通过人为手动修改相关设计分析参数方式来实现，也可以通过多学科优化方法实现针对某一目标或某几个目标的快速优化分析。通过集成成熟的多学科分析引擎，进行适当的设置后，系统能够在一段时间内自动运行，选择满足某些目标的最优设计方案。对于系统推荐的最优方案，用户还可以根据经验对方案进行人为判断，通过对某些参数的调整来获得在工程上可实现的总体方案。

4．方案对比分析与评估

为了提高复杂产品方案竞争力，在能力、周期和人力资源条件具备的情况下，研制部门往往希望能够针对同一研制需求进行多个方案的设计与分析，每个方案均从不同的侧重点进行设计。为了从多个方案中选优,需要对方案进行无量纲化指数评估。通过对各指标设置不同的权重,来选择满足使用需求的最优方案。可以进行分系统性能指数评估、总体性能指数评估、研制风险评估和研制成本评估,实现多个设计方案以及现有产品方案之间的评估与对比分析,最终获得满足用户需求的产品方案。

5. 工程数据库

以上过程所提及的论证相关模型,可利用工程数据库进行管理。常用工程数据库可实现参考数据的统一管理、共享和快速灵活调用,包括材料库、翼型库、型线库、参数化模型库、成品设备库、标准件库、标准规范库、设计知识库、产品总体参数实例库等。

9.4 基于仿真模型的虚拟试验

1. 虚拟试验概述

随着现代技术的发展,产品越来越复杂。产品的性能和复杂性均不断提高,传统试验方法已无法满足客户对加速装备研制和部署、降低研制风险和成本、提高经济可承受性的需求。于是,在信息技术、仿真技术等飞速发展和广泛应用的推动下,从20世纪80年代起,各国开始寻求产品试验验证技术的变革,虚拟试验是其中一项重要策略。

虚拟试验是一种贯穿于复杂产品研制全生命周期,涉及关键系统数据产生、获取、分析和评价的系统工程。在产品研制过程中,采用虚拟试验技术可以解决大型试验设施能力不足问题,减少试验投资,缩短研制周期。例如,美国在研制第四代攻击机F-35项目时就提出目标:从设计到飞行试验全面数字化,研制周期比F-22缩短一半,风洞吹风试验减少75%,试飞飞行架次减少40%,定型试验周期缩短30%。

虚拟试验是计算机仿真技术、科学计算可视化和虚拟现实技术有机结合的产物,是解决仿真、试验、计算结果可视化问题的有效手段。虚拟试验是在长期积累的大量数据、虚拟样机模型、动力学模型以及环境模型的基础上,利用高性能计算机、网络环境、虚拟仿真系统和各种虚拟现实设备,建立能方便进行人机交互操作的环境。在此环境中对虚拟样机进行试验,用可视化的方法观察被测物体的性能及其间的相互关系,并对试验结果进行分析与研究。

虚拟试验能够减少研制过程的盲目性和不确定因素，增强决策的合理性和科学性。通过构建虚拟试验平台，不仅可以部分取代实物试验，增强决策的合理性和科学性，而且还可以实现产品虚拟样机和实物样机在同一个网络化平台上的验证、修改及优化。

以数字化研制技术逐步取代依赖于大量实物试验的传统研制技术，通过虚拟试验进行复杂产品系统研制是试验和测试技术发展的必然趋势。近年来，国外在虚拟试验验证技术领域发展迅速。虽然该技术仍处于探索、建立和完善的过程中，但该类技术发展迅猛，并且已经在产品研制周期的全过程中得到应用。例如：

（1）2006年，波音787举行了虚拟首发式。整个787采用了完全的数字化设计、试验、装配，没有实物样机。总计16TB的设计和试验数据，且在全世界协同研制。虚拟试验验证技术作为核心技术之一发挥了重要作用。787大型试验均在虚拟环境中进行，大大降低了研制风险，研制周期从5年缩短到4年。

（2）美军F-22、JSF等四代战斗机的气动载荷计算、油箱方案优化、流场分析等采用虚拟试验验证技术。

（3）美国航空业两巨头波音和洛·马公司在竞标JSF项目时，都建立了虚拟试验验证系统用以研制和测试新战机，并训练飞行员和地勤人员。在两家公司的飞机试飞前，已在虚拟系统上进行了数千小时的虚拟试验。

虚拟试验体系建设是我国科技发展的迫切要求。我国在虚拟试验验证技术领域的研究处于起步阶段，在技术、规范等方面的研究和成果与国外相比还存在较大差距。但是，我国经过10年左右的发展，已经在某些系统的虚拟试验领域取得了一定进展，对该领域的技术研究起到了示范作用，也为应用技术的研究奠定了基础。

当前，国家重大科技工程，如大飞机、探月工程、新一代运载火箭工程等，在规模、难度、新颖性、复杂性和综合性方面，都对虚拟试验体系提出了发展需求。为降低研制风险，对一些重要系统和关键技术必须进行虚拟试验验证。验证其关键系统（如动力、控制、探测等）的性能技术指标及应用成熟程度，以及对关键子系统在整机（系统）中实现的功能和作用等。

如今，虚拟试验验证技术正朝着规范化、集成化、体系化的方向发展。企业的当务之急是构建虚拟试验支撑软件平台框架，制定出适合高端复杂产品研制试验需求、自顶向下的虚拟试验验证标准规范体系，进而推动产品研制技术的变革。

2. 体系建设思路

虚拟试验是指在虚拟的试验环境条件下，利用计算机技术、建模技术、仿真技术、通信技术、网络技术和数据管理技术，对建立的各种组件或系统的数字模型进行数字化的试验，是评估和验证产品组件或系统的性能是否达到预定设计要求的活动。虚拟试验体系能够把设计验证的模式从传统实物验证转变为"试验建模→仿真与虚拟试验→改进模型→实物验证"的虚实结合模式。

可以考虑从以下几个方面入手进行虚拟试验体系的建设：

（1）构建虚拟试验软件支撑平台，搭建虚拟试验环境。在虚拟试验软件支撑平台上，试验者能够将试验产品（虚拟原型）"安装"在虚拟试验环境下进行"试验"。借助仿真技术、交互式技术和试验分析技术，使设计者在设计阶段就能对产品运行性能进行评价或体验。

（2）通过构建试验模型库及虚拟试验样机管理机制，解决试验模型的统一管理、改进等问题。

（3）虚拟试验过程和任务能被统一管理和调度。工程师能够通过交互界面完成虚拟试验的数据监视与执行控制。

（4）通过构建试验评估机制，实现虚拟试验结果的分析、评估与参数修正。主要对虚拟试验过程中收集到的数据进行分析，确定试验结果的合理性，分析试验参数的灵敏度，为产品设计和实物试验提供支撑。

（5）进行虚拟试验数据的全生命周期管理，获取外部实物试验数据，并进行虚实对比分析。

（6）研究我国高端复杂产品的虚拟试验验证标准规范体系。

综上所述，通过构建虚拟试验软件支撑系统，工程师应能够在平台上管理虚拟试验样机，搭建虚拟试验环境，调度试验任务，开展各种虚拟试验，评估试验模型和结果，并把试验数据管理起来。

3. 体系建设方案

根据建设思路，搭建虚拟试验的信息化支撑系统，同时应建设虚拟试验验证标准规范体系、虚拟试验模型库、高性能计算及基础IT平台、基础仿真工具体系以及信息化平台与外部试验的接口。体系整体框架如图9-14所示。

虚拟试验系统由虚拟试验交互界面、试验环境搭建、试验结果评估、试验模型管理、试验数据管理、仿真工具及调度管理，以及与实物试验管理系统接口等模块组成，如表9-1所示。

第9章 技术知识的模型化

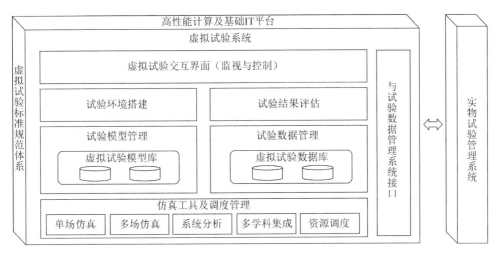

图9-14 虚拟试验体系整体业务框架

表9-1 虚拟试验系统的模块组成及其主要功能范围

序号	模块	主要功能范围
1	虚拟试验交互界面	实现虚拟试验任务的统一管理、虚拟试验的监视与控制。包括： （1）虚拟试验数据监视 （2）虚拟试验控制（人机反馈） （3）虚拟试验任务统计 （4）虚拟试验任务状态管理
2	试验环境搭建	完成试验对象、设备、环境的配置，试验数据的采集，人机接口及仿真引擎的设定。主要功能包括： （1）试验对象设定与配置 （2）试验设备与环境配置 （3）测试与控制（数据采集） （4）人机接口设定（操控） （5）仿真引擎设定（计算类别）
3	试验结果评估	对虚拟试验的结果数据进行分析，并将虚拟试验数据与TDM系统中的实物试验数据进行对比分析，确定试验结果的合理性及试验模型的正确性，为试验模型的改进提供依据
4	试验模型管理	实现虚拟试验模型的定义、存储与管理，主要功能包括： （1）虚拟试验模型定义 （2）软件驱动接口 （3）软件间数据模型接口 （4）虚拟试验模型统一管理 （5）虚拟试验模型版本管理 （6）虚拟试验模型全生命周期管理

续表

序号	模块	主要功能范围
5	试验数据管理	对虚拟试验数据进行统一管理。主要功能包括： （1）数据统一管理 （2）数据检索 （3）数据可视化 （4）数据对比分析
6	仿真工具及调度管理	实现仿真工具的管理和调度。主要功能包括： （1）仿真工具管理 （2）License 资源整合 （3）硬件资源整合 （4）作业调度，多用户多任务并发 （5）简化高性能计算操作
7	与 TDM 系统接口	用于获取外部实物试验数据

虚拟试验标准规范体系应包括虚拟模型描述方法、虚拟试验过程的组织管理方法、虚拟试验数据分析方法、虚拟试验模型校验和修正方法等相关标准规范。

9.5 基于模型的定义

传统的产品定义技术主要以工程图为主，通过专业的绘图反映出产品的几何结构及制造要求，实现设计和制造信息的共享与传递。基于模型的定义（MBD）以全新的方式定义产品，改变了传统的信息授权模式。它以三维产品模型为核心，将产品设计信息与制造要求共同定义到该数字化模型中，通过对三维产品制造信息和非几何管理信息的定义，实现更高层次的设计制造一体化。

MBD 是一种超越二维工程图实现产品数字化定义的全新方法，使工程人员摆脱了对二维图样的依赖。MBD 是一套管理和技术体系，并不仅仅是一个带有三维标注的数据模型。MBD 使制造信息和设计信息共同定义到三维数字化模型中，使其成为生产制造过程的唯一依据，实现 CAD 和 CAM（加工、装配、测量、检验）的高度集成。ASME Y14.41、BDS 600 系列等标准是 MBD 的重要基础，这些标准的制定促进了 CAD 软件公司参照其开发软件新功能，使 MBD 的思想得以实现，并很快应用到以波音 787 为代表的生产实践中。

1. MBD 的产生

三维 CAD 替代二维 CAD 已成为设计主流，但在通常的三维 CAD 系统中，工程技术人员所建立的产品数字化模型仅仅是三维几何模型，而制造工艺信息还在二维图样上。这样仅依据三维几何模型往往难以进行产品的生产和检验。也就是说，三维模型中没有让技术人员以清晰确定的方式，将工艺、模具设计与生产、部件装配、部件与产品检验等工序所必需的设计意图添加进来。即三维模型虽然包含了二维图样所不具备的详细几何形状信息，但却不包括尺寸及公差的标注、表面粗糙度、表面处理方法、热处理方法、材质、结合方式、间隙设置、连接范围、润滑油涂刷范围、颜色、要求符合的规格与标准等非几何信息。另外，在三维建模中，基于形状的注释提示、关键部位的放大图和剖面图等能够更为灵活而合理地传达设计意图的手段也存在不足。这在实际工程中就会产生既使用三维模型，又离不开二维图样的矛盾状态。这些在实际生产中遇到的问题是 ASME 关于 MBD 技术标准研制的根本动力，并推动了 ASME Y14.41—2003 标准的颁布。与此同时，以波音公司为代表的世界顶级制造企业和软件厂商也在加紧在此标准基础上开发与应用，进一步发展基于模型的定义技术。目前 MBD 技术及其相关标准仍在不断发展中。

2. MBD 与传统工程图样的比较

传统工程图样以投影法为基础来表达一个产品的设计模型，在图纸上用线条定义出产品的结构形状、尺寸、用标注、符号和文字来说明工艺指令信息。

在数字化时代，随着产品结构日益复杂和构型频繁更改，工程技术人员将越来越深地体会到传统工程图样的缺点和不便。例如：①对于任何结构形状和尺寸的变化，都必须重新绘制，给二维工程图样的生成、更改与维护带来了极大不便；②只提供产品结构在不同视图中的平面投影，无法直观反映产品的立体结构，导致生产人员无法快速、正确地理解设计意图；③二维 CAD 技术是对工程图样的一种硬复制，对曲面造型和生产过程中的新型制造和加工技术（如 NC 技术）缺少有效支持；④在三维建模技术出现以后，由于设计过程中缺乏必要的工艺信息，制造人员仍然要依靠工程图样来建立制造准则，出现了同时依赖三维模型和二维工程图样的局面。

MBD 方法是以产品的几何模型为核心，将所有相关的工艺描述、属性、管理等信息都附着在产品的三维模型中的先进的数字化定义方法。MBD 方法将需要定义的信息按照模型的方式组织，是具有三维模型的完整产品定义，包含了对产品几何形状信息和非几何形状信息的定义。它不再使用或依赖于二维图样或正投影视图为主要制造依据，是数字化定义的最新阶段。MBD方法具有以下明显优势：

（1）MBD方法以三维模型为核心，集成了完整的数字化产品定义信息，使加工、装配、测量、检验等过程实现高度集成，解决了二维工程图的不足，直接解决了二维工程图样管理和维护的一致性问题；

（2）三维模型可以很好地表达曲面造型，实现了对新型制造和加工技术（如NC技术）的有效支持；

（3）三维模型可以使各职能人员准确、直接地理解设计意图，减少了读图工作量以及由此可能带来的理解偏差。

3. 数字化产品定义规范

美国机械工程师协会颁布的数字化产品定义规范（ASME Y14.41—2003 Digital Product Definition Data Practices）是基于模型定义的基本规范要求的基础。这一标准是数字化技术发展时期顺应工业领域的应用需求而提出的。规范制定始于业界顶端航空制造业。1997年1月，在波音公司主持的会议上确定了对这一规范的需求，以波音公司多年数字化制造经验为基础，经过几年的修订，规范于2003年7月7日被批准为美国国家标准，这期间三维设计系统的发展也使得标准的内容不断扩充。

ASME Y14.41—2003标准建立了应用于数字化产品定义的数据集要求及参考文档。这一标准和其他现行ASME标准（如ASME Y14.5M—1994(R1999)，尺寸和公差标注）配套使用。它支持两种应用方法：①仅使用模型（三维）；②模型与数字化格式的图样（二维工程图）相结合。标准规定从对这两个方法的公共要求开始，然后分别叙述其他各部分对这两种方法的各自要求。

标准还对三维CAD软件提出了建模和标注功能的要求，直接促进了CAD软件三维标注功能的发展，CAD软件公司已把此标准设计到软件中。波音公司在此标准基础上根据公司具体实践制定了BDS 600系列标准，并在2004年开始的波音787客机设计中，全面采用基于模型定义的新技术。这使得三维产品制造信息（product manufacturing information，PMI）与三维设计信息共同定义到产品的数字化模型中，使CAD和CAM（加工、装配、测量、检验等）实现真正的高度集成，可不再使用二维图纸。2006年，ISO颁布了ISO 16792，规定了全面的三维模型标注规范，数字化技术的应用有了跨越式发展。

4．MBD 数据集

根据 ASME Y14.41—2003 标准规定，数字化产品定义（digital product definition，DPD）数据集可以下面 4 种格式之一存在：

（1）DPD 数据集包括三维 CAD 模型和全尺寸标注的二维图样；

（2）DPD 数据集包括三维 CAD 模型和标注了工程要求但未标注全尺寸的二维工程图；

（3）DPD 数据集仅包括三维模型，工程要求在三维模型里以文本显示；

（4）DPD 数据集仅包括模型和工程要求。

这 4 种方式都可以认为是 DPD 方式，第二种有时称为缩减尺寸工程图样（reduced dimension drawing，RDD）或简化图样（simplified drawing，SD），第三种和第四种方式称为基于模型的定义方法，如图 9-15 所示。

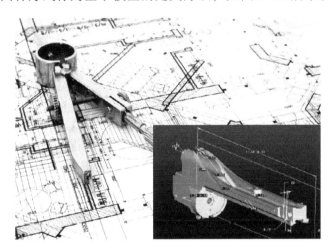

图 9-15　MBD 支撑丰富的数据集格式

5．MBD 数据集的基本内容

MBD 数据集提供完整的产品信息，集成了以前分散在三维模型与二维工程图样中的所有设计与制造信息。零件的 MBD 数据集包括实体几何模型、零件坐标系统、尺寸、公差和标注、工程说明、材料需求及其他相关定义数据。装配件的数据集包括装配状态的实体几何模型、尺寸、公差和标注、工程说明、零件表或相关数据、关联的几何文件和材料要求。其中，工程说明由标注注释、零件注释、标注说明（与特殊工程需求有关的说明）组成，如图 9-16 所示。

全三维基于特征的表述方法，基于三维主模型的过程驱动，融入知识工程和产品标准规范是 MBD 技术的核心思想。它用一个集成的三维实体模型来完整地表达产品定义信息，将制造信息和设计信息（三维尺寸标注及各种制造信息和产品结构信息）共同定义到产品的三维数字化模型中，从而取消二维工程图纸，保证设计和制造流程中数据的唯一性。MBD 技术不是简单地在三维模型上进行三维标注，它不仅描述设计几何信息而且定义了三维产品制造信息和非几何的管理信息（产品结构、PMI、BOM 等），它通过一系列规范的方法能够更好地表达设计思想，具有更强的表现力，同时打破了设计制造的壁垒，其设计、制造特征能够方便地被计算机和工程人员解读，有效地解决了设计、制造一体化的问题。

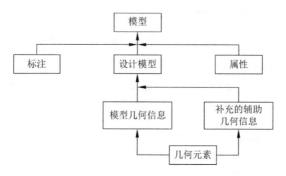

图 9-16　MBD 模型的基本内容

MBD 模型的建立，不仅是设计部门的任务，工艺、检验都要参与设计的过程中，最后形成的 MBD 模型才能用于指导工艺制造与检验。MBD 技术融入知识工程、过程模拟和产品标准规范等，将抽象、分散的知识集中在易于管理的三维模型中，设计、制造过程能有效地进行知识积累和技术创新，成为企业知识固化和优化的最佳载体。

6. MBD 的 4 个关键点

（1）MBD 模型数据的完整表现。MBD 模型数据包括设计模型、注释、属性。其中，注释是不需要进行查询等操作即可见的各种尺寸、公差、文本、符号等。而属性则是为了完整地定义产品模型所需的尺寸、公差、文本等，这些内容图形上是不可见的，但可通过查询模型获取。为了在模型三维空间很好地表达 MBD 模型数据，需要有效的工具来进行描述，并按照一定的标准规范组织和管理这些数据，以便于 MBD 模型数据的应用。

（2）面向制造的设计。由于 MBD 模型是设计制造过程中的唯一依据，需要确保 MBD 模型数据的正确性。MBD 模型数据的正确性反映在两个方面：一是 MBD 模型反映了产品的物理和功能需求，即客户需求的满足；二是可制造性，即创建的 MBD 模型能满足制造应用的需求，该 MBD 模型在后续的应用中可直接应用。

（3）数字化设计与工艺制造的协同。MBD 的重要特点之一是设计信息和工艺信息的融合和一体化，这就需要在产品设计和工艺设计之间进行及时的交流和沟通，构建协同的环境及相应的机制。

（4）MBD 模型的共享。通过 MBD 模型一次定义，多次多点应用，实现数据重用的最大化。

7．数据管理

在二维图中大部分置于标题栏中的管理数据，在 MBD 中可置于模型上或者与模型分离的数据集中，可包括应用数据、审签信息、数据集标识、设计传递记录、数据集的修订版历史等内容。置于模型上的管理数据将放在管理数据标注平面上或用等效的方法。标注平面可与模型一起显示，但管理数据标注平面将不与模型一起旋转。置于模型上的管理数据将包括但不仅限于ASME Y14.41M 注解、CAD 维护标记、设计活动标识、复制原件标记、分项标识、米制标记、导航数据等内容。

数据管理系统将提供控制和跟踪数据集信息的能力。这一系统可包含工作进展状态、数据评审状态、模型检查状态、发放状态、设计工具和版本以及各种数据库等。二维图上的第一和第三角标记在 MBD 模型中不要求标注。

数据集依据工程图标注（ASME Y14.100）来审批。将在产品全生命周期里被控制和利用。修订版历史信息将依据工程图样和相关文档的修订标准（ASME Y14.35）保留在数据集中。

8．基于模型的产品生命周期管理是 MBD 的发展方向

基于模型的产品生命周期管理（MB PLM）是 MBD 思想、方法和技术在产品全生命周期中的全面应用，是一种技术资源模型化的综合与高级形态。它采用建模与仿真技术对其设计、制造、产品支持的全部技术和业务流程进行彻底改进、无缝集成以及战略管理。利用产品和过程模型来定义、执行、控制和管理企业的全部过程。并采用科学的模拟与分析工具，在产品生命周期（PLM）的每一步做出最佳决策，从根本上减少产品创新、开发、制造和支持的时间和成本。

从技术上讲，MB PLM 就是要基于 MBD 在整个企业和供应链范围内建立一个集成和协同化的环境，各业务环节充分利用已有的 MBD 单一数据源开展工作，使产品信息在整个企业内共享，快捷、无缝和低成本地完成产品从概念设计到废弃的部署,有效缩短整个产品的研制周期,改善生产现场工作环境，提高产品质量和生产效率。

MB PLM 已成为当代先进制造体系的具体体现，代表了数字化制造的未

来。美国陆军军事学院指出："如果恰当地构建企业 MB PLM 的能力体系，能够减少 50%～70% 的非重复成本，能够缩短达 50% 的上市时间。"基于此，美国国防部长办公厅明确指出，将在其所有供应链中各企业推行 MB PLM 体系，开展 MB PLM 的能力等级认证。全世界众多装备制造企业也逐步加入到 MB PLM 企业能力建设的大军中。由此可见，MB PLM 已不再单纯是一项新技术、新方法的应用和推广，而是上升到国家战略和未来先进制造技术的高度，它的研究应用成功与否将关系到未来制造业的新格局。

作为一种数字化制造的实体，MB PLM 在统一的基于模型的系统工程（MBSE）指导下，通过创建贯穿企业产品整个生命周期的产品模型、流程管理模型、企业（或协作企业间的）产品管理标准规范与决策模型，并在此基础上开展与之相对应的基于模型的工程（MBe）、基于模型的制造（MBm）和基于模型的维护（MBs）的实施部署，为下节讨论的"基于模型的企业"（MBE）建立基础，如图 9-17 所示。

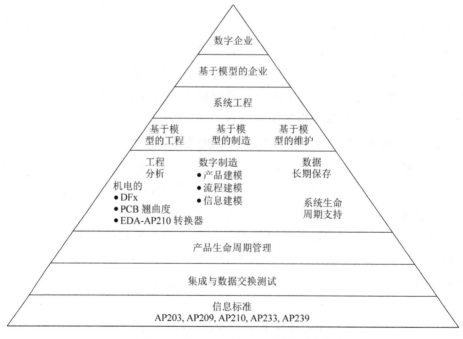

图 9-17　MB PLM 为基于模型的企业建立基础

MBe、MBm 和 MBs 作为单一数据源的数字化企业系统模型中的三个主要组成部分，涵盖了从产品设计、制造到服务的完整的产品全生命周期业务。以 MBD 主模型为核心在企业各业务环节顺畅流通和直接使用，从虚拟的工程设计到现实的制造工厂直至产品的上市流通，基于 MBD 的产品模型始终服务于产品生命周期的每个阶段。

MB PLM 企业的能力在强调 MBD 模型数据、技术数据包、更改与配置管理、企业内外的制造数据交互、质量需求规划与检测数据、扩展企业的协同与数据交换等方面的同时，更加强调扩展企业跨供应链的产品全生命周期的 MBD 业务模型和相关数据在企业内外顺畅流通和直接重用。

构建完整的企业 MB PLM 能力体系是企业的一项长期战略，在充分评估企业能力条件的基础上，统一行动，以 MBD 模型为统一的"工程语言"，在基于模型的系统工程方法论指导下，全面梳理企业内外产品全生命周期业务流程、标准规范，采用先进的信息技术，形成一套崭新的、完整的产品研制能力体系。

9.6 基于模型的企业

基于模型的企业（model based enterprise，MBE）是技术资源模型化的完整和终极形态，把企业的知识利用产品模型和过程模型的维度进行综合的形态。

当今数据库信息系统都易得，泛在网络使得互联互通很方便。在这一背景下，基于模型来建立和运行企业成为可能。国外学者在信息化推进中早已深刻认识到数字化企业外壳下的核心是模型。没有好的模型会有什么结果？数据库中的数据杂乱无章，信息系统整体效率低下，企业协作困难重重，新零部件层出不穷，重复研究比比皆是。因此，国外提出了 MBE 概念。

企业将其在产品全生命周期中和各种过程中所需要的数据、信息和知识进行整理，结合信息系统，建立便于系统集成和应用的产品模型和过程模型。通过模型进行多学科、跨部门、跨企业的产品协同设计、制造和管理，支持技术创新、大批量定制和绿色制造。整个企业表现出高度的智慧、快速的反应能力、优良的人机友好性和知识共享性。

1. 企业相关的模型

1）模型的定义

对于不同学科和不同应用场景，模型有不同的定义，如：模型是一种具体事物的抽象；模型是一种标准、规范；模型是一种信息模板；模型是数据、信息、知识的集成模式等。MBE 中的模型很多，有不同定义，如：产品设计、制造和管理知识的封装；信息系统的运作程序和规范；产品生命周期进化的控制程序等。

理想 MBE 模型的主要特性如下：

（1）目的性：提供某一问题的解决方案。

（2）完整性：模型包括解决某一问题所需要的数据、信息和知识。

（3）集成性：模型与其他模型和软件容易集成。

（4）封装性：通过封装，模型具有使用方便的特点；在使用时，可以不必知道其内部的结构和运行情况，并且模型与环境的集成也比较方便。

（5）开放性：模型中的知识容易添加、修改和关联。

（6）规范性：模型描述、建立和使用都有一套标准规范。

（7）透明性：模型中的数据、信息和知识的关系和变化对用户是清晰透明的。

（8）自主性：在一定条件下，自主启动，自主运行进化，自主结束。

（9）自适应性：模型随着外部环境的变化逐渐完善，与环境更加融合。

2）模型的分类和作用

顾新建等人在《基于模型的企业 MBE》中，将企业中的模型分为两大类：产品模型和过程模型，如图 9-18 所示。本书摘录如下。

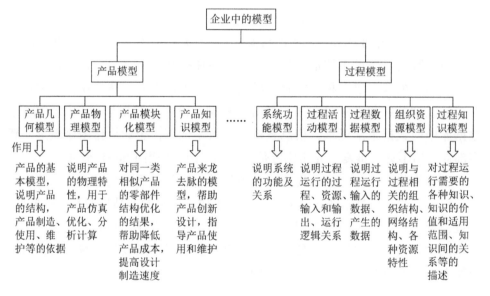

图 9-18　企业中的模型分类

3）产品模型

产品是制造企业的主要输出，产品需要不同部门和企业的协作，需要经过需求、概念、功能、结构、工艺等设计阶段，经过原材料采购、加工、测量、装配等制造阶段，现在越来越多的制造企业还需要负责产品的安装、使用、保养、维修、回收等服务阶段。数字化技术已经覆盖整个过程，但需要面向产品生命周期的统一模型。产品模型的形式有如下几种：

（1）产品实物：与产品在形状等方面类似，如用快速原型机制造得到的模型。

（2）产品工程图：产品信息的文本描述，这是机械产品的工程师语言，可以据此相互交流产品信息。

（3）产品数学：对产品运行机制的理论描述。

（4）产品虚拟：在计算机中模仿产品实物的模型。

（5）产品几何：描述产品的几何信息。

（6）产品模块：描述一类相似零部件的结构特性，包括模块主模型、事物特性表、主结构、主文档等。

（7）产品知识：描述产品所需要的知识。

4）过程模型

如何将产品从概念变为实物再到使用，这需要许多过程的支持。过程模型可以按照过程的阶段性划分，如设计过程、某零件的加工工艺过程、产品的维修过程等。过程模型包括系统功能模型、过程活动模型、过程数据模型、组织资源模型、过程知识模型等。过程模型不仅可以描述各种过程，而且可以进行过程仿真，还可以自动生成软件。这使得一般的管理人员也能自己开发和维护软件，直接将自己的知识转变成模型，进而转变成软件。过程模型是模式知识范式化的进一步发展，是上升到企业模型高度的一种新形态。

2．MBE 的进化和分类

一种比较理想的 MBE 场景是：

（1）用户需要一种特别的产品（如汽车）；

（2）企业提供需求模型（又称模板），让用户方便准确描述需求；

（3）需求模型自动转变为产品的虚拟结构模型（这是模块化的产品，因此可以分解为一系列的模块，其中绝大部分模块是标准模块）；

（4）产品虚拟结构模型在各种 CAX 系统中仿真分析，得到产品的性能、价格、交货期等信息，企业与用户多次反复协商，最终确定产品结构；

（5）标准模块按照固化在供应链管理系统中的生产管理模型，由不同专业企业制造，成本低，交货期短；

（6）少量专用模块的结构模型转变为加工程序，由加工中心或增量加工机床加工得到；

（7）结构模型转变为测试程序模型，由三坐标测量仪进行测试；

（8）所有模块几乎同时集中到用户附近的 4S 店组装，用户很快得到想要的产品（在使用中，用户希望产品升级，企业通过更换模块，马上满足用户要求。这里所有的数据、信息和知识都在模型中）。

图 9-19 所示为反映以上理想场景的 MBE 的体系结构。

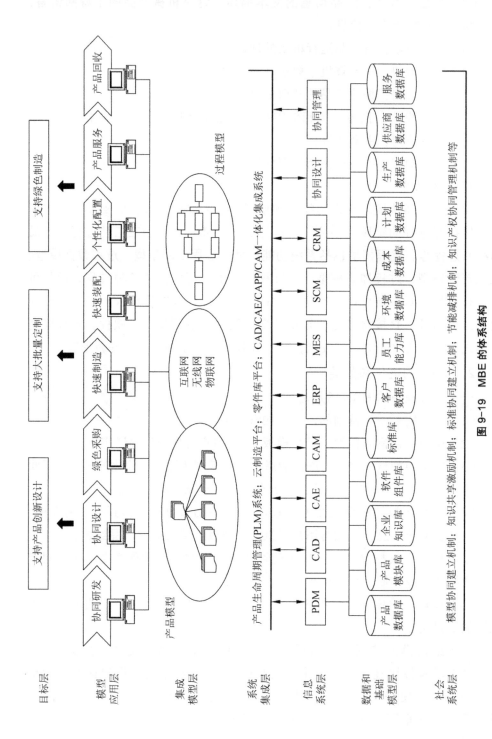

图 9-19 MBE 的体系结构

第 9 章 技术知识的模型化

MBE 是逐步进化的,进化的主线是知识的数量、质量以及知识的组织形式。企业知识分为不同维度:显性知识和隐性知识、组织知识和个人知识、外部知识和内部知识、通用知识和专用知识、分散的知识和集成的知识、产品知识和过程知识等。相应地,MBE 的进化方向包括隐性知识显性化、个人知识组织化、外部知识内部化、专用知识通用化、分散知识集成化等。这些进化的载体就是模型。表 9-2 给出了各类企业类型的 MBE 特征。

表 9-2 各类企业类型的 MBE 特征

模型类型	级别	企业类型	企业中技术系统		企业中的社会系统
			系统中的模型	系统的硬件和软件	
基于通用模型的企业	1	基于模型内嵌系统的企业	系统运行的模型可以很复杂,但模型已由供应商嵌入系统,因此企业操作很简单	自动机床、自动生产线等	高度标准化的工作,员工简单培训
	2	基于规则模型的企业	系统运行的模型严格按照一定的规则确定算法编制模型,用于控制边界条件清晰、过程变化有规律的系统的运行	PLC 控制系统、数控加工系统、机器人控制系统等	要求有基于规则的建模能力,需要适当培训
	3	基于计算机辅助系统的企业	计算机辅助系统中内嵌的模型帮助减少重复的、简单的、规范的工作,使用户专心进行创新。系统内嵌模型是计算机辅助系统厂家的知识结晶	CAD/CAE/CAPP/CAM 系统等	计算机辅助系统中的内嵌模型,具有使用简便、用户独立使用的特点
	4	基于标准流程模型的企业	模型由标准的数据及流程建立,主要对已知的通用问题求解	财务管理系统、库存管理系统等	企业按照模型要求理顺流程和数据就能实施相应的信息系统
	5	基于产品统一模型的企业	如产品统一模型、虚拟产品模型。模型含有不同系统间的转换接口,可以实现模型在系统间的自动转换和集成	CAD/CAE/CAPP/CAM 一体化集成系统	产品统一模型需要不同软件,公司和团队的协同需要建立相关标准,但对用户而言只是使用问题

续表

模型类型	级别	企业类型	企业中技术系统		企业中的社会系统
			系统中的模型	系统的硬件和软件	
基于产品和过程集成优化模型的企业	6	基于过程集成模型的企业	如产品生命周期模型、生产管理集成模型等，是协同设计、制造和管理的基础。模型包含各部门各协作企业需要集成和交互的信息，需要跨部门或跨企业协同建立	PDM/PLM、协同设计、工作流管理、ERP/SCM/CRM等系统	需要进行跨部门的并行工程、流程和数据规范、制度设计、优化模型，其中人的集成和企业的集成是关键
	7	基于模块化模型的企业	产品模块化模型是面向企业行业乃至跨行业建立的通用模型，可以减少重复设计，支持分工专业化，降低成本	产品零部件模块化分析和建模系统、基于产品模块化的CAD/CAE/CAPP/CAM一体化集成系统、PDM/PLM系统、基于网络的零件库、可重构的制造系统	需要设计人员有较强的全局观和责任感，需要有着眼于长远利益的激励机制，需要各种标准的支持
基于知识模型的企业	8	基于知识模型的企业	知识模型主要分为：（1）知识价值模型（描述知识的领域价值等）；（2）知识关联模型（描述知识的分类进化相似等关系，可采用知识进化图技术系统等描述）；（3）知识分布模型（隐性知识在员工中的分布情况）	知识管理系统、知识共享平台、计算机辅助创新系统	需要员工参与知识发布评价和应用，需要对员工的知识共享参与度和知识水平进行评价，需要相应的激励机制和文化，需要内部的知识产权制度
基于独特知识嵌入模型的企业	9	基于独特知识嵌入模型的企业	独特知识（如复杂产品的设计制造等关键知识）是企业员工长期研究和工作的知识结晶，是一流企业的核心竞争力。独特知识嵌入模型并通过软件系统实施，使得独特知识具有可操作性	嵌入了独特知识模型的CAD/CAE/CAPP/CAM系统、决策支持系统、智能生产管理系统等	需要员工自愿将多年积累的独特知识整理成模型嵌入系统，使知识具有可操作性，需要相应的制度激励机制和文化

续表

模型类型	级别	企业类型	企业中技术系统		企业中的社会系统
			系统中的模型	系统的硬件和软件	
基于智慧模型的企业	10	基于智慧模型的企业	智慧模型是未来的理想模型，能够解决目前模型存在的透明性、协同性、自优化性、人机友好性较弱等问题	智慧的产品设计、生产管理、供应链管理、制造加工等系统，具有越使用越聪明、快速适应环境变化、善于了解人的意图等特点	跨企业跨行业的员工协同建立和优化各种模型

不同类型的 MBE，其实施方法不同：

（1）基于通用模型的企业：购买现成的通用模型和系统即可。一般情况是系统中嵌入了通用模型，买来即用，实施容易。

（2）基于产品和过程集成优化模型的企业：需要一套优化方法，需要对未来的变化有比较准确的预测，需要对企业产品和过程有比较全面的了解，可以请外部咨询公司帮助建立产品和过程集成优化模型。

（3）基于知识模型的企业：需要员工主动、负责地进行隐性知识显性化、个人知识组织化。信息系统可以帮助员工发布、使用知识，进一步帮助对员工行为的跟踪、统计、分析和评价。通过制度设计，可以建立知识模型，但一种知识共享文化的实现需要企业长期的努力。

（4）基于独特知识嵌入模型的企业：这里的关键是要求企业本身是行业的佼佼者，有长期的行业领先的经验知识；能够发挥员工的积极性和创造性，员工将长期积累的经验做成模型嵌入信息系统。

（5）基于智慧模型的企业：这是未来企业的发展方向，是一种学习型企业，使计算机的优势和人的优势得到很好的发挥和集成。

总之，MBE 的模型类型及相应的实施方法，反映了企业知识工程的成熟度层级、模型化的程度及知识嵌入到企业的深度。

第 10 章
知识资源的全息化

看似显性化的知识，其中仍然蕴含着丰富的隐性知识，特别是大量知识聚集在一起时，能反映出更为复杂的知识和智慧。在许多看似杂乱无章、称不上是知识的数据海洋中，也会发现有用的知识。这一点在近几年的大数据技术和应用领域得到了验证。另外，不论我们用何种方法来分类、加工和应用知识，其实都只触及知识有限的几个角度、维度或层次。通过大数据技术有可能从更为广泛的角度和层次来洞察数据，获得更丰富和全面的知识。虽然本书主张知识分为实物、数据、信息、模式和技术等类别，但归根结底，这些知识都是以"数据"这种形式来表达，开辟了一条"利用大数据智能分析方法进一步挖掘各类知识中更多隐性知识"的道路，我们把这个过程称为知识资源的全息化。

基于大数据的智慧分析方法是一项前瞻性的技术。收录本章，作为知识工程未来发展展望。

10.1 大数据的通用定义

大数据（large data）历来有之，但在维克托·迈尔-舍恩伯格及肯尼斯·库克耶编写的《大数据时代》[1]中明确了"世界进入大数据时代"这样一个论断，大数据这一概念才开始流行起来。

大数据研究机构高德纳咨询公司（Gartner Group）给出了这样的定义：大数据是指无法在一定时间范围内用常规软件工具进行捕捉、管理和处理的数据集合，是需要新处理模式才能具有更强的决策力、洞察发现力和流程优化能力的海量、高增长率和多样化的信息资产。

---

[1] 本书 2013 年 1 月由浙江人民出版社出版发行。

麦肯锡全球研究所给出的定义是：一种规模大到在获取、存储、管理、分析方面大大超出了传统数据库软件工具能力范围的数据集合，具有海量的数据规模、快速的数据流转、多样的数据类型和价值密度低四大特征。

IBM提出大数据的5V特点：Volume（大量）、Velocity（高速）、Variety（多样）、Value（价值）、Veracity（真实性）。

大数据技术的战略意义不在于掌握庞大的数据信息，而在于对这些含有意义的数据进行专业化处理。换而言之，如果把大数据比作一种产业，那么这种产业实现盈利的关键，在于提高对数据的"加工能力"，通过"加工"实现数据的"增值"。

10.2 工业大数据的特点

不管是工业4.0、工业互联网还是研制知识全息化，它们的基础是工业大数据。与《大数据时代》一书中大量表述的互联网大数据相比，工业大数据具有较强的特殊性，最大的区别在于其非常强的目的性。互联网大数据更多的是一种关联的挖掘，是更加发散的一种分析。工业大数据除了具有数据量大、数据种类多、商业价值高、处理速度快的特点外，还有两大特点：

（1）准确率高。大数据一般的应用场景是预测，在一般性商业领域，如果预测准确率达到90%已经是很高了，如果是99%就是卓越了。但在工业领域的很多应用场景中，对准确率的要求达到99.9%甚至更高，比如轨道交通自动控制，再比如定制生产，如果把甲乙客户的订单参数搞混了，就会造成经济损失。

（2）实时性强。工业大数据重要的应用场景是实时监测、实时预警、实时控制。一旦数据的采集、传输和应用等全处理流程耗时过长，就难以在生产过程中发挥价值。

除此之外，两者在数据的特征和面临的问题方面也有不同。有别于互联网大数据，工业大数据的分析技术核心要解决"3B"问题。

（1）Below Surface——隐匿性，即需要洞悉背后的意义。工业环境中的大数据与互联网大数据相比，最重要的不同在于对数据特征的提取上面，工业大数据注重特征背后的物理意义以及特征之间关联性的机理逻辑，而互联网大数据则倾向于仅仅依赖统计学工具挖掘属性之间的相关性。

（2）Broken——碎片化，即需要避免断续，注重时效性。相对于互联网大数据的量，工业大数据更注重数据的全，即面向应用要求具有尽可能全面的使用样本，以覆盖工业过程中的各类变化条件、保障从数据中能够提取以反映对象真实状态之信息的全面性。因此，工业大数据一方面需要在后端的分析方法上克服数据碎片化带来的困难，利用特征提取等手段将这些数据转化为有用的信息；另一方面，更是需要从数据获取的前端设计中以价值需求为导向制定数据标准，进而在数据与信息流通的平台中构建统一的数据环境。

（3）Bad Quality——低质性，即需要提高数据质量，满足低容错性。数据碎片化缺陷来源的另一方面也显示出对于数据质量的担忧，即数据的数量并无法保障数据的质量，这就可能导致数据的低可用率，因为低质量的数据可能直接影响到分析过程而导致结果无法利用。但互联网大数据则不同，其可以只针对数据本身做挖掘、关联而不考虑数据本身的意义，即挖掘到什么结果就是什么结果，最典型的案例是经过超市购物习惯的数据挖掘后，啤酒货架就可以摆放在尿不湿货架的对面，而不用考虑它们之间有什么机理性的逻辑关系。

10.3　工业大数据的分类

随着行业发展，工业企业收集的数据维度不断扩大，主要体现在以下三个方面：

（1）时间维度不断延长。经过多年的生产经营，积累下来历年的产品数据、工业数据、原材料数据和生产设备数据。

（2）数据范围不断扩大。随着企业信息化建设的过程，一方面积累了企业的财务、供应商数据，CRM系统积累了客户数据，CAD等积累了研制过程数据，摄像头积累了生产安全数据等；另一方面越来越多的外部数据也被收集回来，包括市场数据、社交网络数据、企业舆情数据等。

（3）数据粒度不断细化。从一款产品到多款、多系列产品使得产品数据不断细化，从单机机床到联网机床，使得数据交互频率大大增强。加工精度从1mm提升到0.2mm，从每5min的统计到每5s的全程监测，都使得采集到的数据精细度不断提升。

以上3个维度最终导致企业所积累的数据量以加速度的方式增加，构成了工业大数据的集合。不管企业是否承认，这些数据都堆砌在工厂的各个角落，而且在不断增加。

从企业经营的视角来看待这些工业数据，可以按照数据的用途分成3类：

（1）经营性数据，比如财务、资产、人事、供应商基础信息等数据。这些数据在企业信息化建设过程中陆陆续续积累起来，表现了企业的经营要素和成果。

（2）生产性数据，这部分是围绕企业生产过程中积累的数据，包括原材料、研制、生产工艺、半成品、成品、售后服务等。随着数字机床、自动化生产线、SCADA 系统的建设，这些数据也被企业大量记录下来。这些数据是工业生产过程中价值增值的体现，是决定企业差异性的核心。

（3）环境类数据，包括布置在机床的设备诊断系统，库房、车间的温湿度，以及能耗、废水废气的排放等数据。这些数据对工业生产过程中起到约束作用。

从目前的数据采用情况看，经营类数据利用率最高，生产性数据和环境类数据相比差距比较大。从未来数据量来说，生产线数据在工业企业数据中的占比将越来越大，环境类数据也将越来越多样化。

10.4 工业大数据的常规应用

工业大数据本身并不是目的，而是一个技术手段，其应用方向非常广泛，包括释放研制潜力、变革制造模式、提高制造预测性、促进成本精确控制、达成产品精准营销、实现产品智能化运维等。从总体来说，大数据在工业企业的应用主要体现在以下三方面。

1．基于数据的产品价值挖掘

通过对产品及相关数据进行二次挖掘，创造新价值。日本的科研人员日前设计出一种新型座椅，能够通过分析相关数据识别主人，以确保汽车的安全。这种座椅装有 360 个不同类型的感应器，可以收集并分析驾驶者的体重、压力值，甚至坐到座椅上的方式等多种信息，并将它们与车载系统中内置的车主信息进行匹配，以此判断驾驶者是否为车主，从而决定是否开动汽车。实验数据显示，这种车座的识别准确率高达 98%。三一公司的挖掘机指数也是如此。通过在线跟踪销售出去的挖掘机的开工、负荷情况，就能了解全国各地基建情况，进而对于宏观经济判断、市场销售布局、金融服务提供调整依据。

2．提升服务型生产

提升服务型生产就是增加服务在生产（产品）的价值比重，主要体现在两个方向。一是前向延伸，就是在售前阶段，通过用户参与、个性化设计的方式，吸引、引导和锁定用户。比如红领西服的服装定制，通过精准的量体裁衣，在其他成衣服装规模关店的市场下，能保持每年 150% 的收入和利润增长，每件衣服的成本仅比成衣高 10%。小米手机也属于这一类。二是后向延伸，通过销售的产品建立客户和厂家的互动，产生持续性价值。苹果手机的硬件配置是标准的，但每个苹果手机用户安装的软件是个性化的，这里面最大的功劳是苹果应用程序商店（APP Store）。苹果通过销售苹果终端产品只是开始，通过 APP Store 建立用户和厂商的连接，满足用户个性化需求，提供差异性服务，年创造收入百亿美元。

3. 创新商业模式

商业模式创新主要体现在两个方面：一是基于工业大数据，工业企业对外能提供何种创新性商业服务；二是在工业大数据背景下，能接受何种新型商业服务。最优的情况是，通过提供创新性商业模式能获得更多的客户，发掘更多的蓝海市场，赢取更多的利润；同时通过接受创新性的工业服务，降低生产成本、经营风险。比如，美国通用电气公司（General Electric Company，GE）不销售发动机，而是将发动机租赁给航空公司使用，按照运行时间收取费用，这样 GE 通过引入大数据技术监测发动机运行状态，通过科学诊断和维护提升发动机使用寿命，获得的经济回报高于发动机销售。在接受服务方面，目前国内外有一批企业提供云服务架构的工业大数据平台，如海尔收购 GE 的白电业务的一揽子合作中，就包括 GE 的 Predix 工业大数据平台向海尔开放，接入海尔的工厂，提供工业大数据服务；九次方大数据也在联合各省市建立云化的工业大数据平台，向当地的工业企业开放大数据采集、大数据存储、大数据挖掘和应用能力。

总之，工业大数据在这些应用中的核心目标是创造价值。这里的价值体现在避免和解决不可见的问题，并且从不可见的世界中创造新的知识。在知识工程领域，我们则可以透视数据和信息中的隐性和全息价值。

10.5　工业大数据的知识应用

大数据不用随机分析法（抽样调查）这样的捷径，而采用所有数据进行分析处理。以前，人们可以获得产品生命周期的各种数据，但因为模型建立难度较大，所以很少有人分析这些数据之间的关系，如产品的运行情况与所有产品设计参数的关系。现在利用大数据技术可以分析这些因素的相互影响，因为大数据不需要建立数据之间的因果关系（数据模型），而是寻找数据之间的"相关关系"。相比基于预设模型的小样本数据分析模式,大数据分析往往能得到超乎意料的颠覆性知识(结论)。这种知识对于提升产品的功能和性能,甚至对产品创新具有重要作用。

大数据工程就是构建完整、高效、安全的数据应用服务体系。通过智能化分析模型和方法,对大数据进行分析利用,并针对不同用户提供个性化服务。工业大数据的分析对象是描述工业产品全生命周期的海量数据,包括需求数据、设计参数、仿真数据、生产线设备参数、工艺数据、生产数据、物料参数、装备参数、零部件参数、质量数据、产品故障、运行数据、营销数据、供应数据、用户操作和使用习惯等(图10-1)。这些数据在日常的产品研发和制造生产中大量存在,但相互分离,很难发掘跨领域相关性分析的价值。

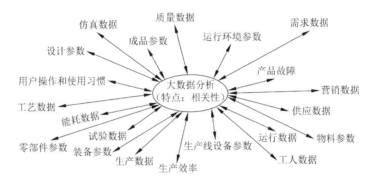

图10-1 工业大数据之间的相关性分析

利用大数据分析,这些数据之间进行各种相关性分析,有可能产生新的知识和价值。常见的分析类型有:

(1)工业品营销数据与需求数据的关系;
(2)工业产品的运行数据与需求数据的关系;
(3)用户使用习惯与需求、设计数据的关系;
(4)工业产品的生产数据与质量数据的关系;
(5)工艺数据与生产及质量数据的关系;
(6)供应链、生产、市场需求数据的关系;
(7)生产线设备(含机器人)参数与生产及质量数据的关系;
(8)零部件和配件的参数与成品参数、质量数据的关系;
(9)生产线工人参数与生产及质量数据的关系;
(10)工艺、生产效率、质量、运行数据的关系;
(11)设计参数与试验数据的广泛关系;
(12)设计中广义和广泛的 What-if 分析;

（13）设计参数容差内的更为广泛的概率仿真分析；

（14）设计参数与运行、生产、质量数据的关系；

（15）仿真数据和试验数据的广泛关系；

（16）仿真数据与运行数据的广泛关系；

（17）实验数据与运行数据的广泛关系；

（18）运行数据与产品故障的关系（故障预测）；

（19）运行数据与运行环境的关系（路面、天气、温度、电磁、辐射等）；

（20）设计、工艺、运行数据与能耗的关系（环保）。

以上的这些分析获得的知识有可能带来的效益是：需求准确、设计优化、精准仿真精度、广泛的What-if评价、质量提升、成本降低、产品寿命延长、产品易用性提升、销量提升、客户满意度提升、按需生产、安全性提升、及时响应市场需求等（图10-2）。

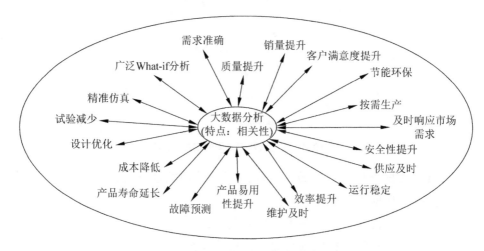

图10-2　工业大数据分析价值示意

与产品生产和运行的数据量相比，产品研制阶段本身的数据量是比较小的。在研制阶段，数据相对较大的环节是试验环节，是大数据技术最能发挥价值的环节。其可能的应用包括以下方面：

（1）试验数据的存储与分析模式的归一化和标准化；

（2）从试验数据中发现各种性能之间的关联性；

（3）各部件和各监测点数据的相关性；

（4）从试验数据中发现设计参数与性能之间的关联性；

（5）从试验数据中获得仿真工作的全息输入数据；

（6）从试验数据中发现试验结果与运行特性的关联性；

（7）对试验数据的实时监测分析获得试验对象的实时健康状况。

利用工业大数据技术，除了针对数据类知识可以进行非常直接的全息化增值外，针对其他类型的知识也具有较强的增值价值：

（1）针对信息类知识，通过对互联网公开的技术信息进行分析，可以对本企业的技术发展和开拓方向具有启示作用，大量的内部信息文档可以反映出企业数据和知识的引用状况，等等；

（2）针对模式类知识，被大量应用的模式表征了其最佳实践及范式化潜力，被特定模式大量引用的知识反映了其间的关联性，等等；

（3）针对技术类知识，被大量调用的技术模型表征了该模型的CBB潜力，模型中的参数值被采纳的概率表征了其优化程度，等等。

大数据对隐性知识的挖掘具有超越预期、出人意料的特性。因此，此处所能表述的只是全息化增值加工技术应用的冰山一角，更多的应用和价值只有在对具体数据进行全息化分析的过程中才会显现。

10.6　工业大数据分析技术

大数据分析的目的是在研究大量数据的过程中寻找模式、相关性和其他有用的信息。以下是几个常用的大数据分析的相关技术。

1. Hadoop

Hadoop（海杜普）是以一种可靠、高效、可伸缩的方式进行处理大量数据的分布式软件框架，用户可以轻松地在 Hadoop 上开发和运行处理海量数据的应用程序。它主要有以下几个优点：

（1）高可靠性。Hadoop 按位存储和处理数据的能力值得信赖。它假设计算元素和存储会失败，因此它维护多个工作数据副本，确保能够针对失败的节点重新分布处理。

（2）高扩展性。Hadoop 是在可用的计算机集簇间分配数据并完成计算任务的，这些集簇可以方便地扩展到数以千计的节点中。因此具有较大的可伸缩性，能够处理 PB 级数据。

（3）高效性。Hadoop 能够在节点之间动态地移动数据，并保证各个节点的动态平衡，因此处理速度非常快。它以并行的方式工作，通过并行处理加快处理速度。

（4）高容错性。Hadoop 能够自动保存数据的多个副本，并且能够自动将失败的任务重新分配。

Hadoop 带有用 Java 语言编写的框架，非常适合运行于 Linux 平台。Hadoop 上的应用程序也可以使用其他语言编写，比如 C++。

2. Storm

Storm 是自由的开源软件，一个分布式的、可扩展、高容错、易设置和易操作的实时计算系统。Storm 可以可靠地处理庞大的数据流，适用于处理 Hadoop 的批量数据。Storm 由 Twitter（推特）开源而来，并在其他知名的企业中广泛应用，包括高朋（Groupon）、阿里巴巴、乐元素、精硕科技（Admaster）等。

Storm 使用简单，支持许多种编程语言，有许多应用领域：实时分析、在线机器学习、不停顿的计算、分布式 RPC（远过程调用协议，一种通过网络从远程计算机程序上请求服务）、ETL（extraction-transformation-loading，数据抽取、转换和加载）等。Storm 的处理速度惊人：经测试，每个节点每秒钟可以处理 100 万个数据元组。

3. Apache Drill

为了帮助企业用户寻找更为高效快捷的 Hadoop 数据查询方法，阿帕奇（Apache）软件基金会发起了一项名为 Drill 的开源项目，作为 Apache 孵化器项目来运作，面向全球软件工程师持续推广。

该项目创建出开源版本的谷歌 Dremel Hadoop 工具（谷歌使用该工具来为 Hadoop 数据分析工具的互联网应用提速）。而 Drill 将有助于 Hadoop 用户实现更快查询海量数据集的目的。

Drill 项目其实也是从谷歌的 Dremel 项目中获得灵感：该项目帮助谷歌实现海量数据集的分析处理，包括分析抓取 Web 文档、跟踪安装在安卓市场（Android Market）上的应用程序数据、分析垃圾邮件、分析谷歌分布式构建系统上的测试结果等。

通过开发 Drill 的 Apache 开源项目，企业将有望建立 Drill 所属的 API 接口和灵活强大的体系架构，从而帮助支持广泛的数据源、数据格式和查询语言。

4. RapidMiner

RapidMiner 是世界领先的数据挖掘解决方案，技术先进，数据挖掘任务涉及范围广泛，包括各种数据艺术，能简化数据挖掘过程的设计和评价。

RapidMiner 的功能和特点如下：

（1）免费提供数据挖掘技术和库；

（2）100% 用 Java 代码（可运行在操作系统上）；

（3）数据挖掘过程简单、强大和直观；

（4）内部 XML 保证了标准化的格式来表示交换数据挖掘过程；

（5）可以用简单脚本语言自动进行大规模进程；

（6）多层次的数据视图，确保有效和透明的数据；

（7）图形用户界面的互动原型；

（8）命令行（批处理模式）自动大规模应用；

（9）Java API（应用编程接口）；

（10）简单的插件和推广机制；

（11）强大的可视化引擎，许多尖端的高维数据的可视化建模；

（12）400 多个数据挖掘运营商支持。

耶鲁大学已将 RapidMiner 成功地应用在许多不同领域，包括文本挖掘、多媒体挖掘、功能设计、数据流挖掘、集成开发的方法和分布式数据挖掘等。

5. Pentaho BI

Pentaho BI 平台不同于传统的 BI 产品，它是一个以流程为中心，面向解决方案（solution）的框架。其目的在于将一系列企业级 BI 产品、开源软件、API 等组件集成起来，方便商务智能应用的开发。它的出现，使得一系列的面向商务智能的独立产品（如 Jfree、Quartz 等）能够集成在一起，构成一项项复杂的、完整的商务智能解决方案。

Pentaho BI 平台中，Pentaho Open BI 套件的核心架构和基础是以流程为中心，其中枢控制器是一个工作流引擎，用来创建、定义、定制和驱动在 BI 平台上运行的商业智能流程。BI 平台的组件和报表用以分析流程的性能。目前，Pentaho 的主要组成元素包括报表生成、分析、数据挖掘和工作流管理等。这些组件通过 J2EE、WebService、SOAP、HTTP、Java、JavaScript、Portals 等技术集成到 Pentaho 平台中来。

Pentaho 的发行主要以 Pentaho SDK 的形式进行，共包含 5 个部分：Pentaho 平台、Pentaho 示例数据库、单机版 Pentaho 平台、Pentaho 解决方案示例和一个预先配制好的 Pentaho 网络服务器。Pentaho 平台是 Pentaho BI 平台最主要的部分，囊括了平台源代码的主体。Pentaho 数据库为 Pentaho 平台的正常运行提供的数据服务，包括配置信息、Solution 相关的信息等。对于 Pentaho 平台来说它不是必需的，通过配置，可以用其他数据库服务替换。

单机版 Pentaho 平台演示了如何使 Pentaho 平台在没有应用服务器支持的情况下独立运行。Pentaho 解决方案示例是一个 Eclipse 工程，用来演示如何为 Pentaho 平台开发相关的商业智能解决方案。

Pentaho BI 平台构建于服务器、引擎和组件的基础上。这些提供了系统的 J2EE 服务器、Portal、工作流、规则引擎、图表、协作、内容管理、数据集成、分析和建模功能。这些组件的大部分是基于标准的，可使用其他产品替换。

第 3 篇　知识工程实践与案例

本篇精选了 3 个案例，既来自不同类型的企业，也是不同类型的案例，从不同角度展示知识工程在企业的实践方法。出于保密原因，这些案例均有一定的删减和脱密处理，但内容反映了案例的核心方法和关键技术。

本书的方法体系是对这些实践的总结。细心的读者会发现，这些案例的做法与本书前文的方法体系有一定差异，主要原因是实践案例在先，理论归纳在后。我们在进行案例整理时力求忠实反映实践内容，所以保留了这种差异。

3 个不同类型的案例表示企业可以从不同角度入手进行知识工程体系建设，但它们的排版顺序反映了我们对企业进行知识工程建设的顺序建议。

起步 | 知识工程的评估规划
跋涉 | 面向流程的知识工程
登高 | 基于知识的精益研发

第 11 章
企业知识工程规划

某发动机研究所在进行知识工程建设之前,对全所的知识工程工作进行了全面规划。本文是该规划的核心内容。

知识工程体系规划案例.mp4

11.1 背景、意义及目标

发动机产品研制是一项复杂的系统工程,也是知识密集型工作。经多年发展,该所在产品研制方面积累了大量知识,包括设计规范、研制业务指南、仿真规范、仿真数据、仿真模板、专家经验等,这些知识中蕴含了几十年的研制经验总结。为了使这些知识发挥更大价值,近几年来,该所一直在探索管理和应用这些知识的方法,并且已经付诸实践,也取得一定成果。在产品方面已经梳理形成了 N 类 M 项设计规范,形成了一套研制体系文件及多项研制业务指南。规划总结了部分产品研制的最佳实践,积累了实施方法,并形成相应知识库及产品数据库。建立了产品的仿真数据管理系统,并基于此构建了部分产品(或构件)的仿真分析模板。在与知识管理有关的信息系统建设方面,构建了 PDM、SDM、TDM、OA、KMS、档案系统等。该所在知识工程方面取得了一定成绩,但是仍存在较多不足,具体如下:

1. 知识工程的方法工具较为简单

目前该所对知识的管理方式主要是利用现有的信息系统,将积累的设计规范、研制业务指南、仿真分析模板等知识分散地保存在 OA、KMS、PDM、SDM、TDM、档案管理等系统中。

2．知识积累和分享没有成为全员行为

该所目前积累的多数知识仍然是单位行为，在个人知识的积累和应用方面还有较大不足。比如，有相当一部分员工不清楚自己拥有知识，更不要说管理知识和应用知识了。

3．对知识工程的认识不统一

在知识的管理与应用方面，各部门、各人员之间存在较大差距。部分领导和技术人员能够意识到知识工程与应用的重要性，积极主动地投入到知识工程的建设当中；有的则只是把知识工程理解为形式主义，愿意把精力投入到业务工作中，不愿将时间"浪费"在知识工程上。

4．知识工程的广度与深度还不够

在研制领域，能称为"知识"的资源有很多，如标准规范、研制经验、标准研制流程、标准设计活动、设计仿真模板、公式算法等。这些知识的存在形态包括文档、流程图、设计过程、模型、公式等。从广度层面讲，该所目前知识的存在形态主要是文档，尚未涉及其他形态。从深度层面讲，这些知识的应用方式仅是查询浏览，尚未融入研制业务中。

5．缺乏对知识工程的整体规划

该所目前的知识工程是基于研制工作的具体需求零散开展的，不够系统。没有从业务的发展战略和知识工程的现状入手，系统分析、完整规划该所知识蓝图、组织蓝图、标准规范蓝图和 IT 平台蓝图。

基于以上原因，该所希望规划一套能够支撑产品研制的知识工程方案，涵盖知识工程发展战略、知识工程内容、知识工程系统以及知识工程制度等。

对该所知识工程现状进行评估，总结该所知识工程方面存在的问题。以此为切入点，对现有知识工程体系提出改进措施，为该所未来知识工程发展制定长远规划。结合集团企业的发展战略，提出未来该所知识工程工作的战略目标、发展策略，并对未来知识工程的对象、系统、制度制定具体规划方案。

11.2　知识工程体系成熟度评估

知识工程体系成熟度评估是规划的基础，不仅可以了解企业的需求，而且可以准确定义知识工程起点。本次知识工程体系成熟度评估，分别从知识采集与聚集、知识管理、知识应用、技术与工具、流程与标准、人才与组织、软件与平台 7 个维度出发，设计了调查问卷，在该所的各部门进行调研，以此为基础进行知识工程的成熟度评估。

1. 采集与聚集

在采集与聚集方面,得益于该所前期开展的相关工作,实现了部分知识的数字化管理,员工能够从不同的系统中获取知识。

然而,在采集与聚集方面,该所尚有以下不足:

(1) 员工开展工作所需知识的外部获取渠道较少;

(2) 大量隐性知识没有挖掘,没有显性化,导致知识无处可寻,难以获得;

(3) 存在知识孤岛。

经评分,该所知识采集与聚集方面的综合得分为 1.39,成熟度等级为 1 级:有序级,见表 11-1。

表 11-1 知识采集与聚集成熟度分级

维度	0 级成熟度	1 级成熟度	2 级成熟度	3 级成熟度	4 级成熟度	5 级成熟度
采集与聚集	个人交流信息或机器产生的数据离散管理	从个人或各类应用系统中获取数据,集中管理	从个人或各类内容管理系统中获取文档,集中管理	从个人或流程、过程应用软件及数字化工具软件中获取数据和信息	从各类模型应用软件中获取数据或文件,集中管理	从集中管理库中自动获取数据、信息、模式或模型数据

2. 知识管理

在知识管理方面,该所已做了大量工作,取得了以下成绩:

(1) 员工有自我管理知识的意识,这有利于个人知识和经验的积累;

(2) 档案、文件等知识资源能够实现分类有序管理;

(3) 现有数据库能够提供基础的知识管理功能。

但是,在知识管理方面还有很多不足:

(1) 由于员工退休、辞职等原因造成知识流失严重;

(2) 知识没有进行统一管理,无法使历史经验、文件等得到重复利用;

(3) 知识无法在组织内部迅速扩散及应用;

(4) 组织内部学习效率低;

(5) 知识日益增多,管理难度加大,从而容易引起知识积累速度下降,知识利用率低;

(6) 缺少流程、模板等方面的管理,没有实现标准化;

(7) 各部门的知识管理工具平台独立,存在知识壁垒,容易形成"信息孤岛""数据孤岛",从而造成知识共享困难;

（8）部分应用系统中知识的后续管理落后，更新不及时。

结合该所在知识管理方面的优势及问题，后续工作重点应聚焦在以下方面：

（1）加强对流程、过程、模板等模式对象的管理；

（2）建立统一的知识管理平台，便于知识的聚集与更新。

经评分，该所知识管理方面的综合评分为1.52分，成熟度等级为1级：有序级，见表11-2。

表11-2 知识管理成熟度分级

维度	0级成熟度	1级成熟度	2级成熟度	3级成熟度	4级成熟度	5级成熟度
知识管理	档案与文件管理	数据库索引管理	信息、文档和内容管理	模式对象（流程、过程及模板）管理	模型管理	数据和信息的自适应和全息管理

3．知识应用

在知识应用方面，该所已取得了一定的成效：

（1）员工能够通过借阅实物文档、分发电子文档等途径获取知识；

（2）能够在PDM、OA系统中查阅知识。

但是，目前的知识应用模式还远不能满足员工的期望和需求：

（1）知识未能与业务结合，用起来不方便；

（2）不能进行知识推送，知识无法及时出现在业务场景中。

结合知识应用方面的现状及不足，该所接下来的工作重点应为：

（1）建立基于业务流程的知识地图，使知识与业务相融合；

（2）实现知识的统一搜索；

（3）建立知识社区，为员工提供技术交流环境；

（4）基于用户的行为、兴趣及业务需求等方面实现知识的推送。

经评分，该所知识应用的综合得分为1.30分，成熟度等级为1级：有序级，见表11-3。

表11-3 知识应用成熟度分级

维度	0级成熟度	1级成熟度	2级成熟度	3级成熟度	4级成熟度	5级成熟度
知识应用	实物档案的借阅或电子文档的传递	数据库检索应用	文件检索、流程伴随及桌面嵌入应用	知识通过既定行为模式（流程）的推送	基于预定情景的自动分析推送	基于行为趋势及情景预测的自动化推送

4．技术与工具

该所目前采用 OA、PDM、SDM 等系统实现知识存储、知识管理及知识搜索，由于这些系统并不是专业的知识平台，并未采用主流、先进的知识工程技术与工具，因此在工具与技术方面存在很多不足，主要表现在：

（1）知识工程技术相对落后，未采用目前主流的知识工程技术，如语义、本体、知识封装、聚类、流程化建模、知识关联推送等；

（2）无法对不同类型的知识进行加工，实现知识增值；

（3）系统的易用性较差。

经评分，该所知识工程技术与工具方面的综合得分为 1.20 分，成熟度等级为 1 级：有序级，见表 11-4。

表 11-4　技术与工具成熟度分级

维度	0级成熟度	1级成熟度	2级成熟度	3级成熟度	4级成熟度	5级成熟度
技术与工具	数字化技术	数据库技术/搜索技术	语义技术/分类聚类技术	流程建模技术/工具封装技术	成组技术/模型化技术	大数据技术/隐性知识的归纳技术

5．流程与标准

该所已制定了部分知识工程的相关流程与标准。但是，现有知识贡献的激励机制不完善，缺乏长期、体系全面的知识贡献激励机制，没有全面考虑知识评价、物质激励、个人评价、个人成长及部门评价，知识工程工作的考核制度也不完善。

经评分，该所流程与标准的评分为 1.87 分，成熟度等级为 1 级：有序级，见表 11-5。

表 11-5　流程与标准成熟度分级

维度	0级成熟度	1级成熟度	2级成熟度	3级成熟度	4级成熟度	5级成熟度
流程与标准	无	数据管理相关的流程与标准	信息归纳提取与规律研究相关的流程	业务建模流程及标准	基于模型化和产品平台的研制流程	围绕应用目的的自发和自适应流程

6．人才与组织

在知识工程的人才与组织方面，该所已做了大量工作，设有专职的知识工程机构，组织架构清晰，可以进行基础的知识工程制度的制定、推进及更新等。同时，配备有专职的知识工程人员，能够保证工作的专业性和集中性。

目前，业务部门无专职的知识工程人员，在与业务相关的知识梳理、总结、分析、加工等方面有欠缺，这将会引起知识与业务的融合度不足，在业务人员应用知识时体验较差。

经评分，该所知识工程人才与组织的综合得分为 1.34 分，成熟度等级为 1 级：有序级，见表 11-6。

表 11-6 人才与组织成熟度分级

维度	0级成熟度	1级成熟度	2级成熟度	3级成熟度	4级成熟度	5级成熟度
人才与组织	IT 服务人员	数据管理和标准化人员与组织	信息总结/分析/提炼的人员与组织	流程梳理、优化、总结和建模的人员与组织	各类模型和研制平台的建设人员和组织	学习型组织/知识型员工

7. 软件与平台

目前，该所以 PDM、OA 为主，使用多个不同的信息化系统进行知识管理，具备基本的知识管理和知识应用功能。但是，这些系统均不是专业的知识平台，用于知识管理的功能相对简单、可用性较差，无法支撑未来该所知识沉淀、采集、知识表达、知识加工、知识更新维护、知识的多维组织管理、知识应用的需求。同时，这些信息化系统、数据库之间相互独立，分散式的知识管理模式导致知识孤岛现象严重。

经评分，该所软件与平台的得分为 1.68 分，成熟度等级为 1 级：有序级，见表 11-7。

表 11-7 软件与平台成熟度分级

维度	0级成熟度	1级成熟度	2级成熟度	3级成熟度	4级成熟度	5级成熟度
软件与平台	数字化应用工具软件、文档处理工具、文件系统	数据库系统、数据管理软件	文档管理系统、内容管理系统	流程管理和多工具集成系统、工具模板封装系统、基于流程的知识工程系统	知识工程集成平台、各种知识加工工具	融合了大数据的知识工程集成平台

8. 知识工程总体成熟度

该所知识工程成熟度等级根据各维度平均得分评定，各维度及综合评分如表 11-8。

表 11-8　该所知识工程总体成熟度评分

维度	采集与聚集	知识管理	知识应用	技术与工具	流程与标准	人才与组织	软件与平台	综合评分
评分	1.39	1.52	1.30	1.20	1.87	1.34	1.68	1.47

根据此评分,绘制知识工程成熟度雷达图如图 11-1 所示。图 11-1 显示,该所的知识工程的所有要素的得分均在 1～2 之间,处于有序级。知识工程综合得分为 1.47 分,综合成熟度等级为有序级。

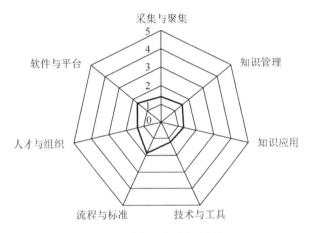

图 11-1　知识工程成熟度评估

均衡,是该所的知识工程特点,也是优点。企业的有效能力由雷达图的最短半径决定,其余的能力成为无效能力或未来能力。很多企业的朴素建设过程很容易造成体系的不均衡,相当于造成了一定的体系浪费。知识工程体系建设是均衡化过程,优先选择雷达图凹陷的维度开展建设工作。通过不断地补充完善和持续建设,雷达图会有两个变化:一是走向正圆,意味着知识工程体系走向均衡;二是半径逐步扩大,意味着知识工程成熟度逐步提升。

为了完善知识工程体系建设,有必要科学规划该所知识工程成熟度进化路线,长远规划、分步实施。

11.3　知识体系规划

根据该所现有知识工程内容的架构,结合产品研制业务特点及未来发展战略的需要,开展知识内容分析,构建知识分类体系,挖掘蕴含在个人及组织内的知识，实现隐性知识显性化。基于标签体系规划的知识体系，实现不同领域知识的系统化和结构化。基于业务流程建立知识地图，实现知识与业务的强关联。

11.3.1 基于标签进行知识体系规划

知识体系规划是对产品研制知识的分类组织模式、原则进行规划，针对各类知识资源，可进行科学化分类、条目化存储、结构化表达。知识标签不仅是对知识进行识别的手段，也是一种知识导航和组织手段，能够利用标签对知识进行灵活和柔性分类、组织及查询。

基于知识标签可进行知识主题和领域板块建立，形成面向工程应用的多维知识组织模式。知识主题是具有某种相同性质、相同应用背景的知识的集合，通过将具有某种相同特性、相同应用背景的知识组织在一起，形成一个知识主题。领域板块则是同类知识主题的集合。譬如依据实际业务需求，可以将知识划分为不同的领域（如产品设计、工艺设计、试验等），领域下面又可分为不同的知识主题（如性能设计、结构设计等），以便于知识的规范化管理。

利用标签、主题和板块进行知识体系规划的逻辑如图 11-2 所示。

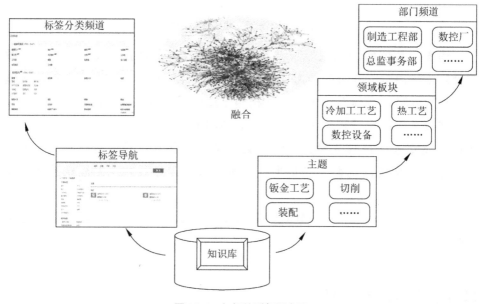

图 11-2　知识体系规划方法

1. 知识标签规划

标签是对知识进行柔性组织的手段，知识入库后可以通过对知识打标签的方式进行条目化管理。基于该所所涉及的技术领域，进行知识分类标签的规划。

1）知识分类标签的范围

知识标签以产品研制领域术语（名词）为基础，进行知识标签的定义。

2）知识分类标签规划原则

（1）结构管控原则：具有明确的层次结构，避免标签网络的松散性。

（2）准确性原则：标签应结合具体语境，避免理解上的歧义。

（3）简洁性原则：标签在保证准确性的基础上，应尽量简短，避免冗长词汇。

（4）科学性原则：标签的设置应科学合理，符合该所现状。

3）知识标签分级原则

知识标签可分为三级，具体分级原则如下：

（1）一级知识标签按产品专业领域进行构建。

（2）二级及三级标签可根据产品研制领域术语的上下位关系进行构建。

4）知识标签的分类方法

标签是术语的子集，术语即学科中的专业用语。知识标签基于术语关系而建立关联，如图11-3所示。

例如，针对柴油发动机的研制，如果标签为该所的产品：中速产品，那么上位词可以是产品、船用动力系统，也可以是机械器件；下位词可以是CS21产品、270系列产品；同类词可以是低速产品，也可以是气体发动机。

图11-3 标签关系

因此，标签的主要分级原则包括以下几点：

（1）一个标签可以对应多个上级标签，也可以有多个下级标签；

（2）一个标签所表达概念的任何一种属性及归类方式，都可以是它的上级标签；

（3）如同此处所述的标签，其上级标签、下级标签、同级标签均有自己的上级标签、下级标签、同级标签，不断延伸构成整个标签体系。

对于产品的一项技术参数：活塞排量，该项指标既是产品的整体技术指标，也是产品的性能要求，也可以理解为产品规范等。产品相关的分类要求如图11-4和图11-5所示。

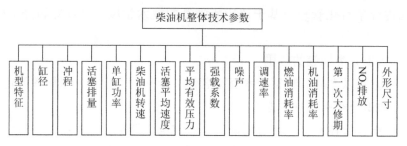

图 11-4　产品主要参数

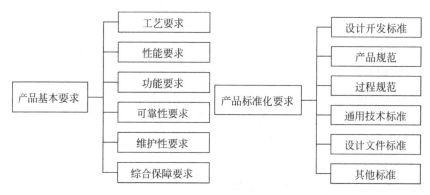

图 11-5　产品相关要求

2．知识主题规划

知识主题是面向特定工程应用或具有某种相同性质知识的集合。一条知识可以划归到不同知识主题中。知识主题规划可以从专业/学科方向、岗位、工作领域、班组等方面考虑。

依据该所现有知识工程内容，充分考虑业务特点及现状，进行产品研制知识主题规划。

1）知识主题设置的标准、原则

（1）主题的设置以应用为中心。

（2）结构管控原则：统一的分类标准。

（3）科学性原则：主题的设置应科学合理，符合该所现状。

2）知识主题初步规划

根据该所的组织结构，主题的规划可以从下面几个方向开展：

（1）对于以部门为基础划分的领域板块，其知识主题的划分以专业为基础，如表 11-9 所示；

（2）针对其他领域板块，依据其业务范围、业务内容及特点进行知识主题的构建，划分示例如表 11-10 所示。

表 11-9 按专业划分知识主题

领域板块	主 题
产品设计	总体
	汽缸单元
	动力单元
	系统
	CAE
新技术	总体性能开发
	排放控制技术
	燃烧技术
	燃料技术
⋮	⋮

表 11-10 按业务范围划分知识主题

领域板块	主题名称
应用软件	工具软件
	仿真数据管理平台
	实验数据管理平台
产品知识	动力行业通用词条
	产品领域学术论文
	国内外产品实例
管理制度	项目管理制度
	产品管理制度
	质量管理制度
⋮	⋮

3．领域板块规划

领域板块是对主题进行结构化组织的一种方式，即同类主题的集合。一个领域板块下可以包含多个具有共同特征的主题。领域板块的规划可以从专业/学科、业务领域、部门等方面考虑。

依据该所现有知识管理内容，充分考虑业务特点及现状，进行产品研制知识领域规划。

1）知识领域的划分模式、原则

（1）知识领域的划分以业务为主线。

（2）结构管控原则：统一的划分标准。

（3）科学性原则：领域板块的设置应科学合理，符合该所现状。

2）知识领域划分

根据该所的组织结构，领域板块的规划大致可以从下面几个方向规划：

（1）以该所的部门划分为基础，定义知识领域，如图11-6所示。

图11-6 知识领域按部门划分

（2）以该所的产品划分为基础，定义知识领域，如图11-7所示。

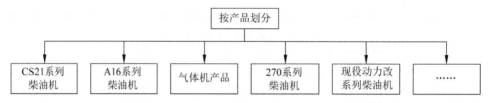

图11-7 知识领域按产品划分

（3）根据不同的业务工作，把具体业务领域作为知识分类的领域板块，具体示例如表11-11所示。

表11-11 领域板块按业务范围划分

序　号	领　域　板　块
1	应用软件
2	产品通用知识
3	管理制度
⋮	⋮

11.3.2　基于流程进行知识地图规划

1．规划原则

通过把知识与产品研制任务关联，形成基于产品研制流程的知识地图，如图11-8所示。

2．研制流程模型

流程模型是研制流程梳理和构建的基础。研制流程模型采用分层结构描述研制项目纵向层层分解的过程，自顶向下依次为工作分解结构（WBS）、工作流程（Workflow）及执行过程（Process），如图11-9所示。

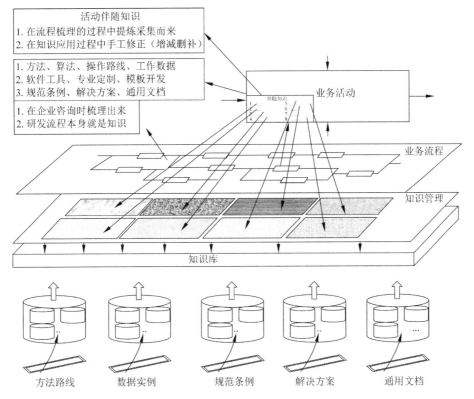

图11-8 基于产品研制流程的知识地图建设

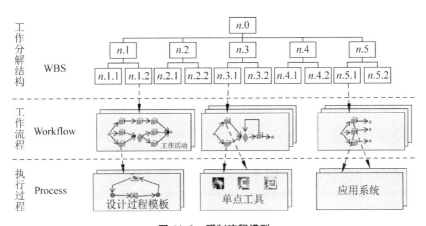

图11-9 研制流程模型

1）工作分解结构（WBS）

（1）WBS是以交付物为导向对研制项目要素进行的分组，每下降一层代表对工作的更详细定义；

（2）WBS 的底层（叶节点）为工作项，工作项是研制任务策划与执行的基本单元；

（3）工作项与项目管理系统中的作业相对应。

2）工作流程（Workflow）

（1）工作流程用于支持工作项任务（作业）的分解和执行，体现人员间的协同。

（2）工作流程由一个或多个工作活动组成，能表达工作活动之间的逻辑关系及数据关系。

（3）工作活动是工作流程的任务节点，是一项由单人完成的工作内容。工作活动包括执行人、技术要求、输入、输出、工具、知识等要素。

3）执行过程（Process）

执行过程是调用工具完成具体工作的过程。执行过程以工具为支撑，工具具体形式不限，如设计过程模板、单点工具及应用系统等。

（1）在工作活动执行过程中，可调用设计过程完成工作；设计过程支撑工作的执行，但不是必需的。

（2）设计过程模板由一个或多个组件组成，是将组件按照任务执行逻辑进行组装而形成的一种可执行的封装模板。

4）工作项模型

工作项是研制任务策划与执行的基本单元。工作项包括基本属性、输入、输出、工作流程、质量检查表及关联知识等要素，如图 11-10 所示。

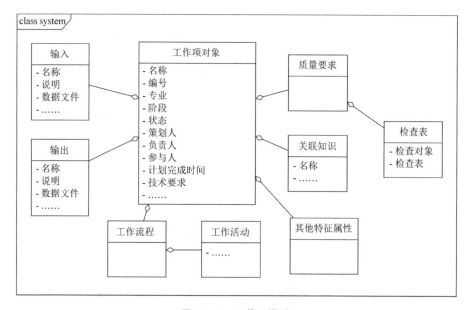

图 11-10　工作项模型

3．基于流程的规划知识地图

1）产品研制流程梳理

（1）确定产品各阶段标准 WBS 及交付物，分解并梳理产品研制流程的顶层 WBS 及其相关的交付物。

（2）工作项梳理：工作项梳理以 WBS 分解标准模板为依据，确定工作项列表，并明确工作项输出，然后进行工作项详细信息的梳理，其中关键部分是工作流程及设计过程模板的梳理。

① 明确工作项列表及工作项输出；

② 基本信息、输入、输出及检查表梳理；

③ 工作流程及设计流程梳理。

2）产品任务伴随知识梳理

根据梳理出来的工作项及工作活动，梳理每个工作项及工作活动的任务伴随知识，包括方法、算法、工具、标准、规范、质量要求、典型解决方案、典型案例、知识点等，如图 11-11 所示。

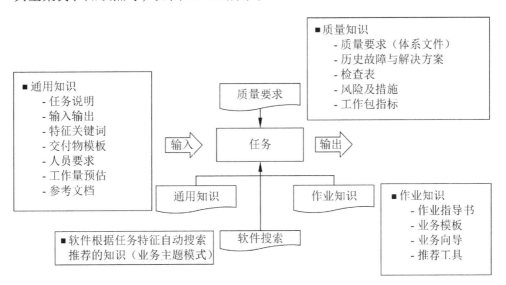

图 11-11 产品任务伴随知识的梳理

11.4 知识平台规划

对知识平台进行规划，包括规划原则、规划的整体思路与系统定位、知识平台架构与组成、系统功能以及拟采用的关键技术。

11.4.1 规划原则

（1）结合该所知识工程发展的战略要求，规划系统的组成及功能。

（2）系统应具有开放架构，能满足该所知识工程中长期发展目标提出的要求。

（3）知识平台除了考虑产品研制知识体系建设及应用要求外，还需考虑现有系统及未来引入系统的关系。

① 充分考虑目前用于知识管理的信息化系统（OA、PDM、TDM等）在知识工程中的作用、定位；

② 考虑目前信息化系统（OA、PDM、TDM）中知识如何管理、应用；

③ 考虑与该所现有信息化系统的兼容性，为后续系统的集成（知识采集、知识推送）提供保障。

（4）平台的规划应具有前瞻性，拟采用包括知识加工、智能推送等在内的关键技术及功能要求应顺应 IT 及相关技术的发展趋势，适应国家"中国制造 2025"及"智慧研制"提出的要求。

11.4.2 整体思路

知识平台是产品研制知识采集、加工、存储、管理、应用的信息化平台。

1. 整合/采集内部已有信息化系统中的知识资源，采集外网信息，实现产品研制知识资源的集成管理

该所已有的知识保存在多个彼此独立的信息化系统中，员工使用知识时，需要登录不同的系统去查找。这些管理知识的信息化系统、数据库之间相互独立，分散式的知识管理模式导致知识孤岛现象严重。

知识平台通过提供知识采集器，整合/采集内部已有信息化系统中的知识资源，同时采集产品研制外网信息，对产品研制知识资源进行集成管理。

产品研制知识资源集成逻辑及技术方案如图 11-12 所示。

1）整合/采集已有信息化系统中的知识资源

该所现有与知识管理相关的信息化系统主要包括 OA、PDM、SDM、TDM、科技文献库等系统。

OA 系统：管理标准等知识。

PDM 系统：管理产品研制流程、知识点等知识。

SDM 系统：管理产品仿真模板。

TDM 系统：管理试验相关设备、试验过程中相关文档。

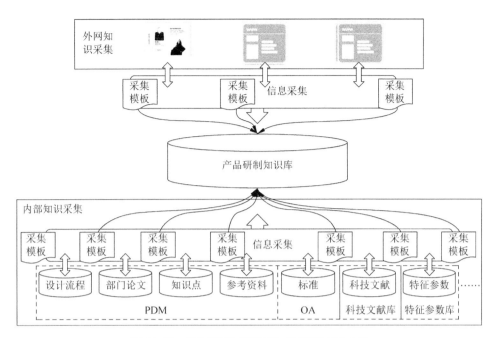

图 11-12　产品研制知识资源集成逻辑及技术方案

科技文献库：提供部分与工作相关比较密切的文献资料。

数字档案管理系统：管理规范、通用资料等。

特征参数库：管理产品特征参数。

知识平台通过提供知识采集器，按照采集模板采集所内各个信息化系统中的知识资源，加工整合，定时自动更新。这些经过加工处理的知识保存在知识库中，由知识平台进行统一组织与管理。

现有内部知识资源整合、采集的总体思路如下：

PDM 系统：系统建设初期统一采集、整合 PDM 系统中的设计流程、知识点、部门论文、参考资料，后续不再将 PDM 作为该所知识管理的核心载体。

SDM 系统：系统建设初期统一采集 SDM 系统中的仿真流程，后续定时更新。

TDM 系统：系统建设时统一采集 TDM 系统中的试验过程、设备等文档，后续定时更新。

OA、科技文献库、特征参数库：定期采集，自动更新。

2）采集外网产品研制信息

知识平台通过提供知识采集器，针对工程师经常访问的产品领域相关技术网站，采集产品研制外网网页信息。加工处理后，保存在知识库中进行集成管理。

2. 产品研制知识统一检索、应用

知识平台作为知识的统一检索、应用平台：

（1）该所所有员工将通过知识平台一站式检索所有的知识资源，包括设计流程、论文、标准、仿真流程、参考资料等；

（2）用户通过知识平台访问并应用所有的知识资源。

3. 通过灵活的知识组织与权限控制策略，为知识共享提供良好环境

该所员工对知识共享普遍持开放态度，均表示愿意共享知识。但是，员工对大范围的知识共享传播还存在一定顾虑，主要担心知识分享后由于管理不当而导致的知识资产流失，甚至被外单位（竞争对手）人员获得，给企业带来不利影响。目前，该所缺乏一个合适的知识共享环境，以部门为单位的单一共享模式已成为部门知识壁垒，导致跨部门知识共享困难。

知识平台通过提供灵活的知识组织与权限控制策略，为知识共享提供良好的平台环境，既解决跨部门的知识共享问题，又不会导致由于无限制的知识共享带来的知识资产流失。

1）面向工程应用的知识组织

（1）打破目前以部门为单位的知识管理模式，采用面向应用的知识组织模式；

（2）面向不同专业、岗位应用，形成各自的知识主题及知识领域板块。

2）知识权限控制策略

对于单条知识，可采用不同的权限控制策略，包括：

（1）知识的编辑权限控制，可控制到人、部门、班组；

（2）知识具体内容的查看、下载权限控制，可控制到人、部门、班组；

（3）针对知识主题或领域板块设置权限，对应目录下的知识自动继承其权限作为知识的最基本权限设置，个体知识可以上调权限。

4. 知识与业务流程融合

通过将知识与产品研制业务流程相融合，让知识融入业务流程，从而有效解决知识的应用问题，为实现知识推送提供支撑。通过把知识与任务关联，形成基于业务流程的知识地图。

5. 产品研制工作中的知识关联与推送

知识不再静静地"躺"在知识库中，等待"人找知识"，而是"知识找人、找业务活动"。通过解决知识的智能检索和自动推送技术，使得知识能够"找到"合适的人和业务活动。

知识平台能够实现基于研制流程的知识推送,通过知识推送的方式将知识在工作需要的时候推送到工作环境中,如图 11-13 所示。

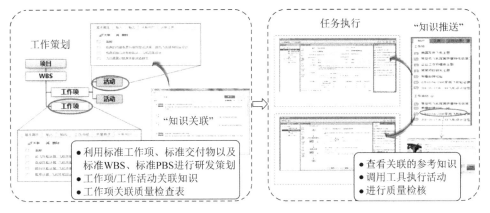

图 11-13　产品研制过程中的知识推送

11.4.3　功能架构

知识平台是一个囊括知识的采集、加工处理、表达、组织、管理与应用的信息化平台。该平台支持知识的场景化应用,将知识与业务融合,实现知识的智能推送、基于知识的研制过程管理、基于知识的过程执行等。

该所知识平台包括以下功能模块:知识获取与表达、知识加工、知识组织与管理、知识搜索、产品研制领域本体管理、知识应用框架、系统管理。系统功能架构如图 11-14 所示。

1. 知识获取与表达

知识获取与表达模块实现内网知识集成、互联网知识采集、隐性知识显性化、显性知识创建与入库,并支持多样化的知识表达。其中,隐性知识显性化包括基于知识价值综合评价的隐性知识显性化和利用知识社区实现隐性知识的显性化。

2. 知识加工

知识加工模块包括设计流程的知识化建模工具集、软件/公式/报告封装工具集、多学科设计仿真过程集成工具、专业界面定制工具、知识关系自动创建功能、知识自动聚类功能以及知识挖掘分析功能。

在知识加工方面,SDM 系统提供的部分功能(图 11-14)包括软件方法封装工具及过程集成工具。这些工具在本平台中作为加工工具仍然可以沿用。

3. 知识组织与管理

知识组织与管理模块包括知识分类组织与知识地图、个人空间管理、知识生命周期管理以及知识权限管理。

针对该所的各类知识资源，可进行科学化分类、结构化表达，系统可提供面向业务应用的灵活的知识分类组织模式，包括基于标签的知识分类组织以及面向工程应用的知识分类组织。

在知识的组织和管理方面，虽然 PDM 系统已具备部分功能（图 11-14），但由于今后知识的管理将不再在 PDM 中进行，所以知识平台将提供知识组织和管理方面的完整功能。

4. 知识搜索

知识平台作为知识的统一检索、应用平台，所有员工将通过知识平台检索所有的知识资源。

知识平台提供知识智能搜索功能，知识搜索通过智能算法精准匹配目标数据，方便用户多维度进行搜索。

5. 产品研制领域本体管理

为了构建产品研制领域本体库，系统应提供术语及术语关系管理功能。

6. 知识应用框架

根据该所知识工程现状及员工诉求，知识平台提供知识的基础应用框架以及知识场景化应用框架。

基础应用框架提供知识的基础应用功能，包括知识导航、知识查看、知识点评、知识收藏、知识统计、知识关联推送及知识培训。该所知识平台建设过程中，应首先通过平台改造，实现知识的基础应用。

随着知识工程的推进，可以改造现有信息化系统或引进新的信息化系统，实现基于知识的产品研制，支持基于产品研制流程的知识推送应用，实现基于知识的产品研制过程管理、基于知识的研制过程执行。为达到上述目标，知识平台应提供知识的场景化应用功能框架，包括知识智能推送、基于知识的任务管理、基于知识的任务执行。

7. 系统管理

该所的系统管理包括组织机构管理、用户管理、角色管理、授权管理、审批流程管理、"三员"管理及日志管理。

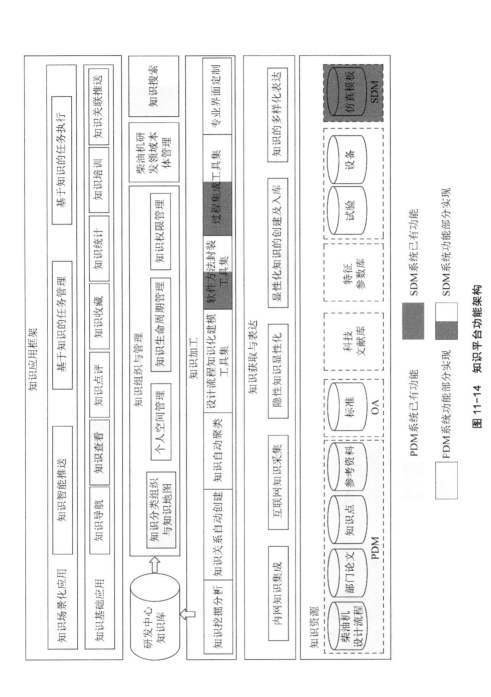

图 11-14 知识平台功能架构

11.4.4 关键技术

1．知识加工技术

针对不同类型的知识资源，通过采用不同的知识加工技术，可有效提升知识的显性化、共享化、工具化和智能化程度，如图11-15所示。

全息化后具备智慧特征	所有类	全息化之后具备智慧特征
	技术类	模型化之后具有智能特征
	模式类	范式化之后具有自动特征
	信息类	结构化之后具有共享特征
	数据类	标准化之后出现秩序特征
	实物类	数字化之后拥有显性特征

图11-15 知识加工技术

1）数据资源的标准化加工技术

对于从不同信息化系统采集到的工程数据，如仿真数据、试验数据、产品数据，可采用标准化技术进行加工，从某种有参考价值的视角进行提取、组合、再计算。

2）研制管控模式的范式化加工技术

日常所谈研制流程，主要是指管理层刚性流程。刚性流程是研制管控的基础，也是项目管理和质量管理的基础。在大型型号管理中，刚性流程形成的工作包一般下发到部门级或专业级，不会下发到个人。个人的工作由部门或小组负责人在工作流层面进行分解和分配。对于小型项目，工作流层会退化为一个人完成的多项工作而非多人协同流程，此时相当于工作包直接下达到个人。科研部门和质量部门主要监控工作包的完成进度、质量和成本。

研制流程的范式化表达有多种形式。第一种是常见的树形结构，称为WBS，反映了研制工作所有任务的集合，但不反映任务之间的关系。WBS是最简洁的研制流程表达形式，也是研制流程其他表达形式的基础，应用非常广泛。

第二种是泳道图，反映各任务之间的顺序和责任人（组织）。不同责任人的所有任务排布在不同泳道中，排布的顺序代表了各任务之间的顺序关系。各任务之间的连线代表了任务的数据关系，这些关系是可以跨泳道的。

第三种是NN图，这种图将所有的任务排列在对角线上。任务之间的数据关系通过它们之间的直角折线表达，在直角折线上标注数据内容。这种图形比较适合表达数据关系比较复杂的研制流程。

3）设计协同模式范式化加工技术

研制流程包括刚性流程和柔性流程，设计协同是柔性流程，柔性流程是协同工作的基础。柔性流程完成的工作可能是系统设计工作，也可能是总体论证、物理设计或软件设计工作。这些工作是设计组长将工作包再次分解为工作流分配下来的。设计工程师获得任务流程后使用工具流或技术流来完成工作。工作完成交付的同时，数据保留在过程数据管理系统中。

设计协同业务场景如图11-16所示。

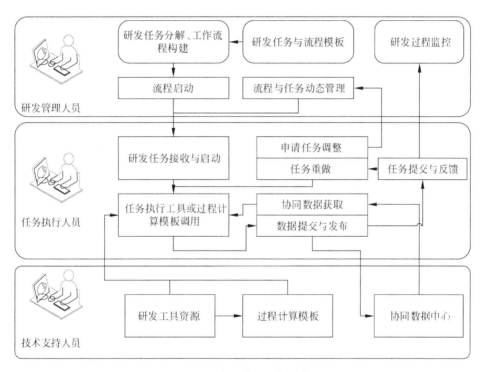

图 11-16 设计协同业务场景图

将在多个产品或过程中成功应用的多人协同流程归一化、普适化和标准化，通过软件进行流程建模，使工作者之间的协同配合范式化。借助标准工作流程范式模板，研制管理人员可以快速进行工作流构建和任务分配下发。任务执行人员接收到任务消息后，完成任务的接收、执行、反馈。数据统一纳入过程数据管理系统。结合流程管理与数据管理，管理人员可以实现对设计协同流程与任务的监控。

协同流程与任务管理是研制管理人员的职责，是他们进行协同任务分解、任务下发以及研制过程监控的主要手段。研制管理人员可以利用软件，通过可视化环境调用一个范式，然后进行多人多专业协同工作流编制，并支持流程对应任务节点信息的定义或修改,可快速完成协同任务分解。协同设计流程启动后,各任务节点研制人员会收到相应的任务提醒信息。研制人员接收到具体的研制任务后,即可进行任务信息查询。确认无误后,即可进行任务启动。在任务启动执行过程中,研制人员之间的协作流程是自动完成的,同时可以使用既定工具流或技术流模板快速完成任务。

4)仿真集成模式范式化加工技术

设计工作中使用的工具软件、计算公式、CAD模型、数据可封装为业务组件,然后通过过程集成将业务组件串接在一起,构成设计过程模板。

多学科仿真与优化人员需要对仿真工具进行封装以方便相互集成。这种工作往往需要在一个专业化的环境中进行,这个环境包括工具封装、多学科流程集成、专业界面定制等功能。

2. 本体技术

本体是明确的形式化规范说明,它是一个已经得到公认的标准描述。本体中包含词表或称为术语表,词表由术语组成。词表中的术语与某一学科领域相关,逻辑声明用于描述术语的含义以及术语间的关系。因此,本体可以视为包含两部分内容:

(1)用来表达某些主题知识的词表;

(2)定义了词表中术语间逻辑联系的关系集。

产品研制知识平台采用本体技术,实现基于领域本体的知识关联推送、基于领域本体的扩展搜索、基于领域本体的知识挖掘。同时,基于本体的知识平台中,还能够通过本体对文档进行分类与索引,表示用户偏好,进行用户行为分析。

11.5 制度规划

基于现有知识工程制度,评估其在经验技术的共享与传承方面发挥的作用,给出该所的知识工程推行策略建议,以及可以使用的管理方法和工具,以保证工作快速见效、夯实基础。

知识工程标准规范是对知识工程领域相关内容所做的统一规定,使知识工程的相关活动及主体交互能够在更透明规范的环境下高效运转,避免实施工作的盲目性,提高知识工程活动的效率,为知识工程的建设、推进提供保障。

知识工程规范体系是知识工程建设、推广、应用能够成功的有效保障,可以规范管理行为、业务流程，指导用户，为知识工程建设和推进提供制度支撑。与知识工程相关的标准规范可分为三类：基础规范、管理规范及运维规范。各类规范所包含的具体规范清单及简要介绍如下。

1．基础规范

（1）知识工程名词术语：知识工程项目中所有名称术语定义与解释。

（2）知识入库与签署规定：知识入库签署流程和要求详细说明。

（3）知识分类组织规则：包括知识标签、知识主题及知识领域构建规则。

（4）知识入库标准指导规范：知识入库标准和入库操作指导要求及规范。

2．管理规范

（1）知识工程考核激励办法：知识工程项目建设和运行的日常考核激励办法、规则等的详细说明。

（2）知识工程项目统计方法：知识平台统计内容、统计规则、统计要求等的详细说明。

（3）知识平台管理规定：知识平台日常管理类规定的详细说明。

（4）知识工程使用规定：用户使用知识工程的基本规定的详细说明。

3．运维规范

（1）交流讨论要求：知识问答和讨论应用的具体行为约束要求和时间要求等。

（2）设计流程维护要求：设计流程的构建角色、职责及操作要求。

（3）专家网络构建和要求：专家网络的构建、维护及应用要求。

（4）知识模板定制要求：知识模板的制定流程及要求。

（5）知识平台应用手册：知识平台的操作详细应用手册。

（6）知识平台维护手册：知识平台的维护详细手册。

（7）知识平台集成要求：知识平台与其他资源系统的集成接口详细要求。

（8）本体构建及使用方法：本体术语的构建角色与操作要求，以及本体术语的构建方法说明。

（9）学习模块使用要求：学习任务制定、反馈、认定的具体要求。

（10）知识平台服务器管理规定：知识平台服务器的日常管理及维护规定。

第 12 章
面向流程的知识工程

12.1 体系建设背景

基于流程的知识工程案例.mp4

航空某所为适应产品研制模式由仿制改型衍生发展到自主创新的转变，应对新一代产品研制周期大幅压缩的要求，解决产品研制队伍年轻化带来的能力建设和知识传承问题，促进由过去从已有型号研制流程的简单总结，到基于系统工程方法的新一代产品数字化研制流程的正向梳理的转变，由过去专业内的平台建设向覆盖跨专业流程的平台建设转变，需要进行基于知识面向流程的产品综合研制平台建设。面向流程的知识工程是这个平台的建设基础。

1. 研制模式向自主创新转变的需要

以仿制、改进改型为主体的年代已基本结束，今后的工作绝大部分都是以自主创新为主的新型号、新产品的研制工作，而且应以正向研制为主，没有"原准机"供参照。进行具有高、精、尖特点的高水平新型号研制，知识工程平台是一种重要的不可缺少的信息化手段，该所要生存、要发展，就应具有产品综合研制平台，这也是一种能力建设。

2. 应对新一代产品研制周期大幅度压缩的需要

复杂严峻的周边环境和市场环境迫使武器装备新型号研制周期大幅缩短，型号项目的数量大幅增加，后墙不倒的政治任务要求该所必须找到治本而非治标的方法和手段。靠项目管理等方法简单提高该阶段研制活动并行度是缩短阶段周期的治标方法。磨刀不误砍柴工，进行面向流程的知识工程平台建设，技术研制和产品研制并重，能力建设和型号任务并重，强调信息化的方法、技术和平台工具对研制早期阶段的管理、创新和决策的支持，才能从根本上保证该所从容应对多型号项目研制的复杂环境，进而保障生存和实现长远发展。

3．解决研制队伍年轻化带来的能力建设和知识传承问题的需要

前一代人设计了一代产品，基本上已到了该退休的时候。由于这一代人的知识传不下去，下一代人设计新产品时几乎都得从头学起。前人的经验无处学习、无法学习，就无法提高科研工作的效率，甚至会延长设计周期，影响设计质量，使设计新一代产品变成一项很困难的工作。开展基于知识面向流程的产品综合研制平台，就是为了从根本上解决目前企业出现的新矛盾，解决新形势下年轻设计队伍对高、精、尖产品研制挑战的需要。

4．梳理新一代产品数字化研制流程的需要

该所亟须建立一套适用于自主创新的产品数字化研制流程，以流程为纲开展产品研制工作。并以研制流程为基础，贯穿整个研制过程进行质量管理和知识工程的建设。过去从已有型号研制流程的朴素总结无法满足这一要求，需要基于系统工程等先进、实用、有效的方法正向梳理新一代产品数字化研制流程。用数字化研制流程梳理工作牵引基于知识面向流程的产品综合研制平台的整个实施和建设工作。基于知识面向流程的产品综合研制平台要能够支持按融入知识工程建设和过程质量控制要求的数字化研制流程开展产品研制活动。

5．专业内的平台建设向覆盖跨专业流程的平台建设转变的需要

该所需要在已有信息化建设的基础上，由过去专业内的平台建设向覆盖跨专业的设计、仿真、试验验证流程的平台建设转变。以研制流程梳理为基础，梳理出各专业在各个设计阶段需要的设计仿真模板、工具、系统等手段，在已有基础上进行补充和完善。充分利用设计仿真手段，支撑数字化研制流程。

国家的历次重要会议上都反复强调关于我们国家要开展"创新"工作，明确指出"坚持把科技进步和创新作为加快转变经济发展方式的重要支撑"，一再强调："国家未来在创新""自主创新是根本""培养人才是关键"。目前我们的国家已到了非创新不可的重要历史阶段了。对产品设计领域而言，开展基于知识融合的新一代产品综合设计技术研究，实质上就是在产品设计领域内如何贯彻创新精神，实施在产品设计领域中的知识工程。因为所有创新都是基于知识的创新，这是使我国制造企业摆脱二流水平，走向世界一流水平的必经之路。

此外，开展"基于知识融合的新一代产品研制体系"的建设工作，同时也能很好地解决新形势下年轻设计队伍应对高、精、尖产品设计之间矛盾的需要，还可以做好企业的知识传承，加速人才培养的速度。开展本项目研究，对加快和提高我国产品设计技术水平，具有重大的战略意义和现实意义。

12.2 体系建设目标

本体系的建设目标包含以下几个方面：

（1）基于系统工程理论和方法的指导，梳理产品研制工作分解结构，构建产品研制流程。

（2）应用多领域知识表达、获取、重构、组织和映射等关键技术，实现知识与研制流程相结合，实现已有知识为实际研制活动提供支持、新知识从实际研制活动中来的良性循环。

（3）构建领域本体，为专业活动多专业领域间的知识表达和交互提供统一的术语体系。建立术语标准，进而为用户提供实现知识与研制流程相融合和智能检索的工具。

（4）建设具有自主知识产权的产品设计知识库。将每一项知识根据其所属专业领域、所有者组织架构、所属研制阶段、知识类型等多个维度进行分类归属，以便从不同角度查看和检索知识，方便知识的应用。

（5）建设产品多领域知识工程平台。将设计经验以及与型号研制相关的各种流程、数据、方法、规范等知识积累与储备起来，并使这些知识与研制活动密切关联。

12.3 定义基于知识融合的科研活动模型

WBS是建立产品研制流程的基础，其基本单元是科研活动。过去是凭完成该科研活动的工作人员的经验、工作经历的积累，凭个人具有的隐性知识去完成该活动，不同人员所完成的质量就不同。本项目研究的关键核心是如何在产品设计中实现知识融合。

如果能将每个构成产品研制的科研活动作为一个知识融合的工作节点，那么就有了很好的切入点。如果能把完成每个科研活动所需的方法、知识手段都能提炼出来，可以解决一个重要的问题。今后，完成工作活动不再只靠完成者的隐性知识，而是可以依托该单位总结好的显性知识，包括该活动已有过的工作方法、应具备哪些知识、应用哪些标准规范、需用什么软件手段，有哪些成功经验、失败教训、模板、案例可以参考等，那么对于缺乏一定工程经验的工作人员，同样可以高质量地完成该活动的工作。

12.3.1 知识融合的科研活动模型

传统科研活动模型主要包含在研制流程管理系统中定义每个科研活动的基本信息、输入、输出、资源、约束等。知识融合的科研活动模型在传统科研活动模型的基础上还包括科研活动的伴随知识，如图 12-1 所示。

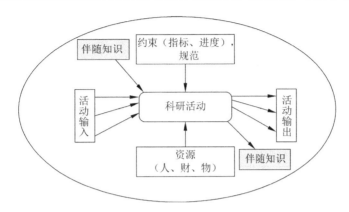

图 12-1　基于知识融合的科研活动模型

科研活动基本信息是对科研活动信息的补充说明，包括科研活动名称、科研活动编号、科研活动信息说明、科研活动类型、科研活动负责人、所属部门等信息。输入分为两类情况：第一类是该输入是本所内其他科研活动的输出，另一类是外单位的文件。输出分为：本科研活动的输出（可作为其他科研活动的输入）、工作结果、过程数据三类。资源是该科研活动所使用的工具，包括过程组件模板、商用软件信息、过程模板。约束是该科研活动所用的质量信息，包括科研活动约束、质量检查表、质量检查文件等。

在知识工程系统实施中需要梳理科研活动的伴随知识，即执行、完成每个科研活动所需要的所有知识，从而对科研活动具有指导、参考或借鉴的作用。将梳理的伴随知识关联到每个科研活动，来完善科研活动工作模型。伴随知识既包括开展科研活动中所依据的知识，亦包括开展科研活动过程中产生的知识和科研活动完成后的总结和积累。

12.3.2　WBS 创建及其编号

创建 WBS 可以从空白状态新建 WBS，也可以在已有 WBS 的基础上创建新的 WBS。可以自顶向下，也可以自底向上。

该所规划了全所研制的五层级领域 / 专业分解结构及其编号（表 12-1），确定了研制阶段的划分及其编号（表 12-2），制定了科研活动的属性信息表

（表 12-3），确定了科研活动的编号规则。

表 12-1 五层级领域 / 专业编号示例

名称		编号
领域	一级专业	
总体	远景规划与设计	101
	总体设计	102
	外形	103
	技术状态管理	104
强度	静强度	601
	动强度	602
	热强度	603
	疲劳强度	604
	气动弹性	605
结构	结构综合	701
	前机身与进气道	702
	中后机身	703
	翼面	704
	起落装置	705

表 12-2 研制阶段的划分及编号实例

研制阶段	子阶段	编号
立项论证	立项论证	11
方案设计	初步设计	21
	详细初步设计	22
工程研制	详细设计和试制准备	31
	样机试制和地面试验	32
	科研飞行试验	33
设计定型	设计定型	41
生产定型		51
批量生产		61

对每个科研活动的编号设定规则如下：

通过 12 位数字描述具体科研活动发生的阶段、专业、科研活动等，格式如下：

×××××××× . ×× . ××

第 1、2 位为研制阶段编号；

第 3、4、5、6 位为领域及专业编号；

第 7、8 位为专业内第一层级科研活动的编号；

第9、10位为专业内第一层级科研活动下第二层级科研活动的编号；

第11、12位为专业内第二层级科研活动下第三层级科研活动的编号。

按照上述规则，所里进行了各领域和专业的WBS及科研活动的定义，形成了每个一级专业的五层级专业-科研活动编号表，如表12-4所示。

表12-3　科研活动属性信息表

编号：	名称：	版次：
研制阶段：	所属领域及专业：	
要求及约束：	工作内容：	双向输入/输出： （要有来源科研活动的编号，并注明状态）
单项输入： （要有来源科研活动及结果的编号，并注明状态）		单项输出： （要有去向科研活动的编号，并注明状态） 21061030101-01前机身主传力结构有限元模型的某一个输出
需要的知识：	工具和方法：	工作结果： 文件、数模、数据库等
设计： 相关专业	审校：	批准：

表12-4　专业-科研活动编号表（实例）

领域名称和编号		专业名称及编号		第一层级科研活动及编号		第二层级科研活动及编号		第三层级科研活动及编号	
编号	名称	编号	名称	编号	名称	编号	名称	编号	名称
06	强度领域	0601	静强度专业	22060107	载荷计算分析和选取	22060107.02	地面载荷计算分析	22060107.02.03	拦阻系统载荷分析
		0602							

叶节点科研活动编号保持为12位。例如，如果一级科研活动22060101是叶节点，补齐12位编号为22060101.00.00；如果二级科研活动22060101.01是叶节点，补齐12位编号为22060101.01.00。

收集了所内各专业的63份科研活动表和46份WBS表格，其中包括了

1134 个一级科研活动、2090 个二级科研活动、1776 个三级科研活动，共计 5000 个科研活动，3349 个叶节点。

1．科研活动信息格式转换

项目组研究、分析了上述信息，开发了可自动将 Word 文档中科研活动属性信息转换成 Excel 表格的程序，并将转换后每个专业所有各级科研活动集合在同一个 Excel 表中（表 12-5），以便进一步做每个叶节点科研活动的输入输出匹配。

表 12-5 科研活动属性总表

序号	输入编号	输入名称	科研活动编号	科研活动名称	输出编号	输出名称	工作结果	双向输入输出	约束	工作内容	负责人

2．编写、培训研制流程梳理指南

经过对转换后每个专业的科研活动总表的统计与分析，在研制流程梳理指南中总结了已有研制流程梳理成果中仍存在的几类问题，给出了流程梳理的步骤、科研活动输入输出匹配规则、每个专业输入输出总表以及每个专业当时存在的具体问题。

3．开展离线科研活动输入输出梳理

离线科研活动输入输出梳理的路线（图 12-2）：

（1）先专业内，再领域内专业之间，最后领域之间的手工输入输出匹配；

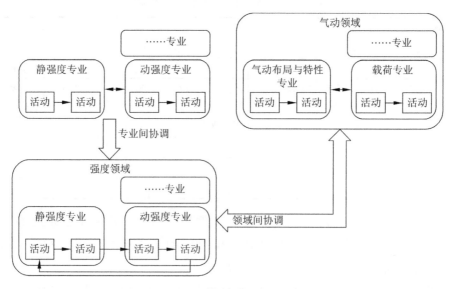

图 12-2 研制流程的离线梳理

（2）先挑选前期 WBS 梳理较完善的专业和领域（如强度领域的静强度专业）进行试点，然后总结经验和问题，再推广到其他专业和领域。具体如下：

① 先推广到强度领域的其他所有专业（如动强度专业等），在强度领域内各专业间进行输入输出匹配；

② 然后推广到其他领域；

③ 最后进行各领域之间的输入输出匹配。

12.3.3 创建科研活动之间的关系

科研活动之间的关系是建立科研流程的基础，包括工作单元之间、工作包之间、工作单元与工作包之间的关系等。这些关系可以是顺序关系、依赖关系和约束关系。

（1）工作单元的创建者和授权管理者可以建立两个单元节点之间的关系。这些单元之间的关系可以用来描述不同单元节点之间的相关性。单元节点之间的关系可以为顺序关系，也可以为约束关系。

（2）工作包与工作包的关系创建。不同层级的管理者可以创建其管理单元节点下的工作包关系。

（3）单元节点的创建者和授权管理者可以建立工作包与单元节点之间的关系。工作包与单元节点之间的关系应该由工作包与工作包的关系来体现，所以工作包与单元之间的关系为虚关系。

12.3.4 产品研制 WBS 模型构建成果

1．成功构建产品研制基础 WBS

（1）梳理了 N 个领域 M 个专业 5000 个科研活动，并构建了基础 WBS 5 个层级，包括领域，专业，一、二、三级科研活动等。

（2）对每个叶节点科研活动的基本信息进行了梳理，包括输入、输出、资源、质量、知识、专家等，工程人员可根据科研活动具体信息展开实际工作。

2．伴随知识梳理

（1）依据确定的 11 类研制活动伴随知识类型，设计构建伴随知识梳理模板用于收集知识，同时编写了《科研活动伴随知识梳理指南》作为指导参考文件。

（2）完成了对 650 个左右科研活动的伴随知识的梳理，共计梳理伴随知识 3000 余条。

12.4 构建新一代产品数字化研制流程

12.4.1 研制流程的构建

研制流程的建立需要在流程管理软件中进行。待研制流程管理系统上线后，按以下步骤将系统外整理过的基础 WBS 文件导入系统并进行整理。

1．基础数据确认及录入

确认并录入以下基础数据：
（1）产品类型及基础 WBS 的名称；
（2）研制阶段及模板；
（3）领域、专业树；
（4）科研活动类型：策划、设计、分析、试验、集成、质量管理、通用；
（5）输入输出类型：报告、文档、图纸、模型文件、数据文件、消息；
（6）WBS 的编号规则，输入输出编号规则。

2．WBS 导入

根据研制流程文件在系统外整理形成的 Excel 格式的文件，分专业导入 WBS 和科研活动信息。

3．研制流程整理

按 WBS 的层次，分层自底向上进行研制流程的输入输出匹配整理。首先进行输入输出总表(标准文件)的整理；再针对无来源的输入，在其来源科研活动上补充输出；最后形成基础研制流程。

12.4.2 研制流程显示

研究、设计、开发了多种研制流程可视化的工具，包括 NN 图、泳道图及数据图。

1．NN 图

NN 图展示的是对角线上各元素之间的研制数据的流转关系。对角线上元素可为领域、专业及一、二、三级科研活动。可通过"过滤"功能，筛选缩小所感兴趣的范围。

2．泳道图

泳道图是按需求通过自行设置的泳道表达多类元素之间的关系。如将横向泳道设置为专业、纵向泳道设置为研制阶段，专业与阶段交点放置该专业在该阶段内的科研活动（可为一级、二级或三级）。

3．数据图

数据图是以一个科研活动为中心，表达所有对它有输入的科研活动，以及所有它有输出去向的科研活动，如图12-3所示。

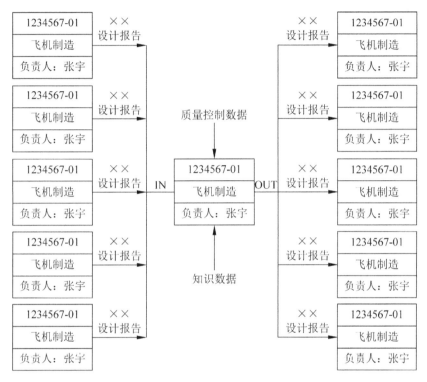

图 12-3　数据图

12.5　建设面向产品设计的本体体系

12.5.1　领域本体构建目的

领域本体构建的目标，是为多专业领域间的知识表达和交互提供统一的术语体系，建立术语标准，进而为用户提供实现知识与研制流程相融合和智能检索的有力工具，进而提升知识共享和重用的效果和效率。

构建领域本体，是一项较为复杂的系统工程。顶层框架以及厘清相关概念之间的上下位继承、属性等各种本体关系的内在联系。

12.5.2 产品领域本体构建基本思路及步骤

在深入考察现有的本体构建方法和国外若干重要顶层本体的基础上，本课题从本体工程方法论的成熟度和领域本体构建的特点出发，借鉴了 M. 乌什霍尔德（M. Uschold）和 M. 金（M. King）的"骨架"法和斯坦福大学的"七步"法，并融合了叙词表和顶层本体资源，对概念体系的规范化校验和本体的标准化处理提出了具体的方法和步骤。

1．本体研究方法的基本思路

（1）从本体工程的基本思想出发，借助产品领域的通用概念和词表对选词进行规范化处理，对领域本体构建进行标准化处理；

（2）与实际的产品研制活动概念结合形成产品术语体系；

（3）构建术语之间的各种本体关系，包括同义、上位、下位、相关等关系，经研制专家确认形成产品领域本体体系。

2．本体构建的步骤

1）确定本体的领域和范围

本体构建是一项浩大的过程，随着各知识领域的相互渗透，领域边界在逐渐淡化，某领域内容总是会涉及其他很多相关领域的内容，这样的扩充是无止境的。因此在本体构建之初，确定好本体的领域和范围是非常重要的。

2）考察复用现有本体

本体提出的目的在于以一种通用的方式来获取领域中的知识，提供对领域中的概念达成共同一致的理解，从而实现知识在不同应用程序和组织之间的共享和重复利用。因此，在构建本领域本体之前考察相关领域的现有本体，既可以为本领域本体的构建提供方法和思路，同时可将其复用到本领域本体中。

3）本体概念体系的构建

概念体系的构建包括定义概念的属性、关系，定义、概念及概念的等级体系等。

（1）定义概念的属性。概念的属性可按照内在属性和外在属性来分类。内在属性就是对概念自身内在特征的描述，如军用产品的机长；外在属性则是对概念外在定义的特征的描述，如军用产品的服役国别。此外，属性还可以分成具体属性和抽象属性。具体属性是指该属性是可以量化的，有具体的属性值；而抽象属性是指该属性是描述性的，没有值可填充。

（2）定义本体中的关系。它体现了概念与概念、实例与实例之间的联系，有等级关系与非等级关系两类。实例是概念的个体，继承所属概念的所有属性，并具有相应的属性值。

（3）定义概念及概念的等级体系。通过自顶向下、自底向上或中间展开的方式，也可以根据需要结合起来使用，这主要依据于开发人员对某一领域的理解、本体构建的需要和现有资源的情况来确定。

4）概念的规范化处理

利用叙词表对概念进行规范化处理是比较理想的途径。虽然通过对专业手册及专业文献的研读，并由领域专家审核和认可，可在一定程度上对概念进行规范化，但开发人员专业背景的局限性使该规范工作缺乏权威性。叙词表最大的优势就是叙词的学科权威性、规范性，并且传统的叙词表已经在传统信息标引和信息检索中得到了广泛的应用。

5）本体表示

本体以其在领域内达成共识的概念体系来克服计算机系统之间的"语义鸿沟"，其目的是使计算机可理解。因此需要通过本体表示语言对构建出的本体概念体系进行描述，将概念间的关系揭示出来，并通过本体表示语言的语义表达能力使计算机在此基础上进行自动处理。

6）本体评价

需要通过制定本体评价标准对所建本体的概念体系及逻辑结构进行评价，并通过领域专家从专业角度进行审核和评价。

12.5.3　产品领域本体的构建模式

本项目采用自顶向下、以领域专家为主导的构建模式。自顶向下模式，是指首先定义领域中综合性、概括性的概念类，然后逐步细化扩展至最细小的概念类。

首先进行领域本体框架设计，即本领域包含的核心概念、主要的概念关系（核心的关系类型）等，概要把握本领域的核心知识结构逐步展开，从概念的层次结构角度来说，是逐级"下探"、逐步深入的过程。

自顶向下构建领域本体，优势是从顶层把握领域本体，便于整体控制和把握本体的范围、质量、概念粒度，有利于本体构建的后续展开，减少构建过程中的分歧，降低技术难度。难点在于，如何精准地把握顶层，对本体构建者本身提出了较高要求，而且构建核心概念和关系所需时间较长。

比较理想的本体构建模式是：以本体专家为主导，以知识（领域）工程师为构建主力，领域专家适度参与本体构建，如图12-4所示。

在产品领域本体的构建模式中，本体构建的主要工作由知识（领域）工程

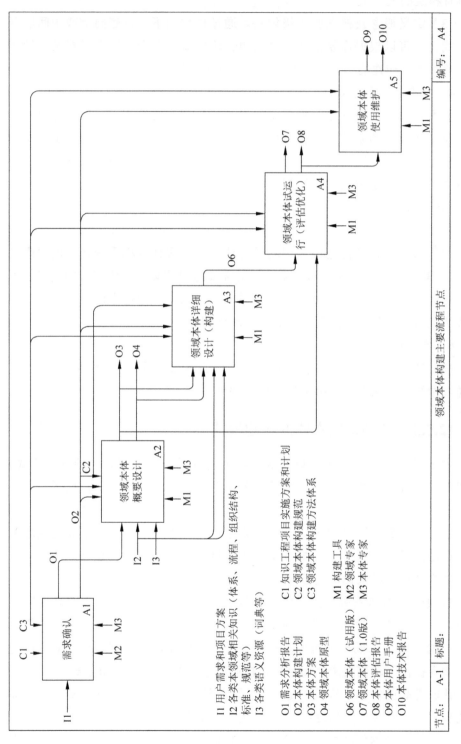

图 12-4 以本体专家主导的本体构建活动分解图

师完成，语义工程师从方法上进行协助，各个阶段的输出物都将被提交给领域专家，由领域专家主要负责及时确认该输出物，并提供反馈意见，所有对该输出物的正式修改都由知识(领域)工程师完成。

以本体专家主导的模式，突出了"交互-反馈"式的构建方式，一方面，极大地减轻了对领域专家投入程度的要求，使其在本体构建上的耗时较少；另一方面，领域专家仍将在本体构建中发挥其独特的指导作用和独有的专业价值。因此，在此构建模式下，对领域专家的专业水平和经验要求并没有因为其投入程度较低而有所降低。

12.5.4 领域本体构建过程

领域本体构建过程包括需求确认、领域本体概要设计、领域本体详细设计、领域本体试运行、领域本体使用维护等阶段，各阶段及其任务如表12-6所示。

表12-6 领域本体构建阶段及其任务

阶 段	重 点	任 务	成 果
需求确认	确认对本体构建的需求、实现的目标	提出需求 提供信息源 需求规格定义 分析输入的资源	需求规格 选取的资源，并经预处理
领域本体概要设计	制定本体方案，完成领域本体的初步设计	设计本体构建方案、计划、本体范围 设计领域本体原型 选择本体处理工具 搭建本体构建环境 本体构建规范	本体设计方案 本体构建计划 本体原型 本体构建规范
领域本体详细设计	领域本体构建	提取领域概念 概念化标准化 定义关系和属性等	领域本体1.0版
领域本体试运行	领域本体试用、评估和优化	提供评估标准、方法 组织本体评估 提供评估结果	本体评估报告
领域本体使用维护	在使用过程中发现问题，并对领域本体进行更新	使用本体 积累问题 提供反馈 本体融合入库 本体阶段性维护	领域本体升级版

12.5.5 领域本体的构建模板

领域本体构建模板由 16 个具体的模板组成，是领域本体构建的主要过程性文件。领域本体构建模板的组成及关系如图 12-5 所示。

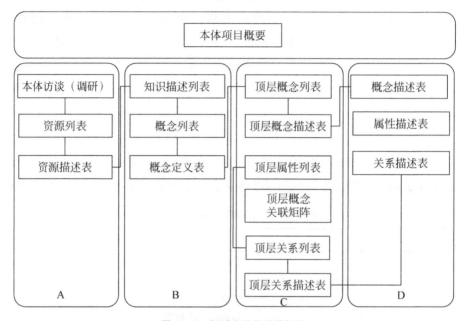

图 12-5 领域本体构建模板集

A 区模板：本体访谈、资源列表、资源描述表，适用于需求分析阶段；B 区模板：知识描述列表、概念列表、概念定义表，适用于概要设计阶段及迭代设计；C 区模板：体现领域本体框架设计思路，适用于概要设计及迭代设计；D 区模板：用于本体规模化构建，即在框架设计完成后，领域本体的成规模构建。

12.5.6 领域本体库实现

领域本体库的构建过程如下：

1. 资源收集与处理

收集以下语义资源，分析并抽取产品领域相关术语：《中国航空百科词典》，航空科技资料主题表，全国科学技术名词审定委员会航空科学技术名词，国家军用标准、强制性国家军用标准、国家标准等相关标准文件，《产品设计手册》等。

2. 构建产品领域本体库

首先以总体、气动、结构、强度专业领域为试点离线构建本体库，然后推广到其他领域和专业，形成较完整的产品领域本体库。

3．本体库导入知识工程系统

将离线构建的领域本体库导入知识工程系统，并得到产品研制专家的修改及确认。

12.5.7 产品领域本体库建设成果

研究和开发面向产品设计的本体体系，初步形成产品研制知识体系和研制知识工程平台的骨架和基础；产品本体库覆盖型号研制全生命周期，覆盖型号研制全部专业领域；整理出全所各领域的产品研制相关术语，构建了术语之间的本体关系（表 12-7）。

表 12-7 产品领域本体术语及术语关系构建数量

序号	领域	术语数	同义词数	英文词汇数	定义数	关系数（同义、上下位、相关）
1	总体气动	1322	104	766	766	4688
2	结构	210	13	137	134	1188
3	强度	90	—	—	90	418
4	飞控	215	26	145	145	1387
5	机电	733	91	641	640	3012
6	航电	484	62	355	355	2421
7	武器	381	86	334	334	1560
8	推进	717	113	660	660	3822
9	综保	255	12	206	206	2079
10	试飞	391	38	326	326	1754
11	材料	436	65	360	360	2082
12	标准化	69		14	14	156
合计		5303	610	3944	4030	24 567

12.6 建设多领域知识融合的知识库

12.6.1 知识体系设计

基于研制流程及科研活动中的知识需求，在系统工程三维模型的基础上，分析知识的多维属性，可以将每一项知识根据其所属专业领域、所有者组织架构、所属研制阶段、知识类型等多个维度进行分类归属，以从不同角度查看和检索知识，建立易于理解和可操作的知识分类，更加方便知识的应用。各知识体系根据其自身用途及特点，有的相对稳定，有的动态变化。根据所内需求，未来可扩充，形成更多维度（譬如按型号维度）的知识体系。

12.6.2 知识库结构设计

知识工程的一个核心内容是构建产品研制知识库。知识库的建设首先要依赖和掌握好已有的各种基础知识资源，如标准库、规范库、各种实例库、标准件库、已开发过的各专业设计程序、已有的各种软件、各种优化方法、各类文档资料、各种数据、各种经验集、各种解决方案、已有的各种知识条目等。

知识库用于存放用户创建、系统集成的外部知识资源以及通过接口集成其他系统中的知识。

针对需求，建设产品设计知识库。在该库下，按照领域及专业继续划分为：领域知识库，如总体知识库，如气动知识库、强度知识库等；专业知识库，如静强度知识库、动强度知识库等。

产品设计知识库的结构如图12-6所示。

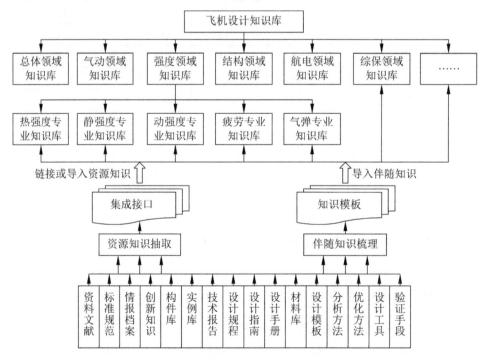

图12-6　产品设计知识库的结构

设计好知识库架构后,便可以设计不同类型的知识模板。这也需要根据各专业及其不同知识的类型来定制知识模板的结构项,包括知识的基本属性、知识所属专业、知识贡献者、知识的描述等。基于模板便可以产生知识,并将知识放到多维分类体系上。

知识通过两种途径进入知识工程系统的知识库中:①在知识模板中离线梳理的伴随知识,通过模板导入知识库;②从外部知识资源中抽取的知识,通过集成接口自动链接或导入知识库。

12.6.3 知识类型确定

基于产品研制特点、研制流程及科研活动中的知识需求,将知识分为11类:流程类知识、依据来源类知识、数据类知识、标准规范类知识、方法类知识、技术报告类知识、经验/教训类知识、手段/工具类知识、专利/成果类知识、术语类知识和其他类知识。

1. 流程类知识

流程类知识包括科研活动外围的流程知识和科研活动内部的流程知识。

科研活动外围的流程知识指该科研活动与其他与之有输入输出关系的科研活动的流程,旨为明确该科研活动在研制数据流程中的位置,即清晰表明该科研活动的输入来源的各个科研活动,以及该科研活动输出去向的各个科研活动。外围流程类知识表示科研活动和相关科研活动的逻辑关系,一般以数据流图的形式表示。此类知识还应包括对科研活动的输入输出的选取原则、要求等的进一步描述,一般以文字描述的形式表示。

科研活动内部的流程知识,主要描述执行科研活动的设计子流程、执行步骤的说明。此类知识指导科研活动的执行,可以工作流图或文字描述的形式表示。

2. 依据来源类知识

科研活动开展的背景和依据,用来描述为什么开展此科研活动。多为上级指令性文件等。

3. 数据类知识

数据类知识是指支撑型号研制过程和进行产品设计的参考数据资源,包括工程实例数据、基础支撑数据、各种参考库等数据资源。数据类型包括结构化数据、数学模型、图片视频、文件、三维数模、输入参数以及相关成品数据等。

4．标准规范类知识

标准规范类知识是用于提供型号研制过程中具体科研活动需要遵循的标准和约束条件。产品研制规范知识是指型号研制过程中所需要用到的规范、条例、标准，如相关国家标准、国家军用标准、行业标准、企业标准、型号规范、标准化大纲等。它们为产品设计确定了必须遵循的标准，以保证产品设计的标准化和正确性。

5．方法类知识

方法类知识是提供给工程师在设计、计算、优化、试验等任务中进行工具选择、方法选择、参考和调用等，如设计和装配的方法、工程估算的分析方法、仿真分析方法，以及现有的自研程序、设计方法等。方法类知识包括显性方法和隐性方法。

6．技术报告类知识

档案系统中存储的各类技术报告。

7．经验/教训类知识

经验类知识为工程师在处理同类问题时，提供成功经验、心得和失败教训，避免重复错误。对完成某个研制任务中各种隐性知识的汇总描述，可随时积累，包括但不限于各种经验、教训、最佳实践、解决办法、应用技巧、使用心得等，如建议的技术措施、技术结构、故障解决对策、设计方法、工艺方法、试验或测定方法、数据处理方法、参数选择方法等。

8．手段/工具类知识

产品研制工具类知识，指单位和人员具有的支撑所内核心业务和竞争力的研制设计中使用工具的方法，可包括工具使用手册、使用案例和使用方法。

9．专利/成果类知识

专利类知识指已申请和已授权的专利，成果类知识指各种攻关研究项目的成果等。

10．术语类知识

术语类知识指该科研活动相关的术语。

11．其他类知识

其他类知识指其他不属于以上类型的知识。

12.6.4 知识模板设计

知识模板又称为知识属性模板，用于描述知识的综合信息。该所确定了伴随知识模板的结构及每个属性项的含义及规则如下。

（1）序号：模板中知识的排序。

（2）关联科研活动编号及名称：编号和名称间用"；"间隔。可填写多个科研活动编号及名称，之间以空格分开。

（3）知识名称：知识的命名。

（4）所属领域/专业：知识所属的领域/专业。一条知识可属多个领域/专业，但需按"领域/专业"页签内领域/专业名称填写，之间以空格分开。

（5）知识类型：从给出的11类中选择知识类型，流程类、依据来源类、数据类、标准规范类、方法类、技术报告类、经验/教训类、手段/工具类、专利/成果类、术语类和其他类。

（6）关键词：该知识的关键词。可填写多个，之间以空格分开。

（7）知识来源：写明知识产生的型号（所内、所外）、课题、专项名称。

（8）已应用的型号/课题/专项：写明该知识已经应用的一个或多个型号、课题或专项的名称，之间以空格分开。

（9）国家密级：知识的国家密级。选择机密、秘密、内部或非密。

（10）商业密级：知识的商业密级。选择商业密级A、商业密级B或内部。

（11）知识提供者：知识原作者的姓名。可有多人，之间以空格分开。

（12）知识提供者单位：知识原作者所属的组织机构。如果是所内人员，填写到科室一级，如"101"；所外人员，填写工作单位，如"第一试飞院"，与知识提供者一一对应。

（13）知识梳理者：梳理此条科研活动伴随知识的人的姓名。可有多人，之间以空格分开。

（14）知识梳理者单位：知识梳理者所属的组织机构，填写到科室一级，如"101"，与知识提供者一一对应。

（15）知识内容/摘要：填写知识的内容或者摘要。此栏填写内容的长度不超过200字。如果知识内容超过200字，请以附件形式提交知识。

（16）附件：填写附件的文件名称及后缀。

12.6.5 梳理科研活动的伴随知识

WBS模型中每个科研活动伴随知识的梳理工作按照以下步骤进行。

1. 制定科研活动伴随知识梳理指南和模板

为推进知识梳理工作的有效执行,针对所内需求,编写并发放了《科研活动伴随知识梳理模板》用于收集知识,同时编写了《科研活动伴随知识梳理指南》作为指导参考文件。

2. 确定各部试点科研活动及负责人

为明确试点伴随知识梳理的任务,所内确定了梳理的试点科研活动,同时确定了每个科研活动的负责人。

3. 各部开始梳理试点科研活动伴随知识

各部门知识梳理参与人员依据指南和知识模板,完成对科研活动的伴随知识的梳理工作。

4. 研讨每类知识的含义,总结梳理经验

各部提交已梳理的科研活动伴随知识,项目组与所内针对前期梳理情况召开研讨会,具体研讨明确了每类知识的含义。

5. 继续梳理后,汇总梳理成果

依据研讨会经验,各部门继续梳理伴随知识,并汇总梳理成果。通过试点科研活动的梳理,验证了梳理流程和方法的可行性,使各部均有试点梳理人员掌握了梳理原则和方法。

6. 科研活动伴随知识梳理推广

伴随知识梳理工作推广到各部门主任设计师以上人员。按要求,每人完成一定数量科研活动的伴随知识梳理。

7. 知识梳理成果收集及导入系统

对全部梳理成果进行收集,并将知识导入到知识工程系统中。

8. 伴随知识融入研制活动

伴随知识在系统中关联到科研活动上的实现方案有两种:

(1)对于在伴随知识梳理中获得的知识条目,如果梳理人填写了知识的关联科研活动编号,则在将知识导入知识工程系统的同时,知识会直接关联到研制流程管理系统中对应的科研活动上,成为该科研活动的伴随知识;

(2)在定义科研活动信息时,可以在流程管理系统中直接为科研活动关联伴随知识。

除了伴随知识外,系统根据科研活动的相关属性进行分析和计算,会推

送出相关的参考知识。参考知识是由系统的人工智能算法计算得出的，可以给用户在应用科研活动起到参考借鉴作用。

综上，实现了本项目的研究目标：多领域知识融合度达到30%以上，即WBS底层执行性研制活动的伴随知识30%以上实现自动化或半自动化的知识推送。

12.6.6 知识资源入库

1．科研活动伴随知识入库

科研活动伴随知识将通过模板导入知识工程系统的知识库中。同时，也可以在知识工程系统中直接添加并填写科研活动相关的伴随知识。

2．设计指南入库

针对所内各部保存的Word版设计指南，将设计指南以文档类知识的形式存储到知识工程系统中的各专业知识库内。导入设计指南的操作可以利用知识工程系统的知识导入功能完成。

3．其他知识资源集成

针对所内已在使用的各类知识资源，根据系统对各资源的需求及可能性，进行不同程度的集成。通过数据接口构建不同类型的外部资源知识库，实现知识的充分共享、统一检索，提高企业知识利用效率，避免单个知识库形成信息孤岛而造成资源浪费。本项目需要集成的知识资源包括档案管理系统、数字文献系统、情报系统、综合标准化系统。

12.6.7 自动化/半自动化的知识推送

将与科研活动关联的伴随知识，根据研制任务、执行任务的研制人员角色权限的不同，推送到研制人员工作环境中的知识工程应用端，供查询使用。实现知识与研制活动紧密伴随，进行每一项产品研制设计工作时，都有不同类型的知识自动推送到设计人员的工作桌面上。设计人员还可检索、补充、扩展知识库中的其他知识。

12.6.8 产品设计知识库建设成果

在系统中构建了具有多领域知识的产品设计知识库。按照领域划分为总体知识库、气动知识库、结构知识库、强度知识库等。

知识库构建过程如图 12-7 所示，分散在个人、部门内的知识通过各知识体系的筛选统一入库。入库后提供统一的知识地图和搜索引擎，并可通过各知识体系进行查询。

专业知识库中包含产品设计流程中各阶段 WBS 所需的各种知识，其内容包括标准、规范、设计规程、通用要求、指南、手册、材料、各种实例库、标准件库、构件库、设计模板、分析软件、分析方法、优化方法、设计工具、验收手段等。

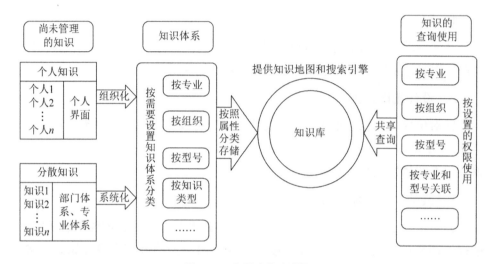

图 12-7　知识库构建过程

12.7　开发产品多领域知识工程平台

产品多领域知识工程平台框架如图 12-8 所示。

12.7.1　知识工程平台功能

1. 系统的基本功能

知识工程平台的基本功能包括知识动态、知识导航、本体术语、专家地图、知识问答、知识统计、知识维护、个人空间、知识搜索、知识关联、知识沉淀、知识推送等。

2. 系统定制功能

根据项目需求，对定制功能进行设计，主要包括以下功能：知识沉淀、

第 12 章 面向流程的知识工程

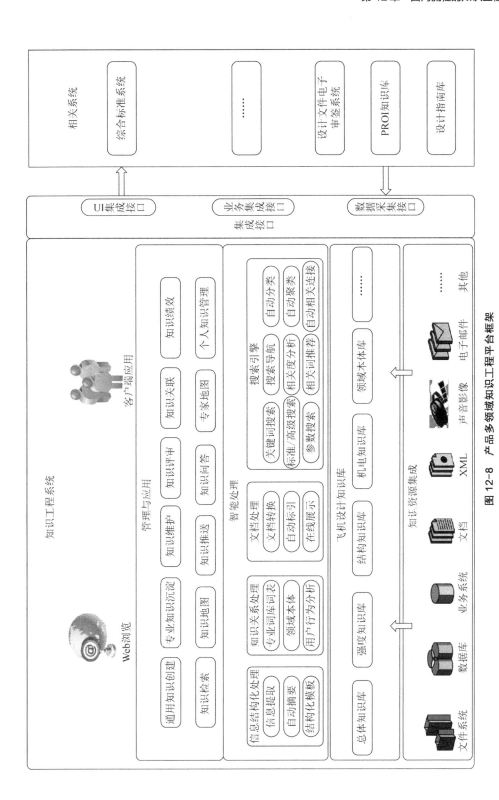

图 12-8 产品多领域知识工程平台框架

伴随知识按相关度排序、专家模板定制、按知识库和分类进行知识操作授权、人员密级和知识密级建立关联等。

3．系统外部接口

以下系统与知识管理系统建立了有交互的外部接口：档案管理系统、某室综合标准化系统、某部情报系统与资料文献系统等。

12.7.2　知识工程平台上线

1．上线设置

完成对知识工程系统的系统用户设置、角色设置、权限设置和流程设置。

2．用户设置

按所内要求在系统中建立用户信息、用户所属部门等。

3．角色及权限设置

知识工程系统共定义10个角色，表12-8给出了每个角色包含用户范围及其授权范围。在平台门户的"系统管理-角色管理"中，可以建立知识工程系统的10个角色，并完成对每个角色中用户的添加。

表12-8　知识工程平台角色包含用户范围及其授权范围

角　色	部门	职务	技术岗位	角色描述	授权范围
知识工程一般用户（全所人员）	全所人员				除"知识维护"功能模块以外的其他功能模块
知识工程维护者（总师）	总体	所领导/副总师		负责管理总体的所领导/副总师	本体术语、知识导航、知识统计、知识问答、专家地图等功能模块；知识维护功能模块的"本体维护－本体术语维护－检索、导出、浏览"和"专家地图维护"
知识工程维护者（部长）	部门	副部长及以上人员，或技术助理		各部副部长及以上人员，或各部技术助理	本体术语、知识导航、知识统计、知识问答、专家地图等功能模块；知识维护功能模块的"本体维护－本体术语维护－检索、导出、浏览"和"专家地图维护"

续表

角 色	部门	职务	技术岗位	角色描述	授权范围
知识工程维护者（主任）	专业室	副主任及以上人员	副主任设计师及以上人员	各专业室副主任及以上人员，或专业室内副主任设计师及以上技术人员	本体术语、知识导航、知识统计、知识问答、专家地图等功能模块；知识维护功能模块中的"本体维护－本体术语维护""基础维护－库维护－维度维护""知识库维护－知识模板""知识库维护－知识－修改意见、评论、检索、下载、推荐、发送到科研活动、修改、浏览、查看知识所属科研活动、新建、收藏"和"专家地图维护"
知识工程维护者（系统管理员）	信息网络中心		系统管理员	信息网络中心知识工程系统管理员	本体术语、知识导航、知识统计、知识问答、专家地图等功能模块；知识维护功能模块中的"本体维护－本体关系类型维护""基础维护""知识库维护"
知识工程审批者（总师）	所办/总师办	所领导/副总师		所办/总师办的所领导/副总师	知识所级审批、本体所级审批
知识工程审批者（部长）	部门	副部长及以上人员	主任设计师	各部副部长及以上人员，或各部内主任设计师	知识部门级审批、本体部门级审批
知识工程审批者（主任）	专业室	副主任及以上人员	副主任设计师及以上人员	各专业室内副主任及以上人员，或各专业室内副主任设计师及以上技术人员	知识专业级审批、本体专业级审批、专业级知识模板审批
知识工程审批者（专家）	全所人员		科技委专家、知识系统专家	全所的科技委专家或各部的知识系统专家	知识专家级审批、本体专家级审批
知识工程审批者（系统管理员）	信息网络中心		系统管理员	信息网络中心知识工程系统管理员	知识关系类型审批、本体关系类型审批、所级知识模板审批

4. 审批流程设置

（1）审批流程：系统中共包含 10 个审批流程，见表 12-9。

表 12-9 审批流程

序号	审批流程	审批流程说明
1	知识发布	（1）新建知识后（包括以文档导入形式入库的知识），需要提交审批后方可发布； （2）审批状态为"未审批"的知识方可提交审批
2	知识删除	（1）知识的审批状态为"审批通过"时，删除知识需要提交审批； （2）用户提交审批申请后，知识的状态变为"审批中"，若审批通过，该知识直接被删除；若不通过，该知识的审批状态重新变为"已发布"； （3）审批状态为"审批中"的知识不能选择和删除； （4）知识的审批状态为"未审批"或"驳回"时，可直接删除知识
3	知识查看	（1）依据人员密级与知识密级的关系来判断知识查看的权限； （2）人员的密级：核心、重要、一般（按照重要性降序），知识的密级：机密、保密、非密、内部（按照密级由高到低排序）； （3）核心人员可以查看四类密级的知识，无须走审批申请流程； （4）重要人员可以查看保密、非密、内部的知识，无须走申请流程，在查看机密知识的时候需要走审批申请流程； （5）一般人员只能查看非密以及内部知识，查看机密知识需要走审批申请流程，查看保密知识时如果是本部门的人员就可以直接查看，如果是非本部门人员则走审批申请流程
4	知识模板发布	（1）新建知识模板后，需要提交审批后方可使用； （2）审批状态为"未审批"的知识模板方可提交审批； （3）知识模板审批通过后，审批状态变为"审批通过"，当前状态变为"启用"
5	知识关系类型发布	（1）新建知识关系类型后，需要提交审批后方可使用； （2）审批状态为"未审批"的知识关系类型方可提交审批
6	知识关系类型删除	（1）知识关系类型的审批状态为"审批通过"，使用状态为"未使用"时，删除知识关系类型需要提交审批； （2）用户提交审批申请后，知识关系类型的审批状态变为"删除审批"，审批通过后方可删除该知识关系类型； （3）知识关系类型的使用状态为"使用中"，用户不能删除该知识关系类型； （4）知识关系类型的审批状态为"未审批"时，可直接删除知识关系类型
7	本体发布	（1）新建本体术语后，需要提交审批后方可发布； （2）审批状态为"未审批"的本体术语方可提交审批

续表

序号	审批流程	审批流程说明
8	本体删除	（1）本体术语的状态为"已发布"时，删除本体术语需要提交审批； （2）用户提交审批申请后，本体术语的状态变为"删除审批"，若审批通过，该本体术语直接被删除；若不通过，该本体术语的状态重新变为"审批通过"； （3）本体术语的状态为"审批中"（发布审批或删除审批）时，用户不能删除该本体术语； （4）本体术语的状态为"未审批"或"审批未通过"时，可直接删除本体术语
9	本体关系类型发布	（1）新建本体关系类型后，需要提交审批后方可使用； （2）审批状态为"未审批"的本体关系类型方可提交审批
10	本体关系类型删除	（1）本体关系类型的审批状态为"已发布"且使用状态为"未使用"时，删除本体关系类型需要提交审批； （2）用户提交审批申请后，本体关系类型的状态变为"删除审批"，若审批通过，该本体关系类型直接被删除；若不通过，该本体关系类型的审批状态重新变为"已发布"； （3）本体关系类型的使用状态为"使用中"或审批状态为"审批中"（发布审批或删除审批）时，用户不能删除该本体关系类型； （4）本体关系类型的审批状态为"未审批"或"未通过"时，可直接删除本体关系类型

（2）审批环节：每个审批流程包含多个审批环节。

5．基础数据设置

（1）构建知识多维分类体系：组织维度、专业维度、知识类型维度、研制阶段维度、型号维度。

（2）构建知识库：产品设计知识库、设计指南库。

（3）定义知识关系类型：参考、引用、相关。

（4）定义知识模板：伴随知识梳理模板、设计指南模板。

（5）定义本体关系类型：上位、下位、相关。

（6）定义本体分类维度：总体领域、强度领域、结构领域等。

12.7.3　知识工程平台应用

1．知识的按需抽取

多方式的搜索实现按需抽取。系统的智能检索功能提供关键词、概念以及高级搜索三种方式给用户带来了全方位与更彻底的检索方式。知识工程系统对搜索结果进行了相关度排序。同时基于文章内容中的主要概念，对每篇文章自动生成摘要。

此外，知识工程系统能根据用户浏览内容或者是检索条件产生变化的动态摘要，使用户通过摘要就能判断是否要打开进行查看，并且能够动态了解信息条目之间的关系。

2. 知识的按用重构

科研活动知识伴随模式实现按用重构。新的研制活动或任务需要构建关联、伴随知识时，可随时到研制知识库中抽取知识，关联到该任务上。

当研制工作的应用需求变化等原因，原来已关联到该科研活动的知识不能满足当前任务需求时，可在研制知识库中重新检索知识，来更新此科研活动的伴随知识。将研制活动中产生的新知识，送回到知识库中，以完善知识库。

3. 知识的自动/半自动推送

通过知识关联技术，将知识与科研活动结合，利用知识工程平台将伴随知识自动推送到研制工作环境中的知识工程应用端。还可自动生成知识的扩展关系，推送特定知识的相关知识、术语、科研活动。

12.7.4　知识工程平台建设成果

1. 成功开发上线了产品多领域知识工程平台

突破知识的按需抽取、按用重构、知识推送、知识集成等关键技术，成功开发并实现了知识工程平台的各项功能。

通过产品多领域知识工程平台的使用，实现真正将知识融入研制活动中，解决知识的复用困难。将设计经验以及与型号研制相关的各种流程、数据、方法、规范等知识积累与储备起来，并使这些知识与研制活动密切关联，做到"知识要用流程和每个科研活动串起来，在每个设计活动中要有知识作为支撑"，使知识能够得到有效的积累和传承。

2. 知识工程平台实现了对知识的全生命周期的管理

通过知识工程平台实现对知识的全生命周期的管理，包括知识新建、审批、查询、表达、共享、更新等基本功能，并能为知识应用者提供伴随科研活动执行过程的知识应用。

其技术难点在于产品多领域知识工程平台不是通常意义上的知识工程平台，它是为复杂产品研制服务、与产品研制流程紧密结合的知识工程平台。

复杂程度和设计难度大于现在广泛应用的一般信息管理系统。

3．知识工程平台实现了对知识的按需抽取、按用重构

通过知识工程平台实现了根据按需抽取、按用重构的原则,将各专业知识库中的内容,用自动化或半自动化的手段推送到需完成某科研活动的工作人员手中。

通过支持多方式的搜索方式解决了知识搜索过程中按需抽取的映射机制问题。通过科研活动伴随知识的构建和推送解决了知识按用重构的映射机制问题。

12.8 体系先进性与创新性

本体系的建立,使该所可以按设计流程来开展产品研制工作,按设计准则进行产品设计工作,使产品的设计规范化,大大提高产品研制的效率和正确性。复杂产品和系统的研制活动的构建,以及研制流程的数字化实现,将规范所有研制任务的执行,大大缩短研制设计周期,提高研制效率。

企业持续竞争优势的真正来源是其有价值的、稀缺的、难以模仿和不可替代的资源,而知识是其中最重要的资源之一。因此,建立基于本体的多源产品设计知识库,为产品设计提供一个共享知识平台,以此来保持企业持续的竞争优势。

通过将知识伴随推送到研制活动上,可在研制过程中应用知识,解决由于研制人员新老交替带来的知识传承问题,从而解决新形势下年轻设计队伍对高、精、尖产品研制挑战的需要。梳理每一个研制任务所需的知识,并将知识自动或半自动地关联和推送到研制活动,实现不同人员进行相同研制活动可使用同样的知识,获得同样的效果和效率。

通过产品领域本体技术的研究及数字化实现,为研制知识和研制流程的有机融合、知识的智能扩展以及创新打下良好基础。创新是企业的生命力和生命线,也是企业能够不断发展的基石,是企业具有不断开发新产品和开拓市场能力的体现。而创新离不开知识,只有基于知识的创新才能推动技术和经济的发展,推动社会的变革和进步。

第13章
基于知识的精益研发

13.1 建设背景及目标

13.1.1 体系建设背景

基于知识的精益研发案例.mp4

当前正值中国企业信息化（数字化）改革的关键时期，也是决定中国未来研发创新及发展的重要时期，国家实施"创新驱动发展战略"。某船舶工业研究院积极启动双轮驱动发展模式，全面实施以装备体系顶层研究为牵引，持续探索与推动科研模式的转型工作。

为推动该院的科研模式转型，从根本上转变系统集成设计的手段和方法，从依赖个人能力的经验型系统设计模式，转变为"以依托专业设计平台和设计工具为主、以个人经验为辅"的流程型系统设计模式，实现科研模式从"经验主导型"向"知识主导型"转变。切实加强自身研发能力和信息化建设水平，利用先进的计算机技术，打造基于知识工程的精益设计与敏捷管理的先进研发平台，形成覆盖面广、渗透性强的数字化研发能力和信息化管理体系，提高自主创新能力和核心竞争力，解决日益增长的业务发展和人力资源及设计手段严重不足的矛盾。

总体来说，信息化技术给该院研发设计带来的巨大效能还远未发挥。与发达国家乃至国内先进的同类单位相比，该院还存在较大差距，比如美国某项目采用一体化产品与过程设计模式，将系统工程方法和质量工程方法相结合，并应用一系列决策支持过程，在计算机综合环境中集成，有效提升了产品的质量。基于上述分析，该院希望逐步建立基于系统工程设计理论的正向设计体系，解决流程、知识和质量的关联问题，采纳仿真体系建设方法，最终建成满足该院长远发展的、融入精益研发理念的支撑平台。引入精益研发体系，是为了更好地推动该院科研模式的转型，完善研发体系，建立一个适合该院长远发展的科研工作平台。

13.1.2 体系建设目标

精益研发建设的长期目标是：形成一个模式，建立一套规范，建设一个平台。

一个模式：以流程化、知识化、工具化、规范化为核心，实现该院研发工作的精细化，不断提高研发产品的技术含量和研究水平，促进核心竞争力的有效形成和全面提升，逐步推动科研模式转型。

一套规范：形成以精细化的质量体系为核心的，一整套精益研发模式运行的规范和保障制度。典型业务领域以科研流程为核心，涵盖知识支撑、质量管控、工具集成的作业指导书和相关运行规范。

一个平台：适应该院当前业务工作特点和需求，对精益研发平台进行定制化开发，为该院科研人员提供一个基于科研流程的，以知识、质量管控、工具资源综合应用为特征的，有效支撑该院长远发展的，全面、高效、实用的科研工作平台。

该院精益研发体系建设具体目标如下：

第一，建设开放性的体系框架，支持新系统、新工具、新知识的持续接入，支撑该院研发水平和信息化技术的快速发展。通过产品研发技术体系和规范的数字化构建，整合产品研发资源，有效管理产品研发过程，实现产品研发过程的全数字化管理。

第二，通过精益研发框架的构建，规范研发流程、协同研发数据，实现产品研发的流程化和标准化，使研发工作按照流程开展，使研发过程可视、可控、协同和协调。通过完整的数字化研发流程，可以快速、科学地开展型号策划，快速确立研发的全局策略和执行方案，使得型号开发依据科学的顶层策划开展工作。通过型号产品的顶层策划和工作分解，将质量管理、知识工程与产品研发活动相关联，将任务、流程、数据、知识与产品研发工作有机结合，进而大幅提升执行层的工作效率。

第三，进行研发工具的体系化建设。依据流程和任务的要求，统一规范研发工具的采购，同时将研发工具集成在研发流程和具体任务中，不仅规范工具的使用，同时也提升使用效率，优化使用效果。梳理设计仿真流程，对设计流程进行数字化、工具化改造，支持仿真驱动设计战略的执行。建立设计、仿真、试验、测试、系统集成的标准与规范，进行组织、人才、软件、硬件的系统规划和建设，形成设计仿真集成化、试验、测试、系统集成数字化、协同化和专业化的工作环境。

第四，通过对产品研发知识梳理构建产品研发专业知识库。通过"研发活动伴随知识"，将产品研发相关的知识与产品研发流程建立关联，实现"知识与主营业务相关联，研发活动以知识为支撑"。

第五，构建产品研发全生命周期质量管理体系，实现基于型号产品全生命周期的质量策划与过程质量控制。通过对关键工作包的质量策划和管控，将质量要求真正落实在研发活动过程中，做到质量事前预防，而不是事后检核，让质量真正是设计出来的，即从研发阶段确保产品质量基因的优良。

第六，研发数据得到体系化管理，研发人员在流程和任务执行时，可以快速准确地找到相应的输入输出数据，实现产品研发过程数据的统一管理和有序流转。

13.2　业务蓝图及建设方案

13.2.1　精益研发业务蓝图

该院作为多学科、多专业、复杂产品的研发企业，数字化科研流程是开展型号工作的基础，结合精益研发建设的总体目标，在科研流程梳理的基础上又规划了三个方面内容的建设和应用：知识的伴随、质量的管控和设计工具的支撑，最终形成了具有精益研发特征的数字化科研工作的业务蓝图，如图13-1所示。该院精益研发的数字化科研工作主要包括流程管理、知识工程、协同开发和质量管理四个方面的内容和过程。这四个方面彼此关联、相互作用，以一个整体共同实现该院科研工作开展流程化、知识化、工具化和规范化的目标。

科研流程是复杂产品的顶层工作依据。标准化的科研流程可以让研发单位在研发过程中有据可依，减少部门之间沟通和协调的成本，同时标准化的科研流程也对研发人员起到了一定的约束作用，规范科研人员在产品设计过程中的行为。由此可见，流程管理是精益研发体系的基础和核心。通过开展流程梳理工作形成该院标准化、规范化、显性化的典型科研流程。根据型号实际情况，对典型科研流程裁剪生成具体的项目科研流程，作为开展工作的依据。

第13章 基于知识的精益研发

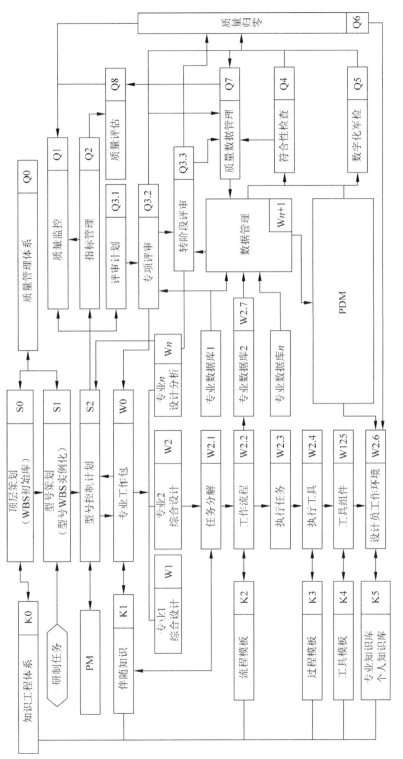

图 13-1 精益研发业务蓝图

知识工程是精益研发体系的重点内容，也是精益研发平台的特色之一。该院作为知识密集型研发单位，在多年型号工作中积累了大量的知识，但是知识资源都散落在个人手中，缺少一个知识共享和有效使用的环境。通过知识工程建设，对该院知识体系进行系统的梳理与建设，形成适合该院发展的知识体系，同时又将知识资源与科研流程相伴随，在型号研发过程中自动推送知识，实现科研工作的知识化。

协同开发是执行科研活动的环境，是精益研发平台的核心系统。流程管理解决企业技术管理层面的问题，协同开发则是解决企业技术开发层面的问题。科研流程梳理将科研工作分解到工作包层级，协同开发则可对工作包的执行步骤进一步的细化分解，并通过工具集成、组件封装和过程建模等技术手段为工作包或工作步骤的执行制作工具，实现人员、数据和工具的协同。协同开发的融入，丰富了研发工作开展的技术手段，提升了综合解决研发问题的能力，也为该院科研工作增加了工具化的特征。

质量管理是企业对科研人员研发能力持续改进的过程，也是对研发产品质量持续改进的过程。为了解决质量管理真正融入型号研发过程中的问题，在科研流程中增加质量要求文件的自动推送；在科研活动执行完成后增加质量检查表的环节，协助科研人员完成质量自查互查；为项目负责人和质量管理人员提供质量监控功能，实时监控项目质量情况。科研流程中增加了质量控制点科研活动，通过对质量控制点科研活动进行评审，及时发现质量问题，并通过质量跟踪、质量归零等功能实现产品质量的全过程管理，最终实现科研工作的规范化特征。

13.2.2 建设内容

基于该院精益研发应用架构，结合该院业务工作实际，精益研发体系建设内容分为总体建设内容和单项体系建设内容（协同开发体系、知识工程体系和质量管理体系），如图 13-2 所示。以下分别说明。

总体建设内容方面，需要基于该院产品战略和行业最佳实践，形成精益研发业务蓝图。基于业务蓝图进行该院精益研发信息化规划和建设，包括精益研发流程体系、知识工程与企业创新、综合开发与协同开发、质量设计与质量管理以及标准与规范等内容，最终落实到精益研发体系的三个建设方面（三条主线）：业务梳理、规范制定、平台建设。业务资源梳理是对该院科研流程、工具、质量规范、设计知识等资源内容进行全面、系统的挖掘、整合、分析和梳理。规范制定包括各类资源梳理规范、平台建设和使用规范、工指南等内容的制定。平台建设则主要是打造适合该院业务特点的精益研发软件平台。

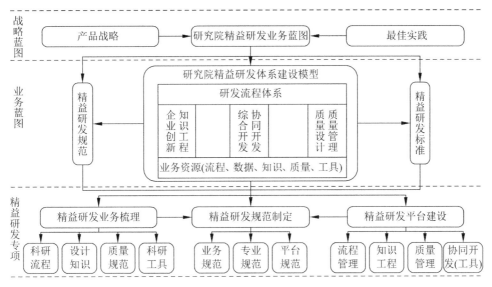

图 13-2　精益研发建设内容

三个单项体系建设方面，协同开发体系建设是要在该院开展基于知识化和仿真化的数字化协同开发体系建设，核心是要实现快速协同设计、仿真（建设内容）、测试和试验。知识工程体系的建设包括知识聚集、知识处理、知识应用三个层次，以及组织、流程、制度的配套支撑体系。质量管理体系建设主要从战略、流程、组织和技术等层面在该院实现管理基础的完善，以及质量与研发流程的紧密融合。

13.2.3　工作方案

为了实现精益研发体系的建设目标，精益研发体系按照规范制定、业务梳理、平台建设三条主线开展工作。这三条主线既相对独立又相互作用，互为支撑。三条主线之间的关系如下：

（1）规范制定工作形成的指南、规范和制度，为业务梳理工作提供理论指导，为平台建设提供制度保障；

（2）业务梳理工作形成的各项资源，可以反过来修正相关的规范制度，同时对平台建设提出定制化需求；

（3）平台建设工作形成的软件平台是业务梳理成果的载体和综合运行环境，同时可以对业务梳理成果的正确性和适用性进行验证。

基于以上三条主线的关系分析，精益研发体系确定采用"统一规划，并行协同，三线一体"的实施策略进行开展。三条线互为支撑、相互协同，最终作为一个整体实现对精益研发体系建设目标的验证。

本工作方案包括科研流程、科研知识、协同设计及质量业务相关的内容。根据本书的主旨，我们把介绍重点放在知识工程及其密切相关的科研流程方面，协同设计和质量部分简要介绍。

13.3　精益研发规范制定

13.3.1　工作目标

规范制定工作是该院精益研发体系的三条主线之一。规范制定工作的目标是制定一套符合该院精益研发模式的运行规范和制度保障体系，保证精益研发模式在该院的顺利推进。

13.3.2　工作内容

精益研发体系在规范制定主线上，要完成的工作内容包括理念宣贯、梳理指南、工作指导和制度保障等四类文档的具体编制和相关工作，如图13-3所示。

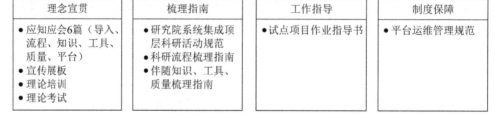

图13-3　规范制定工作主要内容

1．理念宣贯类

理念宣贯工作是开展精益研发体系的基础，具体工作内容包括：

（1）编制精益研发应知应会6篇（导入篇、流程篇、知识篇、工具篇、质量篇和平台篇），各篇文档结构基本一致。文档内容主要包括各系统通用理论基础的介绍、概念术语、系统定位价值、该院体系建设的意义、目标、工作内容等事项。

（2）定期制作精益研发理论知识、项目工作的展板和宣传片等，在该院人员密集位置处展示。

（3）定期开展精益研发理论的培训工作，培训对象包括精益研发体系领导小组、指导组、实施组、型号应用组等。

（4）定期组织精益研发理论学习与考试，考试对象包括精益研发体系领导小组、指导组、实施组、型号应用组等。

2．梳理指南类

梳理指南类文档是该院开展业务梳理工作的指导性文件的总称，其中主要包括：

（1）制定试点项目的《系统集成顶层科研活动规范》，作为型号应用组技术人员开展科研流程梳理工作的顶层指导性和约束性文件。文档内容主要包括编制说明、编制目的、主要构成、主要原则、建立方法、主要依据、立项阶段顶层科研活动、方案阶段顶层科研活动、设计定型阶段顶层科研活动等。

（2）编制试点项目《科研流程梳理指南》，作为型号应用组技术人员开展科研流程梳理工作具体操作层面的指导性文件。文档主要内容包括业务梳理目的、业务梳理的理论基础、业务梳理的过程和方法、梳理指南、梳理模板等。

（3）编制试点项目科研流程《伴随知识、工具、质量梳理指南》，作为型号应用组技术人员开展科研流程伴随知识、工具和质量梳理工作的指导性文件。文档主要内容包括业务梳理的目的、业务梳理的理论基础、业务梳理的过程和方法、梳理指南、梳理模板等。

3．工作指导类

在完成试点项目科研流程梳理工作的基础上，对历史项目和新项目科研流程进行共性研究，制定试点项目的《作业指导书》，作为科研人员在执行科研任务过程中的指导性文件。《作业指导书》的主要内容包括指导科研人员在研发过程中需要遵照的流程、设计参考的知识、可用的工具、相关质量要求和标准等。

4．制度保障类

在精益研发体系的科研工作平台建设过程中，还需要制定与之相对应的配套管理规范，配合平台运维工作出台《平台运维管理规范》。该规范是平台软件交付后，在日常工作中使用和维护的规范性文件，从使用场景、应用模式、权限申请和设置、管理办法和制度、常见运维问题处理等几个方面对平台运维提供指导。

13.4 精益研发业务梳理

业务梳理是对该院的各项业务资源（科研流程、知识、质量管控内容、工具等）进行收集、分析、整理和固化，并导入平台中供后续工作使用。这些业务内容是基于精益研发业务蓝图开展工作的基础。

13.4.1 流程梳理

科研流程梳理是精益研发体系的基础，对于提升该院整体科研能力，做强、做大该院的业务具有重要意义。

1．梳理目标

（1）将隐性科研流程显性化，为优化科研流程奠定基础；

（2）固化科研过程，使复杂产品（系统）的研发有序、正确、高效地进行；

（3）规范所有科研活动及其之间的数据流转关系；

（4）为企业项目管理和其他辅助流程提供统一依据。

2．梳理内容

科研流程梳理分历史项目科研流程梳理和新项目科研流程梳理两方面。梳理内容包括科研流程的WBS分解结构、工作包的基本属性信息（科研活动的名称、编号、工作说明）、工作包的输入输出等。

3．梳理过程与方法

该院历史项目的科研流程梳理以产品设计规范为基础，以该院质量管理体系文件为依据，按照该院科研流程梳理模板（如图13-4、表13-1所示），采用自顶向下的流程梳理方法，同时在各层级兼顾输出的完整性，对试点项目按照方案阶段、工程研发/技术设计阶段、工程研发/设计验证阶段、工程研发/设计确认阶段和设计定型阶段进行线下分解并梳理每个阶段的科研流程，梳理WBS分解结构，定义工作包的基本属性（科研活动名称、编号、工作说明）和输入输出。通过研讨、修订、评审形成试点历史项目的科研流程。

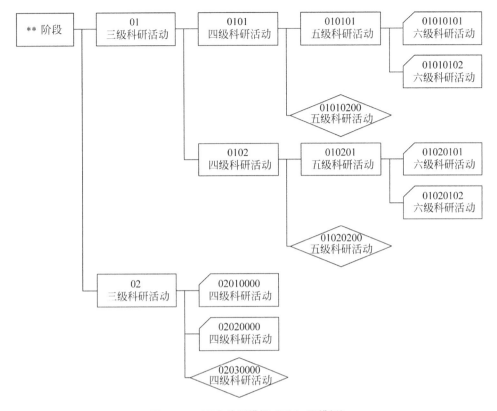

图 13-4 WBS 梳理模板（Visio 图模板）

表 13-1 WBS 梳理模板（Excel 实例）

工作元素编号	所属层级	叶节点	输入名称	工作元素名称	工作说明	输出名称
0102	四	是	1.订购方提出的型号初步技术指标；2.某使用性能要求	编写调研提纲	根据项目需求，准备调研活动	某系统需求调研提纲
0104	四	是	某系统需求调研提纲	开展需求调研	根据调研提纲，开展调研活动	某系统需求调研纪要
0108	四	是	某系统需求调研纪要	编写调研报告	根据调研纪要，编写调研报告	某系统需求调研报告

科研流程线下梳理完成后，导入科研流程管理系统生成科研流程的数字化版本，在线对科研活动的输入输出进行匹配，最终形成试点历史项目的科研流程。

新项目的科研流程梳理是基于历史项目的科研流程，通过对科研活动的增、删、改实现科研流程的快速构建，通过研讨、修订、评审最终形成试点新项目的科研流程。

在新项目的科研流程梳理过程中，可以提出对历史项目科研流程的修改意见，以优化、完善历史项目的科研流程。新项目的科研流程也可以转化为历史项目的科研流程。

科研流程梳理过程如图13-5所示。

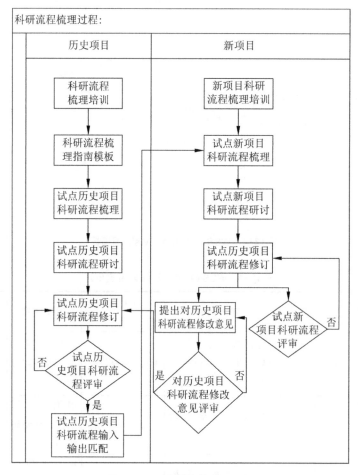

图13-5 科研流程梳理的过程

4．应用模式

1）基于历史项目形成新项目

项目组长基于历史项目科研流程，通过增、删、改快速构建新项目科研流程。新项目的科研流程继承了历史项目科研流程的部分WBS结构和工作包信息。对于新增加的科研活动，定义工作包的基本属性、输入输出、关联知识、工具、质量等信息，分派任务，发布工作包，完成项目策划。

2）基于科研流程开展科研任务

项目成员接收科研任务，查看工作包的信息，按照质量管控信息的要求，参考工作包的伴随知识，启动工具，开展科研工作。科研工作完成后，提交输出物，关闭科研任务。

13.4.2 知识梳理

知识工程体系建设是该院精益研发体系的重点，知识梳理是知识工程体系建设的核心内容。

1. 梳理目标

（1）整合该院已有显性知识,实现全院知识的共享化、个人知识的组织化；

（2）挖掘该院内的隐性知识，实现隐性知识显性化，让专家的知识保留在院内不流失，让知识在院内流动起来；

（3）全部科研活动有伴随知识，知识与科研流程相结合，使科研人员在执行科研活动过程中，有完备的知识指导。

2. 梳理内容

根据该院目前的知识现状及需求知识梳理的范围梳理内容包括两个方面：试点项目关键科研活动伴随知识和文档管理员处的资料。

（1）伴随知识指执行每个科研活动所需要的知识。伴随知识对科研工作具有指导、参考或借鉴作用。试点项目关键科研活动伴随知识的梳理是总结试点项目工作中支撑此科研活动完成的所有知识（经验知识、技术文档、质量要求等）以及该科研活动的产出物。

（2）文档管理员处的资料包括质量体系要求的技术文档、外来资料、项目重大节点的影像资料、会议记录单、协调单等。文件资料存在的形式各所均有所不同，大部分文档资料已实现电子化，影像资料存放在光盘、硬盘或软盘中，会议记录单等协调类文档分散在个人手中。此类资料需将文档管理员处的资料按照事先定义好的知识类型归类后，使用定制的知识模板批量导入知识库进行管理和使用。

3. 梳理过程与方法

为保证梳理的知识可满足用户使用的规范性和实用性要求，在借鉴其他单位梳理经验的基础上，制定了该院知识梳理的过程与方法。具体如下：

（1）调研各所知识资源分布、存储、管理和应用情况；

（2）基于该院的业务特点确定现有知识资源的知识类型；

（3）根据知识管理和知识应用的需要，确定各类知识的属性信息；

（4）定制知识梳理模板，其中知识模板样例如表13-2所示；

（5）借鉴其他单位精益研发体系知识梳理的经验，结合该院业务实际，编制知识梳理指南；

（6）开展知识梳理培训；

表13-2 知识模板样例

序号	属性字段	内容举例	备注
1	标题★	某系统设计报告	必填项
2	关键字★	设计报告某系统	必填项，用于建立索引
3	摘要		选填项，文本域，200字以内
4	维度★	专业维度；项目类型维度；产品维度	必填项，下拉菜单
5	密级★	内部/秘密/机密/绝密	必填项，保密要求，下拉菜单
6	部门	三所/其他	选填项，部门控件
7	检索编号	文档管理员自用	选填项，文本
8	份数	2	选填项，文本
9	页数	45	选填项，文本
10	更改情况	2013年11月13日，换B版	选填项，文本域，文档员自用
11	研发阶段	方案设计	选填项，下拉菜单
12	装备对象		选填项，文本域或下拉菜单
13	所属系统（项目）★	某系统	必填项，文本域或下拉菜单
14	是否归档	是/否	选填项，下拉菜单
15	文件备注		选填项，文本域
16	文件类型	文档/光盘	选填项，下拉菜单
17	文件来源	内部/外来	选填项，下拉菜单，根据此项确定后续属性
18	内部-编制人★	某工程师	必填项
19	内部-编制日期	2014年3月11日	选填项，日期控件
20	内部-文件编号	XT-×××/WK-×××	选填项，文本
21	外来-来文单位	该所	选填项，文本
22	外来-来文途径	自带/外单位发文/其他	选填项，下拉菜单
23	外来-机要号	12345678	选填项，文本

（7）指导各所知识梳理人员依据知识模板开展梳理工作；
（8）收集各所知识梳理的知识，检查梳理成果的符合性；
（9）指导各所知识梳理人员将知识导入系统并与科研活动建立关联。

4．梳理成果展示

梳理成果是指知识梳理人员按照定制的知识梳理模板属性项要求填写，经收集处理后进入系统展示给用户的知识条目。如文档类知识条目是将知识的内容、摘要、标题、关键字、附件等内容一一展示给用户浏览使用。

5．应用模式

1）知识导航

构建知识库的目的是为了更好地管理和应用知识。通过建立多个知识库实现分类管理知识，如建立经验/教训知识库、标准规范库、专用文档库等。知识库中的知识条目可通过知识导航功能快速定位和查看。

2）知识搜索

知识搜索包括用户日常使用知识时的查询和执行科研任务时的查询，两者都可通过多种检索途径实现知识搜索。

3）科研活动的支持

知识对科研活动执行的直接支持包含三方面的内容：伴随知识、他人推荐的知识、自动推送的知识。这些知识与科研活动紧密相关，有针对性地高效指导科研任务的执行。伴随知识是指在梳理或者项目策划时与科研活动建立关联关系的知识。他人推荐的知识是用户在系统中选择并推荐给科研活动的知识。自动推送的知识则是系统根据知识和科研活动的相关度自动为科研活动推荐的知识。一般说来，这些知识能为科研活动执行提供的参考价值从高到低依次为伴随知识、他人推荐的知识、自动推送的知识。在科研活动执行时，这些知识都被系统推送到执行环境中，供科研人员参考使用。

13.4.3 工具与质量梳理

1．工具梳理

工具梳理的目标在于全面、系统、深入地盘点该院现有的设计资源，梳理分散在各个研究所、专业室、项目组的商业软件、自研工具、计算模型等资源，系统分析工具资源的管理模式和使用方式，深入研讨未来该院协同开发体系的建设蓝图。

梳理完成的工具资源在精益研发平台中集中管理，在科研工作中集成使用，在此基础上构建该院的协同开发体系，实现数字化设计、标准化设计、规范化设计，提高该院复杂产品的研发能力，从而提升承接大项目的竞争力。

这里要梳理的工具主要包括以下三类：商业软件、自研程序、自研算法模型。

梳理过程中，对每一项工具资源，需要明确工具名称、版本号、软件架构、基本功能、输入类型、输出类型等信息。

2. 质量梳理

质量梳理包括检查表梳理和质量要求文件梳理两方面内容。

1）检查表梳理

为设计自检活动提供检查工具，在试点历史项目各自选定的一个试点科研活动中，分别梳理一个面向输出物的检查表。

2）质量要求文件梳理

为实现质量要求文件同科研活动的关联及推送，需要对该院科研活动典型类型及各质量要求文件所适用的科研活动类型进行梳理。

为实现该院通用质量要求文件同科研活动的关联及推送，需要定义该院科研活动的典型类型，并定义该院通用质量要求文件所适用的科研活动的类型。

质量要求文件所适用科研活动类型的梳理，是在已梳理出的科研活动的典型类型的基础上，对该院通用质量要求文件进行逐类、逐文件梳理，确认所适用的科研活动类型。

13.5 精益研发平台建设

13.5.1 平台系统的组成

根据精益研发平台的业务架构，精益研发平台软件由平台框架（含平台门户、基础模块）、科研流程管理系统、知识工程系统、协同开发系统、质量管理系统五部分组成，如图13-6所示。以下分别描述这些系统或组成部分的实现方案。

科研流程管理系统是精益研发平台的基础，也是该院科研流程梳理工作的工具和载体。通过开展试点项目科研流程离线梳理、导入、在线输入输出匹配等工作，形成试点项目的基础WBS（历史项目科研流程），为新项目科研流程的策划提供指导和依据。本系统提供的主要功能包括：历史项目流程管理、项目策划、流程可视化、流程监控等。

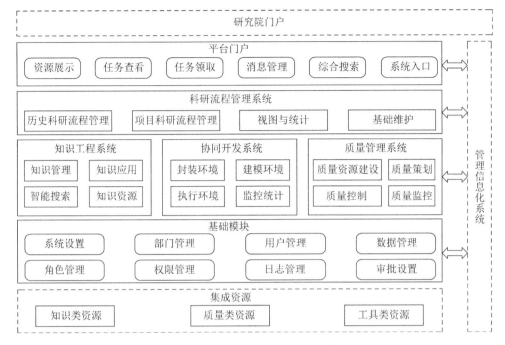

图 13-6 精益研发平台系统组成

协同开发系统是精益研发平台的核心，为研发人员提供任务执行的环境和工具。协同开发系统能够实现专业设计工具在精益研发平台中的集成。协同开发系统也是一个制作工具的系统，通过组件制作、过程模型定制等功能，为设计人员快速定制专业工具提供了技术手段和方法。该院通过开展工具梳理工作，明确科研流程中使用的工具，通过协同开发系统实现工具与科研流程的集成。设计人员领取任务后，在协同开发系统中使用各项工具完成科研工作。本系统提供的主要功能包括：任务执行环境、工具集成、工具管理、组件封装、过程模型定制等。

知识工程系统是精益研发平台的特色系统之一，也是该院开展精益研发体系的重点内容。通过开展知识工程建设，将该院散落的知识资源进行系统化梳理与整合。同时在试点项目开展伴随知识梳理的探索，为该院长期目标的实现打下基础。本系统提供的主要功能包括：知识管理、知识推送、知识统计、知识沉淀、知识订阅、知识收藏、知识模板个性化定制、知识检索等。

质量管理系统是精益研发平台的另一个特色系统，也是该院工作质量持续改进的重要工具。在质量建设方面，该院主要开展试点项目的转阶段质量控制点梳理、关键科研活动的质量要求文件梳理和检查表梳理等内容。通过质量管理系统定制控制点科研活动的模板，为转阶段质量控制点活动提供软件支持。本系统的主要功能包括：质量预防（质量控制点策划）、质量控制、质量文件管理、检查表、质量监控等。

13.5.2 应用场景

根据该院精益研发的业务逻辑，基于精益研发模式的工作开展应用场景主要包括科研工作开展、资源建设和平台运维三方面内容。精益研发平台总体应用场景如图13-7所示。

1．应用场景一：科研工作开展

（1）项目负责人策划新项目：新项目开始时，项目负责人基于历史项目科研流程进行剪裁，快速生成适合项目的WBS树，同时对工作包进行维护和策划，定义执行人、修订输入输出、伴随知识、质量管控和执行工具等信息，待逐级完成项目策划工作后，将工作包分派给任务执行人。

（2）科研人员执行任务：任务执行人在平台门户中查看任务信息并领取任务，依据上游任务传递过来的输入信息，使用工作包关联的知识、工具和质量信息开展设计工作。完成设计工作后，提交输出物到平台的数据管理系统或其他外部系统中，结束此项任务。

（3）管理人员监控项目进展：项目总师、项目负责人等各级管理人员通过项目看板、项目统计等功能对项目进度和项目质量进行监控，并通过项目管理功能，实时对项目工作进行调整，保障项目健康有序开展。

2．应用场景二：资源建设

（1）技术专家梳理流程：该院内的技术专家通过对典型项目的科研流程进行梳理，形成基础WBS框架。然后将其导入精益研发平台中，进行在线输入输出匹配和内容完善，实现历史项目科研流程的数字化。

（2）专业专家梳理业务资源：该院专家依据基础WBS架构，开展伴随知识、工具和质量内容的梳理工作，梳理完成后的知识、工具和质量资源导入到平台中与科研流程进行关联，形成完整的数字化历史项目科研流程（基础WBS）。

3．应用场景三：平台运维

三员协作系统运维：在整个业务梳理与项目开展过程中，都由平台底层的系统管理员进行部门、人员、审批流程配置、系统配置等信息的维护支持，安全保密员进行系统角色的分配和权限控制，安全审计员进行保密审查。三员分工协作，共同保障平台系统的正常运转。

第 13 章 基于知识的精益研发

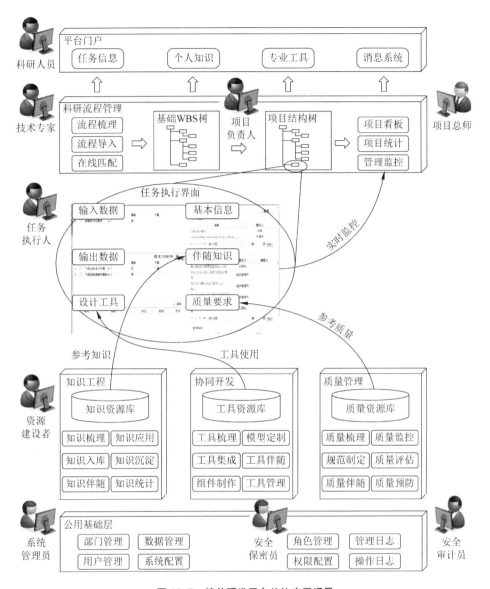

图 13-7 精益研发平台总体应用场景

13.5.3 科研流程管理系统

1．建设目标

科研流程管理系统是精益研发平台的基础。它以精益研发方法学中系统工程理论为基础，针对科研工作的总体协调、质量控制和层次管理要求，承载科研流程，实现科研活动与工作输入、工作输出、质量要求、伴随知识、工具等各项内容的关联。科研流程管理系统的建设目标有：

（1）实现历史项目科研流程的管理；

（2）实现科研经验的积累和科研流程的优化；

（3）支持基于历史项目进行新项目策划，快速准确地定义新项目；

（4）实现科研流程的显性化、数字化、规范化和可视化。

2．业务逻辑

科研流程管理系统主要用于系统性梳理和策划科研工作的各项工作要求及工作之间的关系，监控整个项目执行过程，从而形成技术工作完整的、反映科研要求的、工作方法明确的、工作接口合理的一套科研工作体系。其业务逻辑如图13-8所示。

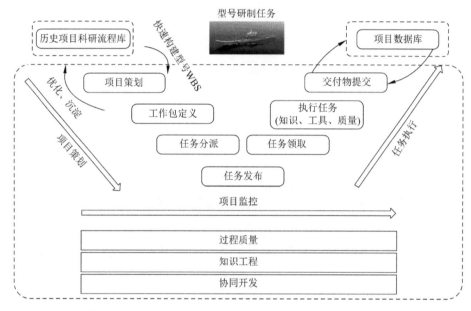

图13-8　业务逻辑

通过梳理历史项目科研流程构建历史项目科研流程库，作为新项目策划的基础。

从历史项目科研流程库中提取科研流程进行裁剪，快速构建新项目WBS结构，如图13-9所示。定义工作包的基本属性（科研活动名称、编号、工作说明）、工作包的输入输出、关联知识、工具、质量信息。对工作包任务进行分派，发布工作包，完成项目策划。与该院内部的PM项目管理系统集成，形成科研控制计划。

领取工作包任务，按照质量管理要求，参考伴随知识、应用知识库中的知识，启动相关工具执行工作，提交输出物，完成设计任务。

管理人员通过流程可视化技术，可以对整个项目的科研流程执行状态、进度等过程信息进行实时监控，实现对科研工作的高效管理。

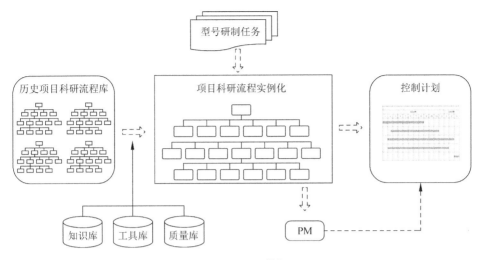

图 13-9　项目策划

在项目策划和执行完成后，可以根据项目的实际运行效果对历史项目的科研流程进行优化，将运行完成后的项目科研流程变成历史项目的科研流程供给后续项目参考，丰富历史项目科研流程库。

3．应用场景

科研流程管理系统典型的应用场景包括项目策划、任务分派、任务执行、提交输出物，以及项目监控等过程，实现对一个项目/产品研发全过程的支撑和管理。其应用流程如图 13-10 所示。

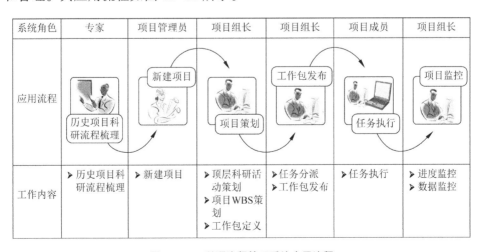

图 13-10　科研流程管理系统应用流程

科研流程管理系统业务应用场景如图13-11所示。

（1）项目组长接收项目任务，明确项目目标、主要工作内容、项目预算、周期等信息；

（2）项目组长根据相关历史项目资料和文档、历史项目科研流程、质量策划信息、项目策划相关知识等信息，确定项目周期划分阶段、参与的专业、关键的质量控制点等信息；

（3）项目组长根据《质量管理体系文件》的要求，确定项目包含的顶层科研活动，满足该院顶层科研活动规范；

（4）项目组长从历史项目科研流程库中选择相近的历史项目科研流程，经过对科研活动的增、删、改，快速构建形成项目WBS（实例化），确定项目包含的工作包；

（5）项目组长对工作包的基本属性、输入、输出、伴随知识、工具、质量等信息进行定义、修改；

（6）项目组长向成员分派任务，并将策划的结果提交所级领导审批；

（7）所级领导对科研流程的结构和科研活动伴随的资源进行审批；

（8）所级领导审批通过后，项目组长发布工作包；

（9）项目成员领取工作包，在任务面板中打开任务，查看任务主要的工作内容、计划开始和结束的时间，该项工作需要的输入、需要提交的输出物、该项工作的伴随知识、工具、质量信息等内容；

（10）项目成员依据质量要求，参考伴随知识，利用工具执行任务；

（11）任务完成后，项目成员对输出物进行自检；

（12）项目成员上传输出物，提交任务完成申请；

（13）项目组长对项目进度、数据状态情况实时进行监控并对任务完成申请进行审批。

4．体系架构

科研流程管理系统包括历史科研流程管理、项目科研流程管理、视图与统计、基础维护4个主要功能模块，支撑自上而下梳理工作包、管理科研流程的梳理成果、快速进行项目策划以及监控项目执行进展等业务。

1）历史科研流程管理

历史科研流程管理指科研流程的导入、在线梳理，管理历史项目的各项科研活动及其科研流程，主要包括基础WBS构建、科研活动定义和输入输出检查等功能模块。

第13章 基于知识的精益研发

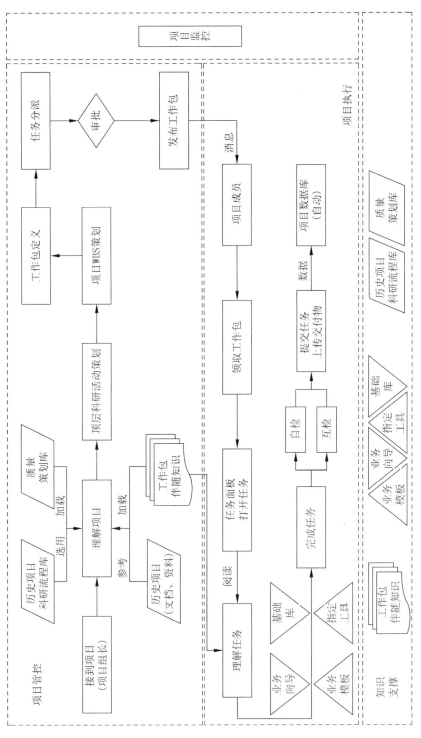

图 13-11 科研流程管理系统的业务应用场景

（1）基础 WBS 构建：实现历史项目科研流程在线梳理或者是历史项目科研流程线下梳理，线上导入。

（2）科研活动定义：定义工作包的基本属性（科研活动名称、编号、工作说明），确定工作包的输入输出，关联知识、工具、质量信息等内容。

（3）输入输出检查：科研流程输入输出的在线匹配。

2）项目科研流程管理

项目科研流程管理指项目在线策划，管理型号项目的各项科研活动及其科研流程。主要包括项目 WBS 策划、数据协同、科研活动定义、输入输出检查和变更为基础 WBS 等功能。

（1）项目 WBS 策划：项目科研流程在线梳理或者基于历史项目科研流程的裁剪快速构建项目 WBS，进行项目 WBS 策划。

（2）数据协同：打通科研活动间的数据流，实现对科研工作流程形成数据的有效管理和使用。

（3）科研活动定义：定义工作包的基本属性（科研活动名称、编号、工作说明）、输入输出、关联知识、工具、质量信息等内容。

（4）输入输出检查：科研流程输入输出的在线匹配。

（5）变更为基础 WBS：将项目 WBS 变成为基础 WBS，供未来项目参考。

3）视图与统计

视图与统计指科研流程的可视化，以及对科研活动、输入输出的统计，主要包括 NN 图、数据视图和科研活动统计等功能。

（1）NN 图：显示对角线上工作元素之间的数据关系。

（2）数据视图：显示上下游工作包之间的数据关系。

（3）科研活动统计：统计科研活动的数量、科研活动输入输出的数量。

4）基础维护

基础维护指用于相关基础数据的维护，主要包括基础 WBS 维护、项目 WBS 维护、科研活动类型维护、标准输出管理和外部文件管理等功能。

（1）基础 WBS 维护：对基础 WBS 的类型进行维护。

（2）项目 WBS 维护：对项目 WBS 的类型进行维护。

（3）科研活动类型维护：对科研活动的类型进行维护。

（4）标准输出管理：用于管理各项科研活动的输出结果。历史科研流程管理和项目科研流程管理模块中，各项科研活动的输出提交给标准输出管理功能模块进行管理；视图与统计模块提取标准输出管理功能模块的数据，进行数据统计和数据视图展示。

（5）外部文件管理：主要用于管理执行科研流程时使用的来自于外单位的输入文件。历史科研流程管理和项目科研流程管理模块中，各项科研活动的外来输入文件从外部文件管理功能模块中获取。视图与统计模块提取外部文件管理功能模块中的数据，进行外来文件的统计。

13.5.4 知识工程系统

1．建设目标

知识工程系统的建设目标如下：

（1）建设符合该院科研工作需求的、实用的知识工程系统，作为该院专业人员积累和应用知识的平台；

（2）整合现有知识资源，初步构建符合该院业务特点的知识库，实现全院已有知识的共享化、个人知识的组织化；

（3）探索知识的高层次应用模式，通过试点科研活动的知识伴随和推送，使知识在正确的时间推送给正确的人，用于正确地完成科研工作。

2．业务逻辑

知识工程业务逻辑架构由知识资源层、知识管理层和知识应用层三层构成，如图13-12所示。

1）知识资源层

知识资源层是知识工程系统构建的基础。知识资源层不仅包括企业原有各信息化系统存储的知识资源，如专业数据库、电子期刊、标准文件库、产品数据文件、文档等，也包括分散在企业研发人员手中的个人知识、经验、出差报告、年度总结等。本项目需整合该院已有的信息化系统中的知识资源，梳理分散在业务人员手中的知识资源和文档管理处的知识资源。

2）知识管理层

知识管理层通过知识采集、集成等方式获取知识资源层的内容，对这些信息进行处理和加工，依据该院业务特点建立若干知识库对这些资源进行管理，形成真正可供使用的知识。

3）知识应用层

知识应用层提供该院知识的多种使用形式，主要有四方面的应用：知识的伴随与推送、知识沉淀、知识的自由查询、知识在使用中的持续更新。

（1）知识的伴随与推送指在项目策划时通过将知识与科研活动关联，实现科研工作执行时的知识自动推送，支撑研发工作的正确高效进行；

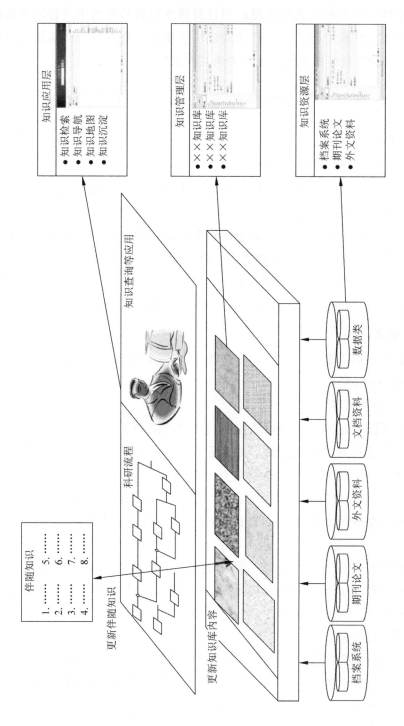

图 13-12 知识工程业务逻辑

（2）知识沉淀指在科研活动执行中总结相关的经验，形成知识，并自动建立与该科研活动的关联，实现科研活动伴随知识的持续积累和更新；

（3）知识的自由查询指用户可根据需要随时地、不受阻碍地以多种检索方式检索所需知识，满足用户对知识的需求；

（4）知识在使用中的持续更新指知识工程系统内的知识可随着时间的推移，不断地获得新增和完善，最终实现持续更新。

3．应用场景

1）场景一：知识的应用

知识的应用特指与科研活动开展相关的知识使用模式，包括科研任务执行时的知识推送、工作时主动查询知识。

应用场景参与人员及其工作内容如图 13-13 所示。

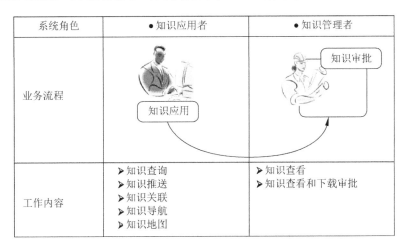

图 13-13　应用场景参与人员

知识应用场景如图 13-14 所示。

知识的推送包括知识应用人员手动推荐和系统的自动推送。手动推荐指知识应用人员可通过知识导航、知识综合查询栏、知识地图等模块查询所需知识。知识应用人员可将查询到的知识手动推荐到科研活动上，执行该科研任务的人员可在任务执行界面看到该知识，并可根据需要选择知识并关联到科研活动。系统自动推送参考知识是系统根据科研活动内容，后台分析后自动推送到科研活动执行页面，执行科研任务的人员可选择是否关联。

工作时主动查询知识通过综合查询、知识导航和知识地图三项功能来实现。综合查询功能是指采用关键字、模糊检索等多种方式在知识库、知识问答、专家地图等所有内容中进行知识查询。知识导航是通过知识库和知识维度来

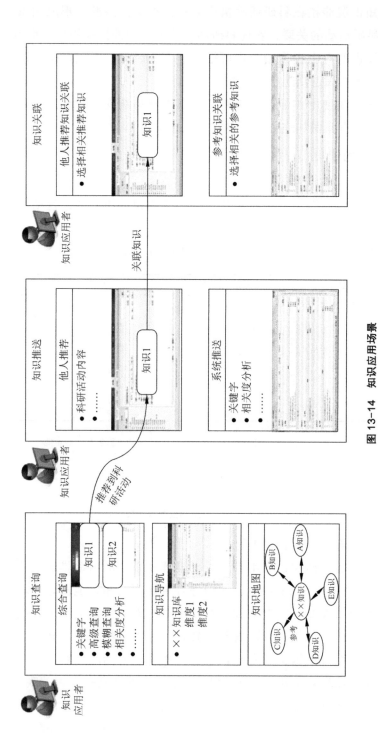

图13-14 知识应用场景

准确定位并展示知识条目,是一种快捷查找知识的方式。知识地图指通过定义知识关系类型(如参考、引用等类型),形成知识与知识之间的网状关系结构。知识地图的作用在于知识的扩展和延伸,通过一条知识发现其他多个相关的知识,让设计人员能便捷获得更多的参考知识,弥补设计人员可能存在的知识使用经验不足,提高工作效率。

2)场景二:知识的更新

知识的更新包括知识沉淀和知识库内容更新两个方面。知识沉淀特指科研活动执行中或执行后总结形成的与科研活动相关的知识的入库。此条知识通过审批后不仅可更新科研活动伴随知识还可更新知识库内容。知识库内容更新包括新建知识(单条知识新建和批量知识资源导入)、修改知识、删除知识。进入知识库的知识条目需经领导或专家的审批以此来确保知识的正确性,提高他人使用知识的频率,提升知识的贡献作用。

知识沉淀更新场景如图13-15所示。为实现科研活动中的知识积累,可在科研活动执行过程中或结束后,利用系统内的知识模板新建知识(如经验、方法等)。系统将这些新知识送入知识库;同时系统自动将新知识与该科研活动关联,实现该科研活动伴随知识的更新,实现知识库内容的更新。修改知识涉及知识内容的变更,系统会自动记录修改的版本号。

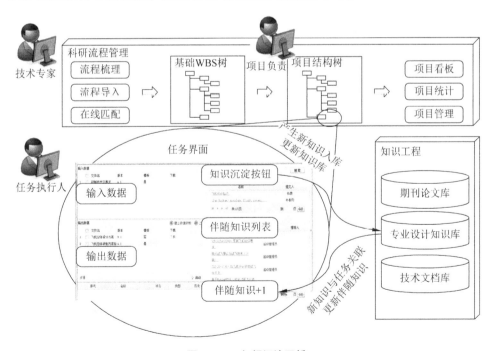

图 13-15　知识沉淀更新

3）场景三：其他特色应用

其他特色应用是指知识工程系统提供的能更好满足知识管理和用户体验的部分功能，包含个人及部门知识贡献数量的统计、评价知识的知识点评、快速定位常用知识的知识收藏和订阅、寻找问题解决办法的知识问答以及反映知识更新信息的知识动态等功能。

其他特色应用场景如图 13-16 所示，说明如下：

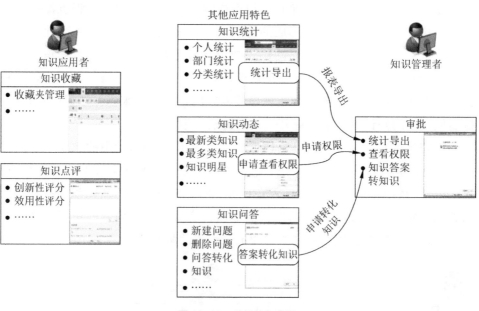

图 13-16　其他特色应用

（1）知识动态：通过最新类知识（如最新知识、最新提问、最新评论）、最多类知识（如最多收藏、最多推荐、最多下载等）、知识明星、知识贡献榜等功能向用户展示知识系统最新信息。

（2）知识统计：为用户提供统计各类知识数量的作用，便于用户快速了解整个系统中知识贡献的分布及质量情况。

（3）知识收藏：为用户开辟个人知识收藏空间，可根据个人喜好收藏知识。

（4）知识点评：用户可根据系统提供的评分依据（创新性、效用性）为知识打分，用以综合评价知识，也为设计人员的知识贡献绩效考核提供依据。

（5）知识问答：为用户提供一个可相互交流的平台，在平台内可指定人员回答问题，可将答案转化为知识实现共享。

4．体系架构

知识工程系统的体系架构，包括管理与应用、智能处理、知识资源三部分（图13-17）。其中：管理与应用部分是用户使用的功能模块，提供信息查询、与科研活动关联伴随、知识统计等用户常用的功能；智能处理则是系统后台对文档的处理，提供结构化模板、文档转化等功能；知识资源是系统需要对外来采集的资源进行处理、加工或提供外部系统接口，最终是为了建立一个知识系统，实现知识的统一管理和使用。

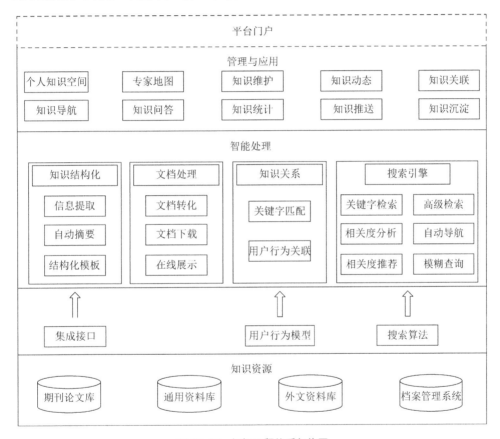

图13-17 知识工程体系架构图

1）管理与应用

管理与应用的功能模块主要是实现用户知识的查询使用以及与科研活动的关联等功能，具体内容如下：

（1）个人知识空间。管理用户已入库共享的知识，保存用户未入库的知识，记录用户在知识工程系统内的具体操作，如收藏知识、申请查看知识等。

（2）专家地图。专家地图是根据相同论文、相同专业、相同知识贡献等形成的专家之间的网状关系结构，为用户提供相关领域的多个专家信息，并可查看专家的论文、贡献的知识以及向专家提问。

（3）知识维护。知识维护是系统提供的对知识工程顶层内容的维护，包括知识库维护、知识维度维护、知识关系类型维护、权限设置等。

（4）知识动态。知识动态即知识工程的首页，它向用户展示的是知识系统当前最新的知识情况。

（5）知识推送与关联。知识推送与关联是精益研发知识工程系统与其他知识管理的区别所在，它实现了知识工程系统与科研流程的紧密关联。知识工程系统可根据科研活动内容推送知识到科研流程，科研人员在执行科研活动时，可快速关联和使用知识。

（6）知识沉淀。科研人员在执行科研活动中或执行科研活动后总结工作经验知识，知识经领导或专家审批后进入知识库，更新知识库内容及科研活动伴随知识。

（7）知识统计。提供按知识贡献者个人、部门、知识类型等统计知识的数量，并以饼图和详细列表的方式进行展示，便于用户快速了解整个系统中知识贡献的分布及质量情况，方便领导查看员工或者部门的知识贡献情况，促进用户提供更高质量的知识。

（8）知识导航。通过知识库、知识维度快速定位所需查询的知识。根据权限设置不同，各用户所能查看到的知识库有所不同。

（9）知识问答。此模块是用户提出问题、解决问题的模块。用户可以求助专家或其他用户解决问题，也可回答其他用户的提问，并将问题转化为知识。提供新建问题、修改问题、删除问题等功能。

2）智能处理

（1）知识结构化。通过设置结构化模板、系统自动提取信息，形成自动摘要。实现知识结构化以及知识的统一管理。

（2）文档处理。外来文档格式多样，为能实现用户在线预览文档，需要将文档转换成系统能读取的文档格式，使系统能在线展示文档。

（3）知识关系。系统记录用户浏览内容，根据用户行为及兴趣模型，针对不同用户显示知识。关键字匹配可实现不同知识之间的关联，形成知识地图。

（4）搜索引擎。系统提供多种检索方式，如关键字检索、高级检索（按日期、密级、提交者等）、自动导航等，使用户能够快速、便捷、准确地查询到所需要的知识。

3）知识资源

知识资源不仅包括知识工程系统中建立的各个知识库中的知识，还包括知识工程系统通过开发与其他系统接口的方式来集成的外来资源。

13.5.5 质量管理系统

1．质量管理系统建设的目标

（1）建立面向研发过程的数字化、可视化质量管控平台；
（2）建立与研发过程密切结合的质量预防支持体系；
（3）质量规范和要求落实到实际研发活动中，避免"两张皮"的现象；
（4）建立支持该院研发过程质量持续改进的平台。

2．质量管理系统建设的内容

质量管理系统建设内容包括质量策划、质量预防、过程质量控制及过程质量监控四部分内容，系统构建了精细化的面向研发过程质量持续改进的预防保证体系，如图13-18所示。

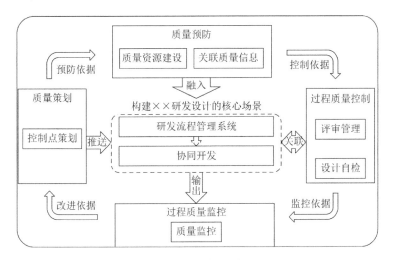

图13-18 系统业务逻辑

质量策划部分建设内容主要是控制点策划，指在项目策划过程中，明确项目各阶段所需展开的质量控制活动（如转阶段评审），以确保项目各阶段质量控制活动充分有效。

质量预防部分建设内容以质量要求及检查表为主，一方面实现企业质量规范要求资源的集中管理，另一方面通过质量要求推送设置功能，策划人员可快速建立起质量要求同具体科研活动的关联，为质量要求推送提供基础。

在项目策划过程中,针对具体的科研活动,由策划人员明确科研活动执行所需遵循的质量要求及检查表,便于设计人员执行任务时明确质量要求。

过程质量控制部分建设内容包括评审管理及设计自检两部分。这两部分业务的实现过程均在精益研发平台的任务执行环境下。设计人员在总体门户环境下领取到任务后,可在线执行设计自检活动,检查的依据为策划阶段维护的检查表。对于评审活动任务,设计人员接到任务后,按照评审的业务流程依次完成评审准备、评审记录维护及评审问题的在线跟踪处理等活动。质量主管等人员可在质量管理系统中分类查看各类型的评审活动记录及过程自检记录。

过程质量监控部分主要基于评审活动及其问题处理的记录,方便质量主管等人员快速了解各项目研发各阶段评审活动的完成状况及评审问题处理的进度。基于监控的结果,可根据需要在单位发起相关纠正预防措施流程,完成相关规章制度的制定或完善。

13.5.6 协同开发系统

在该院的转型升级过程中,要实现从经验主导型向知识支撑型设计方式的转变,推动科研能力的持续提升和创新发展,做大产业,做深专业,达到该院做强军工的战略要求,就必须提高工具系统集成的深度与工具应用水平,提升该院的协同开发能力。

协同开发系统是精益研发平台的核心,它以数字化科研流程为中心,将知识、质量、工具和技术、规范标准等集成起来,通过工作流引擎、工具流引擎和组件封装等技术实现人员协同、工具协同和数据协同,形成一个由知识和工具驱动的数字化协同开发环境,支持复杂产品研发过程中跨部门、跨专业、跨学科分工协作,支持并行研发和快速迭代,提高工作效率,缩短研发周期,降低研发成本,持续改进该院的系统产品研发水平。

协同开发系统在本项目主要支持该院的系统集成工作,后续扩大到支持该院的全专业、全生命周期工作。具体的建设目标如下:

(1)为研发人员提供科研任务执行的环境;

(2)支持工具封装和集成,实现该院工具资源的集中管理和使用共享;

(3)在科研任务中关联工具资源,实现设计工具使用的标准化、规范化;

(4)通过工作流引擎,实现多人/多部门的协同工作;

(5)通过工具流引擎,实现多学科/多工具的集成应用。

协同开发系统是平台的核心,与平台中的其他系统紧密联系,关注于产品研发活动的工具使用和任务执行层面。其主要业务逻辑如图 13-19 所示。

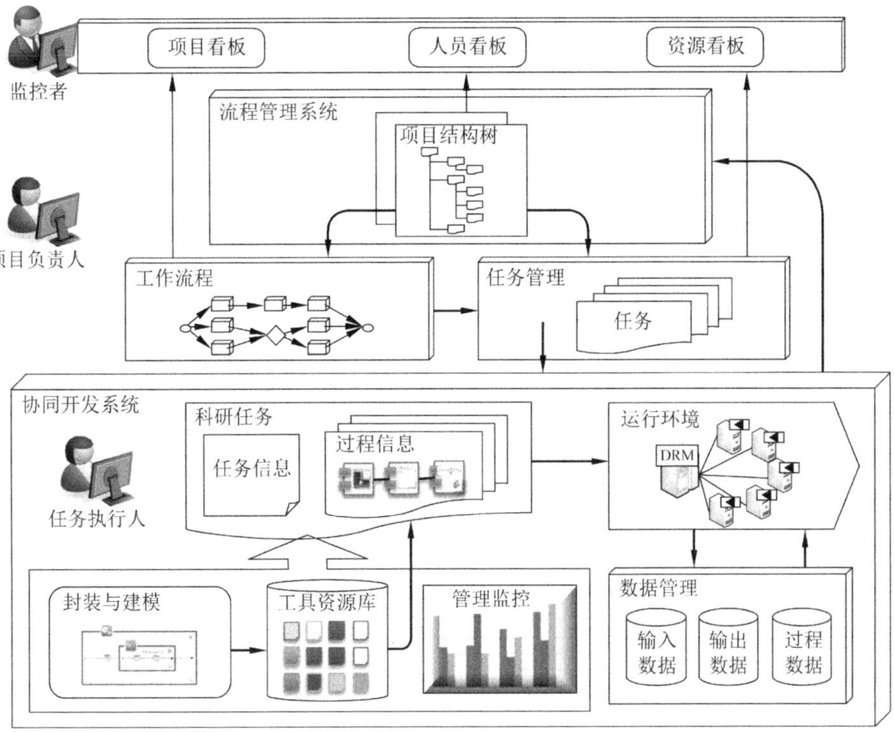

图 13-19　业务逻辑示意图

流程管理系统分派任务后，科研人员登录平台接收任务，进入协同开发系统开展具体工作。在协同开发系统中，封装与建模环境提供工具集成、组件封装与过程模型制作功能。制作完成的组件与过程模型保存在工具资源库，在项目策划时实现工具与科研任务的关联，在任务执行时调用。执行环境下产生的过程数据，系统自动保存在数据管理模块中。科研人员还可以通过系统中的任务管理模块，浏览个人参与的全部科研任务信息与任务执行实例。

13.5.7　资源集成

该院现有多类知识源信息系统，如档案管理系统、外文报告库、期刊论文库等。这些系统是知识的重要来源，需要开发这些系统与知识工程系统的集成接口，实现知识资源的获取和使用。与这些知识资源类外部系统接口的建设目标如下：

（1）基于该院门户实现知识工程系统与其他系统的单点登录；

（2）在知识工程系统中可以检索到各外部系统中的相关内容并可依据权限进行查看；

（3）能够建立科研活动与各外部系统中知识的关联和自动推送。

知识资源类外部系统与知识工程系统的集成接口基于 SOA 技术来实现。

资源集成接口使用场景说明：当用户使用知识工程系统查询知识时，知识工程系统可根据关键字等内容检索各外部系统提供的资料索引目录，并在知识工程系统中展示检索到的内容清单；当用户查看检索到的具体内容时，知识工程系统调用外部系统提供的数据展示接口定位到相应知识并在外部系统中展示；当用户查看存储于外部系统中的伴随知识、他人推荐的知识、系统推荐的参考知识时，知识工程系统直接调用数据展示接口定位并在外部系统中展示该知识；知识工程系统可定期调用外部系统提供的创建索引接口更新资料索引目录。知识工程系统在外部系统中搜索知识的场景示意如图 13-20 所示。

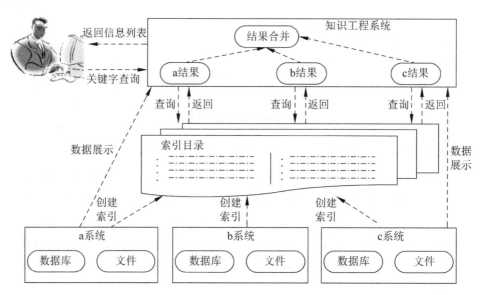

图 13-20　知识工程系统在外部系统中搜索知识的场景示意

13.6　体系的价值及特色

1. 体系价值

（1）建设了跨专业的系统集成设计科研工作平台，实现了型号项目研发的有序、可控、可追溯，并集成了科研任务所需要的全部基本要素，通过科研活动的三伴随（知识、工具、质量），实现了系统集成设计的精准化、精细化、高效率和优质成果，保证了规范化开展跨专业的科研工作；

（2）全院科研资源（流程、知识、工具等）在平台上得到积累、共享和传承，构建产品研发铁打的营盘；

（3）通过"五化"（科研流程的显性化、数字化、知识化、工具化、质量化），初步实现该院科研模式从"以项目为中心"向"以产品为中心"的迈进；

（4）在精益研发平台开放和柔性的框架上拓展建设未来的系统设计、仿真、试验、设备研发、软件工程等相关系统，长期促进该院核心竞争力的全面提升，支撑该院科研及业务的长远发展。

2．体系特色

通过该项目的实施，在精益研发体系建设的方法上有其特色及一定的创新：

（1）精益研发的理论与方法诞生于设备研发领域，本项目成功应用于复杂系统及体系的集成设计领域。

（2）推动科研模式从"面向项目的合同牵引"到"面向产品的型号牵引"的转型。

① 以往合同牵引的项目局限于3~5人单独立项执行，一般是由个人经验主导的小项目。而基于精益研发模式的项目可基于以前同专业的项目内容，继承以前同类型项目的流程知识等，充分利用历史资源。

② 合同牵引的项目一般没有多专业的协同，不能共享其他类似项目的共性，但系统集成设计项目之间实质上是有关联和依赖性的。通过精益研发平台能够按照产品线组合，并关联同类项目，使各项目资源得到共享。

（3）基于新型WBS模型的科研流程规范化、数字化、可视化。

① 以新型WBS模型作为系统设计科研活动的基本单元，并以此为主线来牵引和统领平台各系统的综合应用；

② 通过将隐性流程显性化和数字化，实现科研流程的规范化；

③ 抽取跨专业科研活动的共性，形成了系统集成设计的顶层科研活动；

④ 比较、细化近似专业的科研活动，实现相近专业科研流程的规范及统一；

⑤ 新增项目看板，便于各级领导随时查看项目进程。

（4）知识工程是建设精益研发体系的关键。

① 知识型和学习型组织文化正在该院形成，各单位表现出对知识工程的巨大热情；

② 多源、多领域知识的结构化与整合，建成了庞大的知识库；

③ 形成了适用于该院的知识梳理和挖掘的方法；

④ 知识评价方法得到优化：具有可定制权重的 7 个要素来全面评价隐性知识。

（5）过程质量管理宽度与深度实现了突破。

① 转阶段关键控制点的设置，紧紧把握了系统设计的关键；

② 检查表深入到研发过程内部进行质量管控；

③ 作业指导书是亮点和特色，是知识成果的重要载体，可以有效支撑科研工作，也使科研工作更规范化及精益化。

附 录

附录 A
常见问题及答复（摘录）

本书在出版前举行了数次网上研讨会，回答了读者的提问。将有助于理解本书内容的问答摘录如下。

1. **知识工程和目前国内外常见的知识管理理论有哪些区别和关联？相同点是什么？最大的差异是什么？本理论与其他理论在哪些方面可以互相借鉴与促进？**

知识管理的核心是知识如何分门别类地管理，不遗失，被共享。而知识工程更像是"盖大楼"和"挖地基"。"盖大楼"是考虑如何把知识推动到业务中，"挖地基"是考虑知识从何而来、长什么样。

知识工程包含知识管理。知识工程中"盖大楼"需要的材料从哪里来？"挖地基"挖出来的材料放到哪里去？这些所谓"材料"就是知识，都需要管理起来。所以说知识管理是知识工程的一部分。

知识工程关注的是知识到底从哪里来，如何能变得好用，而不是把已存在的知识管好。知识不存在，或者知识不好用，管起来又有什么用？这就是知识工程解决的"知识从哪里来"的问题。我们用知识资源增值加工方式，让朴素的资源变成知识，把已有的知识工具化，提高其可用性、自动化和智能化。

知识工程解决的另一个问题是知识到哪里去。在企业中，知识最好的归宿是业务。如果知识不能进到业务体系中，就是一种浪费。同时，知识又是智慧的源泉，知识如果融不到研制体系中，就不可能建立智慧的研制体系。

知识工程很少对传统知识管理理论进行阐述。其实我们默认这些理论是有用的，无须对其进行深入研究，只需为我所用。知识管理是知识工程体系的基础支撑。我们是对传统知识管理的一种发展，解决知识与业务贴近的问题。知识源于业务，并回归业务。

2．面向流程的知识工程和基于增值加工的知识工程分别是什么？

我们在进行研制体系建设时，遇到很多与知识相关的问题。我们也注意到知识工程建设过程中，不同企业和不同供应商有不同的思路和方法，从不同维度和角度来解决知识工程相关的问题。我们在进行精益研发体系研究时，注意到企业在知识工程建设中的几个特别问题。在解决这些问题的过程中，形成了面向流程的知识工程。

我们发现，不论企业采用何种方法建设知识工程，请专家整理知识都是非常重要的过程。但当我们告诉某位专家"能不能把您的知识整理出来，供后生学习"时，专家其实并不知道到底要整理什么。细想，专家一辈子做那么多工作，那些工作方法都存在大脑中，如何能在很短时间内梳理出来？有时候还发现他们并不知道哪些知识值得整理，不知道别人需要哪些知识。于是就出现了"无知识"的现象，这在知识管理界是比较突出的问题。

我们也发现，整理知识的人认为有用，而使用的人却发现跟自己的工作关系并不大。知识有一个特殊属性，即放到正确地方是知识，放到不正确的地方就是垃圾。这就存在知识的强弱问题，也就是说，知识在什么时候出现、在哪里出现很重要。另外，企业的知识管理人员常常会从杂志和网络上搜索知识，这些知识从行业角度是有用的，比如相对论放在物理界有用，但是在工业界不能被直接使用。这样的知识我们仍然称为弱知识。

企业有知识但是不能被使用，这是知识共享存在的典型问题。面向流程的知识工程主要解决的问题就是，知识如何在正确的时间到正确的地方去。我们提出一种方法——流程伴随方法，把知识与流程的工作包相伴随，工作包伴随知识必然跟工作直接相关。这不但解决了知识的强弱问题，同时也解决了"无知识"的问题。试想，专家就某项具体工作包进行知识梳理时，就会驾轻就熟。这一方法还解决了"死知识"问题，找工作包比找知识显然简单很多。知识就在工作包里存着，找到了工作包，知识自然就出来了。

面向流程的知识工程虽然解决了知识到哪里去的问题，但我们发现很多知识共享和使用起来不直接、不方便。比如说数据问题，大量杂乱无章的数据如何处理，使它们可共享、可参考。这是我们在知识工程中需要考虑的问题。

看似有知识，但并不能成为工作的参考，这就给我们提出了一个值得深思的问题——到底什么叫"知识"？知识如何成为业务可参考的东西，怎么把知识变得好用起来，这是在新的知识工程里特别关注的问题。我们提出，知识增值加工是知识工程的核心，这是新的知识工程体系与基于流程的知识工程的最大不同。此外，新的知识工程还考虑了更为前瞻的知识增值方法，比如如何用大数据把知识进一步加工，看到显性知识背后的隐性价值。智能制造和智慧工业特别需要这样的技术，以延伸人脑的深度。

3. **设计经验类的非显性知识并不容易抽象化，以案例形式进行参考、推理或者数据挖掘，是否效果更好？个人认为，知识工程里知识的概念可以更宽泛，扩大到数据领域。知识工程的核心应该是如何使用数据而不是知识表达本身。**

这位朋友的观点跟我们的观点不谋而合。过去我们谈知识，往往是指把大脑中的经验整理出来。实际上，在制造行业，知识的形式非常多。我们在知识工程里重新定义了知识。把知识等同于资源，研制过程中的资源其实就是知识。知识工程的范围不仅拓展到数据，还拓展到实物，譬如专家作为实体也是知识。此外还有信息、模式和技术等类型的知识。产品模块和技术模型称为技术知识，归一化后可普适化应用。譬如产品模型归一化后可以应用到很多产品中，把技术专利成果归一化封装形成直接可用的技术知识。

最终我们把知识整理成了五类：实物、数据、信息、模式和技术。不同类型的知识使用不同的工具和方法加工，会形成相应类型的新知识。

数据如何很好地使用是知识工程的核心之一，但不是全部。知识表达本身也非常重要，这是新知识工程中特别强调的。对知识进行增值化加工会对知识改头换面，改变表达形式，让其接近于业务，更易于人的使用。比如一套算法，写到文章里，大家读后驾驭的程度不同，不同的人读了有不同理解。但是如果把算法封装成工具，每个人使用时千人一面而不是千人千面。

这位朋友的提法似乎是希望计算机能多做些工作，对数据处理形成知识。这一点我是赞成的，应该鼓励用计算机技术来提炼知识。但是在实践中，知识表达形式多种多样，很多情况机器是无能为力的。我们强调知识要以人为本，鼓励专家积极提炼知识，机器只起助理作用。

4. **我从事标准相关的工作，请问知识与标准规范的区别和联系是什么？**

在企业中，把知识分为两类：一类知识是草根知识，即大众通过各种方式产生的知识。企业应鼓励这种知识的产生，但不强求使用。就像我们用百度百科查一项知识，发现有很多人回答，每个人的回答各有特点，具有不同角度和维度。这些回答不完整、不规范，却非常有用，我们读完后常常都会得到自己需要的答案。但这类知识我们不能强求使用。况且，这种草根和大众贡献知识的精神对企业形成知识共享文化非常重要。

另一类知识是官方知识，即企业要求员工必须要用的知识，其实就是标准和规范，是把草根知识标准化的结果。草根知识有优有劣，大众把好知识识别出来并置顶，让它获得企业的关注。企业通过提炼加工形成标准规范，上升为官方知识，成为企业运行的强制性条款。这就是知识和标准的区别。

5．知识工程的适用范围是什么？国外为什么没有同样的理论？

知识工程适用范围应该是没有限制的，但是知识工程的产生背景是工业，特别是装备制造业，所以对其适用性最强、应用最直接。因此，我们推荐知识工程在装备制造业使用，特别是研制企业。因为研制企业知识密度最高，知识产出最丰富，对知识工程的需求也最旺盛。

当然对于其他类型知识密度较高的企业，比如咨询型企业，其知识产出也很丰富，但是知识类型的丰富程度不如装备制造业。比如仿真方法在研制界很常见，在咨询企业就很少见。相应地，知识加工处理的方法也比较单一。有些产业，比如生产型企业或试验型企业，知识密集比较低、知识类型也不丰富，但数据量比较大，大数据技术对他们非常有用。

我们提出的知识工程不是一套理论，而是一套实践性科学。知识工程是知识管理、研制体系、制造工程以及计算机科学相结合的实践方法论。不算是理论创新，是实践方法的创新。

在国外，类似的方法论有很多，知识工程书中提到的NASA、波音和英国石油公司的知识工程，以及欧盟协同研制体系，都是将知识工程和知识管理理论应用于本企业的实践。当然，实践的维度、广度和深度各有特色。知识工程是综合这些国外企业的方法、中国企业应用实践以及精益研发成果而形成的综合方法论体系。覆盖面比较广，适用面也更宽。

6．什么样的企业能实施知识工程？有什么软硬件或人文文化方面的要求？

知识工程的实施没有特别限制，但是推荐研制型企业来应用，咨询、论证、制造企业均可，只是深度有所不同。知识工程方法进行一定的定制化，就可以适用于这些企业。总之，研制过程的知识工程方法具有更广泛的适应性。

由于我们在知识工程建设过程是按照成熟度来设计的，无论哪种企业，无论成熟度如何，都可以进行知识工程的实践，总是能找到下一步建设目标。并非企业知识状态不好就不能进行知识工程建设。对不够先进、不够成熟的企业同样需要知识工程推动企业的发展，虽然企业目前的知识不多，但仅有的知识却可以加速新知识的产生，只不过要从低成熟度开始进行建设。

对于比较先进的企业，知识的丰富程度非常高，不进行知识的资产化是非常可惜的。我们在知识丰富的企业想办法让知识能资产化，发挥比其他资产更具有创造性的价值，对企业保持领先是非常有必要的。

实施知识工程对软硬件没有具体要求。软件角度，我们有自己的知识工程平台，在咨询过程会把知识工程平台作为实施和运行的载体，进行知识采集、聚集、加工、应用。企业中现存的其他工具，都可以作为知识工程平台的组成部分。

硬件方面，要求也不高。当前硬件水平发展迅速，而且弹性十足，任何时候都可以加入新的硬件来为我们服务。

我反倒觉得文化打造非常关键。知识工程需要共享精神。我们需要依靠制度和激励体系，打造共享文化。我和团队利用互联网思维提出了知识IPO方法，即把知识看作一只股票，根据大众投资情况来判别知识的价值，可以很好推动知识共享文化的形成。

7. 什么是知识？知识和数据的关系是什么？经验是知识，这些知识如何显性化？

知识在学术界的定义非常多。过于学术化的定义往往约束了工程界对知识工程的开展。我们对知识的学术定义没有过多关注，而是从工程应用的角度来考虑什么是知识。

我们把业务资源与知识不做严格区分。在研制领域，资源是工作的参考，是来帮助人们理解问题、解决问题的，其实就是知识。有专家曾说"现在年轻工程师有样子的活会干，没样子的活不会干"。这里的"样子"说的就是参考物，这种参考物就是资源。研制过程的资源跟我们常谈的知识非常相似。于是我们就定义，对研制过程有帮助的资源都是知识，都是知识工程的对象和范围。

关于数据和知识的关系问题，我认为，数据在一个企业中是所有知识的最原始载体，也是资源在数字化时代的一种常见表达形式。但在企业中，数据表现形式非常复杂。纷乱复杂的数据很难成为大家可参考的对象。只有对数据进行某种标准化加工后，数据才有被别人参考的价值。不同格式和类型的数据用统一的方式约定，其使用就会变得容易，更具知识特性。如果对标准化的数据再进行提炼总结，形成规律性的结论，便形成"信息"，是更高一级的知识。

不同的人阅读同一条信息，使用方式会不一样，有效性也会不同。有些人很善于进行信息再次加工形成模式。把模式总结抽象后，再归一化，可应用到更大范围。用数字化手段建模可以使其自动化。这一系列针对模式知识的加工过程被称为范式化。

在日常工作中，我们还会基于数据分析形成技术，产品设计成果形成产品，技术和产品都可以再次加工形成模型。同一技术让不同的人用，应用效果会有所差异。如果形成统一模型，每个人用法一致，应用效果就会相同。这个过程我们称为技术知识的模型化。

总结来说，数据是各种知识最原始的表现形式。如果把数据进行不同类型的加工后，会形成相应类型的新知识，产生不同层级的新价值。所以，知识是比数据更高级的存在。

经验是知识的一个比较模糊和广泛的提法。经验可以用数据、信息或模式来表达，也可以是技术形式的表达。因此，我们不用"经验"来表述知识，而是用数据、信息、模式和技术等方式。

8．知识工程平台与当前业界主流的 CAD 平台、CAE 平台等如何协同工作？

CAD、CAE 是我们日常工作的重要数字化工具。这些工具对知识工程来说是重要的知识加工工具。比如我们做 CAD 设计过程加工成快速设计模板，CAE 分析过程加工成仿真模板，还可以加工多学科集成模板。这些知识都可以放到知识平台中共享。

反过来讲，CAD、CAE 又是知识应用工具。在业务中可以根据需求将知识推送到 CAD、CAE 工具中，在工具中直接运行这项知识。运行知识的过程相当于工具在自动甚至智能地做一项设计和仿真，互动性非常好。这可以让知识深入到设计过程中。

另外，刚才讲的"知识魔盒"可以伴随在业务系统旁边。当你与它交互后，它可以推送与当前业务相关的知识给你，点击这些知识的时候可以自动打开设计工具。

9．我们是一家企业的仿真团队，如何做仿真工作相关的知识工程？

仿真过程在研制过程中的重要性越来越高，仿真过程中的知识也越来越丰富。知识是支撑仿真技术快速成为企业核心力量的重要法宝。

在仿真体系中，我们认为有三类工作可以提升仿真工作的知识密度。一类是数据的标准化。仿真过程非常复杂，要通过很多步骤才能完成一个仿真过程。仿真软件种类繁多，不同领域有不同的仿真工具，没有一个仿真软件能包打天下。复杂的过程和种类繁多的工具，决定了仿真数据的复杂性。复杂数据如果不标准化，很难为别人使用。因此，数据不仅要管理起来，还需要标准化。标准化之后才能有序化，有序化之后才能被别人参考和使用。

仿真知识工程的第二个领域，是对仿真软件使用过程的范式化。我们发现，同一种软件，即使都是公认的仿真高手，不同的人对同一个问题的分析结果不一样。这种现象在仿真领域是常见的，也是允许的。差异原因实际上是对问题的处理方法不同，但每种方法都有一定道理。因此，我们需要约定好，用什么样的方法来处理什么样的问题，得到的结果与实际情况的差异有多大。这种知识整理出来后用软件把此标准过程封装起来形成仿真模板，让没有经验甚至是不太懂仿真的人也可以使用这个模板来仿真他们的设计。这种知识需要经过大量的试错才能总结出来。

关于仿真还有一些知识工作要做。比如多学科集成是一套逻辑过程，有经验的人可以快速完成这个过程，没经验的人则需要很长时间的试错。这个过程应该整理出来形成知识。

10．知识工程怎么接地气地落户到企业并有效应用？

这是知识工程的落地方略问题。知识工程是个大型体系，企业落地需要循序渐进。通常来讲，知识工程体系建设需经过两个过程：第一个过程是规划，是对企业进行现状分析后要形成企业知识工程体系蓝图，并绘制从当前状态走向理想状态的路线图；规划完之后的实施就是第二个过程——建设。建设过程沿着路线图循序渐进完成。

企业的知识工程路线图是依据成熟度模型设计的。企业当前状态各不相同。要先对企业进行现状评价，即企业目前处于哪个成熟度级别。对于知识工程状态比较好的企业，可以从较高的起点开始建设；状态不好的企业就要从最原始状态开始，按照路线图步步为营。

知识工程的"路在脚下"过程就是评判当前状态之后，下一步是什么？路在脚下会涉及落地方略、实施方案、信息化系统建设和部署等，是体系要素和信息化平台的建设和实施过程。

11．一个还未建立起知识管理体系的企业，暂时没能力一下子上个全方位的大平台，如何从零开始逐步建设，先期可以开展哪些工作？

我们不建议企业从一个全方位大平台入手来进行知识工程建设。知识工程分了成熟度，同时对加工方式做了不同程度的分解。虽然本书提出一个大框架，但实施过程建议从底向上进行。

企业知识工程成熟度比较低的时候，可以从数据入手。对数据进行标准化加工，帮助企业从杂乱无章的数据中获得有价值的信息，或把杂乱的数据统一化，让不同专业类别的人员可以互相参考，提高数据的使用效益。这是数据的有序化过程。有些企业具备大量信息类知识，但分布比较杂乱，缺乏统一管理，就可以从这个角度进行信息的结构化工作。某些知识工程成熟度较高的企业，可以把其成功的业务模式进行范式化加工，可提高企业业务的自动化程度。

我们还可以利用成熟度进行实施步伐约定。从低级别逐步走向高级别的过程中，保证每一步都不会太复杂，每步跨越也不要太大，不要因为知识工程建设对企业产生大的冲击。

12. 知识工程和精益研发是什么关系？和智慧研制又是什么关系？

精益研发有11个子体系。精益研发的落地可以按照成熟度综合入手，也可以从一个子体系入手。知识工程原本是精益研发的子体系之一，我们一般称为面向流程的知识工程。当然可以从面向流程的知识工程来入手进行精益研发建设。现在我们发现了一个更有效的方法。在过去，我们进行精益研发体系建设，每天要做的工作就是用各类工具和系统来进行研制资源和知识的封装，用精益研发的逻辑嵌入到研制体系中去。这种以精益研发为目标，以知识工程思路进行研制体系建设的方略，我们称为知识工程。

在这个过程中，有一点很重要：大脑中始终存在精益研发体系框架。在建设过程中从知识角度入手，用精益研发体系提供的工具进行知识封装，形成一个个知识构件。在这个过程中，每个知识构件的形成都是对企业业务资源进行加工增值的过程。资源被加工成为知识构件后，就可以立刻被业务直接使用而产生效益，不一定非要嵌入到一个精益研发平台体系中才能使用。这实际上是将精益研发实施过程解耦，建设工作离散化，应用也柔性化。

知识工程工作达到一定程度后，按照精益研发的逻辑还能把其成果组织起来，可以形成更大体系，相当于是几个小机器人变成一个大机器人，几个大机器人变成一个更大的机器人，这样就可以把精益研发体系逐步建设完成。所以说，知识工程是精益研发的一个实施方略。精益研发是一个正向建设过程，自顶向下的过程；知识工程是逆向建设过程，自底向上的过程。所以我们把知识工程定义成精益研发的姊妹篇。

精益研发下一步发展的主要目标是"智慧化"。智慧化过程是以当前成果——研制管理信息化和正向设计数字化——为基础，引入现代智能科技，比如大数据、物联网、云计算等技术，来发展和变革研制体系。但这些都是手段，知识是智慧的本质。研制是否智慧化，最重要的还是要看体系够不够聪明，有没有嵌入足够的知识。因此，智慧研制建设的本质是做知识工程的建设。无论是精益研发还是智慧研制，都要把知识工程作为核心内容。所以说知识工程是研制体系建设中非常重要的阶梯。

13. 知识工程有哪些独有技术？

知识工程是一套独特思想。这种思想方法在其他知识管理、知识工程体系中不多见。不仅是技术层面的创新，更是体系、方法、思维模式的创新。知识工程利用"他山之石，可以攻玉"的思想，来解决知识工程和研制体系建设中的难题。重点是如何识别知识，如何让知识更易用。

这些方法都来自于我们在精益研发平台建设过程中的发明。当时这些方法只是为了建好研制平台，现在发现这些方法在知识工程中尤为好用。过去，我们发现对科研资源加工之后，研制平台就更好用了。从研制平台来看，好用是因为平台中有了业务相关的知识资源。现在反过来，我们把知识资源处理得比较接近业务需要，知识工程体系就成功了。

知识工程中有一些具体技术的创新，比如不同的知识有不同的加工方法，每种加工方法对知识工程界都是创新和独特的。虽然对精益研发建设过程很普通、很常见，但在知识工程领域却是新的应用，这就是所谓的"他山之石，可以攻玉"。

我们在面向流程的知识工程就提出了知识推送方法。基于业务流程的知识推送方法当时在知识管理和知识工程界是独有的。公开后就被到处应用了，成为业界标准。

还有本体论方式，在知识工程界用得也不多，但是在我们这个体系中用处很大。知识需要分类，但又不能破坏知识体系的整体性。我们用本体论建立知识关系，使分类后的知识仍然是一个整体。同时本体论对知识高级搜索也有帮助。

还有一种被称为"知识IPO"的创新方法和算法，可以帮助我们提升企业成员贡献知识的热情。

14. 可否用一线研制人员实际的、具体的工作场景描绘一下知识工程的应用过程？

这不仅仅是个场景问题，实际上，知识工程能不能解决问题，首先需要具备与这个问题相关的知识。企业要采用一些方法，做些前期的工作，让企业的知识丰富起来，才谈得上用知识解决遇到的问题。因此企业需要做知识体系显性化的工作。

知识的丰富度比较高后，工程师遇到问题时，有很多种方法帮助我们找到解决问题的知识。在面向流程的知识工程中比较好的方法是工作包推送法。

任何问题都与一项任务相关。任务在面向流程的知识工程称工作包。研制流程梳理过程中，任务的伴随知识可以同时梳理出来。遇到问题时先找问题对应的工作包，然后找到工作包的伴随知识，这种方法可以非常准确地找到知识。在软件中，我们输入工作包名称，工作包的伴随知识就会自动推送给你。在这个小范围里再去找问题的解决方案，可能答案就在其中。

有些问题是跨域和跨界的，我们可以在知识工程平台甚至精益研发平台中组合搜索，找到知识库中、历史项目和历史型号中的做法。

如果企业有完善的专家体系，遇到问题时可以通过服务台请求专家帮助。服务台也可以对大众开放，鼓励草根间交流，往往能发现更多的知识。

有些问题的产生原因可能很复杂，源于问题相关的综合环境。你不一定能在当前的推送和搜索中找到解决方案。因此，我们提出"知识魔盒"方法。你可以经常跟"知识魔盒""唠叨"你的业务，而不仅仅是提出问题，"知识魔盒"可以根据你"唠叨"的信息综合推送知识给你。当有许多路径可以完成工作的时候，你可能就不需要再解决一个特定问题了。

15. 知识管理的理念是普适的，所有行业都通用的，请问知识工程是否也是普适的？如果不是，请介绍一下适用范围，要求企业有哪些基础？

知识管理是普适的，知识工程也是普适的，但是该体系的产生主要以制造企业的研制体系为背景，所以在研制体系应用最直接和最具适应性，当然，之所以从研制体系产生知识工程体系，也是因为研制过程是知识产生和使用最丰富的过程，是知识工程最主要的阵地，但这不代表这些知识工程的方法只适用于研制。生产制造企业、服务型企业和商贸型企业的知识类型比较单一，处理加工方式有限。所以，知识工程虽然总结于研制，但是经过适应性定制后可以应用到其他类型的行业。这些行业的知识加工方法是知识工程的子集。

任何一个企业都可以进行知识工程建设，可以是零基础。之所以如此，是因为我们采用基于成熟度的建设方式。对不同类型的企业，先对其现状进行分析，定位到某个成熟度。下一步工作就是提升成熟度，一步步走向成熟。

16. 怎样判断一个知识的有效性以及复用率？在技术研制过程中，如何提升相关人员的知识贡献热情？

我们研究发现，判断一条知识的有效性和复用性非常困难，很难提出一套判断标准。很多企业经常用评审和审批等方法来解决这个问题，在实践中发现是无效的。企业有大量知识，专家是没有时间和精力对如此多的知识进行负责任的评审和审批的。其实，知识有没有用，企业中的大众最清楚、最有发言权。知识的目的就是被大家阅读学习，然后在不知不觉中使用。大众不说有用，知识再有道理、再高级也枉然。这就是对知识判定的最终极标准。毕竟我们是以实践为本的企业，不是学术机构。其实在学术界，评判一篇文章是不是好文章，也是通过被别人(大众)引用的次数来判断的，而不是由哪个机构来评判的。如何让大众负责任地、有科学精神地说有用与否，这是我们需要解决的问题。

我们基于此，也对人的本性进行了分析，基于互联网思维提出一套称为"知识IPO"的方法。本方法不仅能判断知识的有效性，也能提升大众对知识的贡献热情。只有对优质知识的贡献者给予鼓励，才能提升贡献热情。所以，首先需要识别知识的优劣。"知识IPO"中，把一条知识看作一只股票，知识发布者相当于股票发行者。大众看到了这只股票，可对它进行投资。企业对内部大众派发一定量的虚拟货币，大众的责任就是把自己的虚拟货币经过对知识的投资赚更多的虚拟货币来体现自己对知识的贡献。这种贡献也许是伯乐式(对知识点赞投资)的，也许是千里马式(贡献知识)的。当然我们有算法来杜绝其中的腐败和拉票行为。

17. 企业越大分工越细，知识就越丰富、越分散，怎么去集中有效管理，让知识更好地转移？有没有一个工具去整理分类给对应的人员？

我们不鼓励知识的刚性分类，否则共享特征就会减弱。在我们体系中，知识通过打标签的方式柔性分类，通过主题、领域、组合搜索、研制流程、"知识魔盒"等方式让知识随需而动。

我们为了某个业务主题设置规则，这个主题相关的知识会自动聚集过来。我们设置领域板块，这个领域的知识一旦进入平台中，就会自动出现在这个板块中。解决某些特定问题需要来自不同领域、不同专业的知识，我们可以通过组合搜索方式把这些知识聚集过来，我们也鼓励用流程与工作包伴随知识的方式来流转知识。比如做飞机设计，总体、机电、航电的工作都是不同领域，你会发现这些领域的知识在平台中总是完整的。

我们还提供"知识魔盒"的方式。"知识魔盒"实际上是一个监控系统，监控我们的工作，或者我们可以主动跟它聊天。通过聊天内容，软件就会知道我们最近做的工作，可以根据工作特征从计算机中找到知识推送给我们。这种推送获得的知识非常综合但又与你的业务相关，解决问题的范围也更宽。

以上所谈，都不是对知识进行硬性分类。系统背后的知识并没有刚性分开，而是放到一个大知识库中。软件有个特点，能对每条知识的特征进行判断，根据使用者需求，把知识流向需要的地方。

18. 为什么要先介绍知识工程成熟度模型？这样做的目的是什么？其重要性体现在什么地方？对企业有什么指导意义？

知识工程成熟度模型的意义是非常重大的。成熟度模型是我们做规划的依据。我们进行一项规划首先要知道未来的理想状态是什么，然后要知道现在的情况如何，从现状到理想之间还有个路线问题。这些信息的确定都需要有个依据，成熟度模型就是这个依据。对标成熟度模型及其特征，企业可以判断自己的现状，也可以实例化理想蓝图，按图索骥设计出进化路线。这里，进化路线就是成熟度一步步达到的阶梯。没有逐步进化的成熟度模型，我们很难说清一步步怎么达到蓝图。

成熟度模型对建设的作用也非常大，特别对规避建设风险是非常有用的。进行知识工程建设是一个创新过程，甚至是一个变革过程。对任何一家企业，创新和变革的步子都不能迈得太大，更不能所谓跨越式发展。所以，我们需要依据成熟度步步为营，逐步达成，以此规避知识工程建设的风险。

19. 在企业内，如何建立知识工程成熟度模型？有固定的流程、步骤、模板吗？有注意事项吗？

对企业来说，成熟度模型不是用来建立的，而是用来对标的。我们已经在知识工程体系中设计完成了，企业要做的工作是拿成熟度模型与自己的现状和蓝图进行对标。对标过程就是对自己的现状进行分析的过程，我们需要用这个过程把自己在哪里回答清楚。对标过程也是找到自己到哪里去的过程，用这个过程把未来的自己画出来。

在成熟度模型里，我们用7个维度来判断成熟度级别，每个维度还有更细的划分。7个维度共有100多个问题，每个问题都是带指标的。我们的做法是按照模板，对这100多个问题对标进行打分，综合形成企业知识工程成熟度级别。

关于注意事项，主要是打分的精确度问题。我们在企业中工作的时候，企业因为各种各样的原因，会隐瞒一些现状，可能会误导我们对当前成熟度的判断。这是我们在问题设计中需要注意的事项。在企业现场要多追问几个为什么，有助于我们做出正确判断。

20. 知识工程成熟度模型中，有哪些主要考核因素和指标？哪些可以定性分析？哪些可以做到定量分析？为什么？

我们主要考核7个大指标：技术和方法、流程和标准、人员与组织、采集和聚集、知识的应用、知识的有序管理以及软件与平台建设等。

在以上 7 个维度的 100 多个问题中，定性问题多于定量问题，这是知识和知识工程的特性决定的。大家一定听到过一个笑谈：知识分子很难管，研制工作很难量化。知识工程也一样。

但还是有一些可以量化的问题，具体实例有：知识工程人员比例、知识贡献数据、业务流程的显性化数据、信息化和数字化工具数据等。

定性问题有：企业知识类别的识别程度、流程驱动业务的程度、知识驱动业务的程度、工具和系统的使用程度、知识采集和显性化人员的热情、知识有序化管理的程度等。这些因素都很难用具体数据表达，但是经过综合调研判断，可以给一个评分，转化成数值。

21. 建立知识工程成熟度模型时，其内部各个指标的影响因素所占的比例，是如何确定的？有没有软件化的评估工具，可以一键评估企业的知识工程成熟度水平？还是一定要进行人工评估？

这是关于权重的问题。我们的处理方法是成熟度的 7 个维度权重相同。我们在成熟度设计过程中也曾经考虑过加权，但从体系角度，我们又建议均衡建设，不要偏废任何一方。权重意味着有的维度应该主要做，有的东西可以少做甚至不做，这对均衡建设来说是个悖论。

知识工程体系建设时，我们用雷达图来观察均衡性。均衡体系的雷达图是圆的，但企业现状往往是扁的，甚至有凹陷存在。我们首先要做的工作就是把雷达图变圆，然后再变大。

成熟度评估工具，实际上企业自己就有，比如 Excel 就是一个好工具。其实难度不在于工具本身，而是评估准则和判断准确度。也没有所谓的一键评估方法。每个企业的差异很大，知识工程成熟度 7 个维度的 100 多个问题虽然很细，但答案的断定以人工为主做定性判断，再换算成数值。个体数据出来后，综合数据可自动计算。

22. 请问这个知识工程成熟度模型的实际应用情况如何？请举一个例子说明一下。

企业知识工程体系的蓝图规划、当前状态以及路线设计要用到成熟度模型，建设过程也要用到这个模型。下面举个我们在某飞机研制企业的实际案例说明一下这个过程。

我们进入到企业后，咨询师会先对企业主要业务部门进行访谈。这些部门主要分为三类：一是业务部门，如飞机总体、结构、机电、航电、仿真、试验、制造、工艺等部门；其次是管理部门，包括规划部、科研管理部、项目管理部、质量部等；再次是资源部门，比如信息化部门、档案部门、标准化部门等。

这些访谈问题都是基于7个维度的100多个问题而设计的。访谈结束后，根据访谈过程的感受对每个问题打分。如果有比较翔实的数据，就把这些数据作为可量化数据的依据。比较详细的信息材料，可以作为定性打分的依据。最后还需要企业再补充数据和材料，做两到三次迭代，最终完成打分。

当然，我们调研是有限的，无法对每个部门、每个人都做这种调研。所以采用调研问卷作补充。调研问卷设计除了基于这100多个问题外，更重要的是参考访谈过程获得的信息。这样问卷与企业业务更匹配，用企业自己的语言提出问题。问卷量可能比较大，用软件把数据录进去，可给出综合结果。

访谈得到的数据和调研问卷得到的数据权重不一样。访谈比较直接，是面对面感受企业的真实情况。调研问卷不直接，反映的数据就未必真实准确。所以权重方面我们通常按照8:2或7:3的方式来加权平均。

成熟度的调研过程得到三方面的结论：一是得到成熟度整体得分，可判断企业的成熟度级别；二是能找到相对差距，雷达图画出来后能发现短板，凹陷的部分就是相对差距，这对后面的建设很有指导意义；三是能形成对该企业知识体系维度的判断，也就是说，用什么维度来显性化知识体系。

基于这些结论就可以进行规划工作。首先进行蓝图设计——知识体系各个维度最理想的状态。其次进行路线设计，根据企业当前的差距情况，判断业务对哪些知识的需求量最大、期望最高，在达成路线设计上要跟这些需求贴近、吻合。路线图上需设置里程碑，往往一个成熟度至少有两个里程碑。每个里程碑需设计具体目标(即成功的标志是什么)，作为各阶段之间和各成熟度之间建设项目的具体指导。最后，设计第一个项目，也是最重要的一步，万事开头难嘛。雷达图上发现有凹陷，那是朴素建设过程遗留的问题。我们第一步就是要将凹陷部分补齐，然后再开始进行一定程度的扩大。两者组合起来就形成了知识工程第一个项目。

以上就是我们在一个企业中的具体应用实例。企业的当前状态、未来蓝图、每步达成的进化路线、万事开头难的第一步怎么做，都需要知识工程成熟度模型的辅助。

23. 知识工程和智能制造的结合点在哪里？知识工程如何在智能制造的潮流中找到定位？

智能制造过程有三个重要环节：一是研制过程智慧化；二是生产过程智能化；三是运营过程智慧化。不仅考虑产品生命周期全过程如何智慧化，同时还考虑产品运维过程对研制和生产的反向影响。

对于不同过程，知识工程与其结合点不同。知识工程跟研制的关系是最紧密。研制最终是知识的归宿。没有业务对象的知识是无价值的知识；反过来，知识是智慧的源泉。如果企业不开展知识工程建设，很难成为智慧的企业。研制是本书讨论的重要对象，书中举例和场景都以研制为背景。尽管如此，研制过程的知识工程方法仍然能在智能制造的其他过程中使用。

我们提出了很多方法，对各种研制资源进行增值加工，让知识显性化、共享化、工具化和智慧化，使知识跟研制过程融合。比如把仿真过程变成组件，形成工具化知识，使其具有自动化特征，点击知识可自动运行。如果其中加入判断算法，就具有了智能特征。

普通制造过程的知识密度比研制要低，但是工艺设计指南、工单执行说明书、作业指导书等知识如果能得到很好的整理，其价值将不亚于研制过程的知识。

智能生产过程的知识往往来源于大数据分析结果。通过制造过程的数据异常可以判断设备、生产线以及产品运营过程的健康度。利用大数据技术可以提出制造过程质量模型，还可对制造过程、产品运营过程进行预测、改进甚至自动决策。大数据技术帮助我们在智能制造过程产生知识，且能被更直接、更快捷地使用。

在智能制造最后一个阶段——产品运维过程有大量数据产生。这些数据都可以被知识化，不仅指导我们优化甚至变革商业模式，还能反过来对研制过程和生产过程产生影响，可以及时修正产品的设计和生产。

附录 B
知识工程相关模型及技术

B.1 DIKW 知识管理模型简介

DIKW 体系是关于数据、信息、知识及智慧的体系，一般的知识管理体系经常应用此模型。此体系可以追溯至托马斯·斯特尔那斯·艾略特（Thomas Stearns Eliot）所写的诗——《岩石》（*The Rock*）。在首段，他写道："我们在哪里丢失了知识中的智慧？又在哪里丢失了信息中的知识？"（Where is the wisdom we have lost in knowledge？ / Where is the knowledge we have lost in information？）1982 年 12 月，美国教育家哈蓝·克利夫兰引用艾略特的这些诗句在其出版的《未来主义者》一书提出了"信息即资源"（information as a resource）的主张。其后，教育家米兰·瑟兰尼（Milan Zeleny）、管理思想家罗素·L. 艾可夫（Russel L.Ackoff）进一步对此理论发扬光大。前者在 1987 年撰写了《管理支援系统：迈向整合知识管理》（*Management Support Systems: Towards Integrated Knowledge Management*），后者在 1989 年撰写了《从数据到智慧》（*From Data to Wisdom*），发表在《人类系统管理》（*Human Systems Management*）上。

DIKW 体系将数据、信息、知识、智慧纳入到一种金字塔形的层次体系，每一层比下一层都赋予一些新特质，如图 B-1 所示。原始观察及量度获得数据，分析数据间的关系获得信息，在行动上应用信息产生知识。知识在不确定（模糊）场景下综合与灵活的应用产生智慧。智慧关心未来，它含有暗示及滞后影响的意味。

通过 DIKW 模型分析，可以看到数据、信息、知识与智慧之间既有联系又有区别。数据是记录下来可以被鉴别的符号，是最原始的素材，未被加工解释，没有回答特定的问题，没有任何意义。信息是已经被处理、具有逻辑关系的数据，是对数据的解释，这种信息对其接收者具有意义。

知识是从相关信息中过滤、提炼及加工而得到的有用资料。特殊背景或语境下，知识将数据与信息、信息与其在行动中的应用之间建立有意义的联系，它体现了信息的本质、原则和经验。此外，知识基于推理和分析，还可能产生新的知识。智慧是人类所表现出来的一种独有的能力，主要表现为收集、加工、应用、传播知识的能力，以及对事物发展的前瞻性看法。在知识的基础上，通过经验、阅历、见识的累积而形成的对事物的深刻认识、远见，体现为一种卓越的判断力。

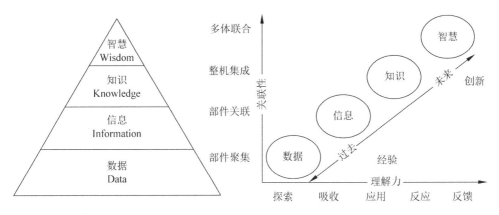

图 B-1　DIKW 模型：数据、信息、知识与智慧的关系

整体来看，知识可以双向演进。从噪声中分拣出来数据，转化为信息，升级为知识，升华为智慧。这样一个过程，是信息的管理和分类过程，让信息从庞大无序到分类有序，各取所需。这就是一个知识管理的过程。反过来，随着信息生产与传播手段的极大丰富，知识生产的过程其实也是一个不断衰退的过程，从智慧传播为知识，从知识普及为信息，从信息变为记录的数据。

B.2　社会技术学模型简介

社会技术学是运用社会学研究的理论、观点和方法，研究技术对社会的影响、作用以及协调发展的科学。社会技术学认为，社会技术体系由一个中心（战略）和三个维度构成：组织、技术、流程。在信息化和云计算时代，我们增加一个维度：信息化平台。最终形成的模型如图 B-2 所示。

社会技术学模型.mp4

该模型主要从战略、组织、技术、流程以及平台等方面

对体系进行分析。战略分析是中心，组织、技术、流程是围绕中心展开分析的三个维度。平台是战略实现和实施的支撑和载体。由此构成"1—3—1"结构模型：

一个中心：战略，决定了体系的使命。

三个维度：组织（人）、流程、技术。

一个载体：信息化平台，云时代的便利性。

社会技术体系的发展通常是从技术开始。当技术达到一定程度，需要进行社会化应用的

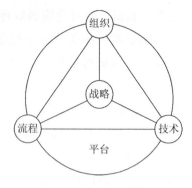

图 B-2　社会技术学模型

时候，就必须建立和完善流程体系、组织体系及人才体系，进而明确战略体系，最终构成完整和稳定的社会技术体系。在一个社会技术体系中，最不容易出问题的是技术，最容易出问题的是组织与流程。因此，建立完善的社会技术体系是保障技术良好应用的基础。

B.3　物理 - 事理 - 人理（WSR）模型简介

中国科学家顾基发等人认为，系统工程属于社会技术的范畴。霍尔（Hall）三维模型和 V 模型只是反映了客观世界的"物理"过程和"事理"过程，没有反映人类社会的活动和特点。因此，他 1994 年提出"人理"的概念，倡导"物理 - 事理 - 人理"（WSR）模型，如图 B-3 所示。他认为三维模型和 V 模型属于硬系统工程方法论（hard system methodology，HSM），WSR 模型属于软系统工程方法论（soft system methodology，SSM），更能完整反映系统工程体系特性。

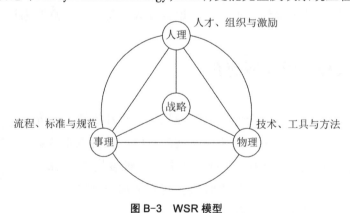

图 B-3　WSR 模型

WSR 模型与社会技术学模型有异曲同工之妙，也与西方管理学和中国国

学具有相似的特征。西方管理学崇尚工具与方法、标准与规范、人才与组织，中国国学崇尚"天、地、人"，这些都与 WSR 模型以及社会技术学模型具有几乎相同的理念。

B.4 霍尔（Hall）模型简介

美国工程师 A.D. 霍尔（A.D.Hall）1969 年提出三维结构理论，概括了系统工程的一般过程，如图 B-4 所示。他将系统工程的全部过程按照内容的性质分为 3 个维度：时间维、逻辑维和知识维。其中时间维划分为前后紧密联系的 6 个阶段，逻辑维划分为相互联系的 7 个步骤，知识维关注完成这些阶段和步骤所需的各种专业知识。

（1）时间维：标识系统从规划到更新，按时间顺序排列的全过程，反映了系统生命周期。

（2）逻辑维：是每个阶段所要进行的工作步骤，是运用系统工程方法进行思考、分析和解决问题时应该遵循的一般程序。

（3）知识维：是完成上述各种步骤所需的各种专业知识和管理知识，包括基础科学、工程技术、环境科学、计算机技术、数学、经济学、法律、管理科学和其他社会科学等。在完成这些步骤的同时会产生新的知识，这些知识应该在知识维中积累，以供未来系统发展时重用，甚至会运用到其他系统中。

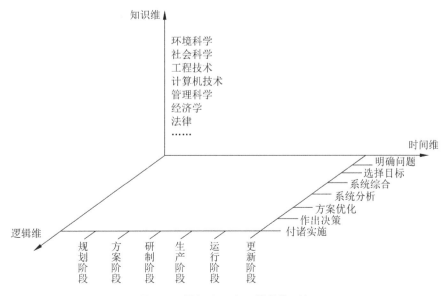

图 B-4 霍尔（Hall）三维结构理论

把上述6个时间阶段和7个逻辑步骤结合起来,便形成所谓Hall管理矩阵,如表B-1所示。矩阵中时间维的每一阶段与逻辑维的每一步骤所对应的点(i,j)代表了一项具体的管理活动。矩阵中各项活动相互影响,紧密相关。要从整体上达到最优效果,必须使各阶段步骤的活动反复进行。反复性是Hall管理矩阵的一个重要特点,它反映了从规划到更新的过程需要控制、调节和决策。因此系统工程过程充分体现了计划、组织和控制的职能。系统工程过程的每一个阶段都有自己的管理内容和管理目标,每一步骤都有自己的管理手段和管理方法,彼此相互联系,再加上具体的管理对象,形成一个有机整体。

表B-1　Hall模型矩阵

时间维	逻辑维						
	1.明确问题	2.选择目标	3.系统综合	4.系统分析	5.方案优化	6.作出决策	7.付诸实施
1.规划阶段	(1,1)	(1,2)	(1,3)	(1,4)	(1,5)	(1,6)	(1,7)
2.方案阶段	(2,1)	(2,2)	(2,3)	(2,4)	(2,5)	(2,6)	(2,7)
3.研制阶段	(3,1)	(3,2)	(3,3)	(3,4)	(3,5)	(3,6)	(3,7)
4.生产阶段	(4,1)	(4,2)	(4,3)	(4,4)	(4,5)	(4,6)	(4,7)
5.运行阶段	(5,1)	(5,2)	(5,3)	(5,4)	(5,5)	(5,6)	(5,7)
6.更新阶段	(6,1)	(6,2)	(6,3)	(6,4)	(6,5)	(6,6)	(6,7)

霍尔提出的三维结构是一个通用架构,一种进行系统分析的通用方法,对于不同的系统对象以及对象的不同层次,此架构各维度的内容和范围会有所不同。

B.5　V模型(Paul模型)简介

美国科学家保罗·鲁克(Paul Rook)1980年提出软件工程V模型,目的是减小错误和误差出现的概率。V模型是对瀑布模型的修正,强调了验证活动,反映了测试活动与分析和设计的关系,如图B-5所示。

系统工程科学家们认为Paul Rook提出的V模型适合于普适系统工程(软件工程本身就是一种系统工程过程),于是就将此模型继续修订为系统工程V模型,反映了系统开发的技术过程。不同系统工程学派、企业和机构的研究与实践所采用的V模型具有一定差异,这些模型具有不同的流程边界划分方式,某些流程活动名称相似但内涵不同。本书作者综合系统工程的经典理论和在中国企业的实践,提出了如图B-6所示的系统工程V模型。

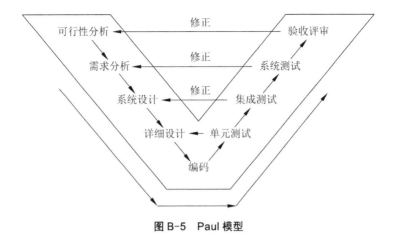

图 B-5　Paul 模型

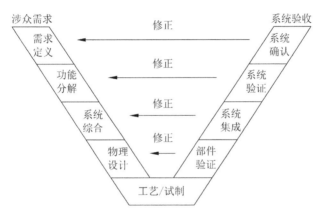

图 B-6　系统工程 V 模型

表 B-2 给出了产品研制过程 V 模型的说明。其中，1～9 是系统工程内部流程，而 0（涉众需求）和 10（系统验收）则是对外流程。考虑到各学派和不同实践中所用名称的差异，表 B-2 也给出了相似过程的其他常见名称。

表 B-2　系统工程 V 模型说明

序号	过程名称	主　要　内　容	其他常见名称
0	涉众需求	利益相关者的需求，包括用例想定、使命任务和使用构想等	利益相关者期望
1	需求定义	汇总所有利益相关者的输入，并将它们转化为技术需求	需求建模、需求分析
2	功能分解	获取逻辑解决方案的过程，用于进一步理解已定义需求和需求间的关系	逻辑分解、功能架构、功能分析、功能分配
3	系统综合	将需求定义和功能分解的输出，转化为可选解决方案和确定最终解决方案的过程	方案设计、物理架构、系统架构

续表

序号	过程名称	主要内容	其他常见名称
4	物理设计	最终实现系统分解结构中底层系统组件方案的过程。系统组件可以是新设计、采购或重用	详细设计
5	工艺/试制	单机设备的工艺设计和加工等，形成系统设计中指定的所有单机设备。本书在有些情况也将工艺与试制分为两个活动	产品实现
6	部件验证	证针对零部件、单机设备进行试验验证，确认符合设计预期	部件试验
7	系统集成	将底层系统组件转化为高层系统组件的过程	综合集成
8	系统验证	确认系统组件与设计初衷相符，即回答"是否做对？"	
9	系统确认	回答"是否设计了正确产品？"	
10	系统验收	将系统交付用户的过程，包括产品、技术和资料的交付转让	系统交付

B.6 现代智能科技简介

智慧研制的建立以现代智能科技为基础，第 10 章介绍了工业大数据，本节主要介绍工业云计算、工业物联网以及智能产品。

B.6.1 工业云计算

云计算是构建基于云的产业链或集团化研制的基础架构，包括基础设施即服务（IaaS）、平台即服务（PaaS）和软件即服务（SaaS）。

1. 工业 IaaS

IaaS 以服务的方式实现对 IT 硬件、系统软件统一管理和调配，包括资源供应、资源监控和资源管理。按应用和服务的需要自动分配合适的资源，从而达到资源共享和充分利用的目的。它通过将物理资源数字化为资源池来实现资源共享与调度的自动化，对资源池建立配置信息库，进行统一分配、调度、监控。资源池包括计算服务器、数据服务器、分布式存储资源、网络交换机、系统软件等资源。IaaS 的功能架构如图 B-7 所示。

普通商业化 IaaS 通常比较适合于营销、商务、政务、办公等需求，不适用于工业应用。工业 IaaS 则是在普通商业 IaaS 之上，针对工业应用的特殊需求定制而成。工业应用的特殊需求包括高性能虚拟机、高性能虚拟桌面、大型图形图像处理、高配置终端、桌面图像的快速传输、大文件管理与传输、海量数据的快速存储、高性能计算（HPC）资源的调优与标准化、大规模并行计算、虚拟集群并行计算的高速网络、仿真计算大内存弹性获取、仿真计算中数据快速读写等。

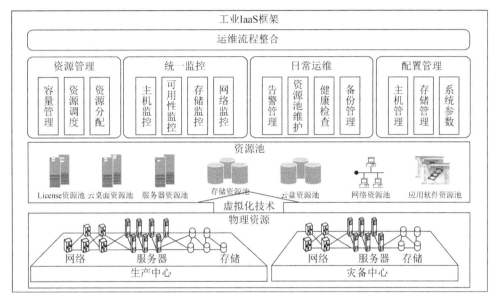

图 B-7　工业 IaaS 架构

2. 工业 PaaS

PaaS 基于 IaaS 提供服务平台、应用开发平台和运维平台，基于 PaaS 平台可以开发 SaaS 软件。从功能逻辑上看，PaaS 层主要包括云应用管理、云控制器、云监控、应用容器、服务管理、服务容器、开发测试环境、云平台管理门户等内容。PaaS 的功能架构如图 B-8 所示。

商业 PaaS 或开源 PaaS 比较适合于开发营销、商务、政务、办公等方面的 SaaS 软件应用，而工业 SaaS 的特殊需求，要求在 PaaS 的选择上有特殊考量。普通商业 PaaS 平台的类型包括 IaaS 衍生型（如亚马逊公司）、SaaS 拓展型（如 Force.com）、革新生态型（如谷歌）、传统生态迁移型（如 IBM）等。由于研制云属于传统软件的延伸，具有高性能、私有云与混合云要求，所以传统生态迁移型是更为合适的选择。工业 PaaS 需以商业 PaaS 或开源 PaaS 为基础，开发与封装一系列面向工业的服务中间件。

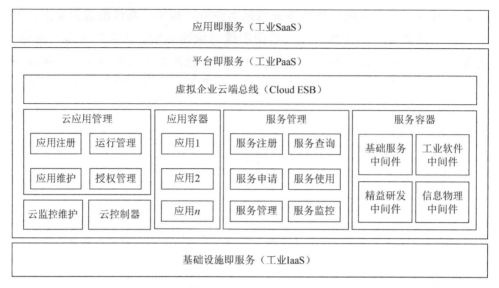

图 B-8 工业 PaaS 架构

3. 工业 SaaS

SaaS 是一种基于云计算架构的应用软件,以服务的方式提供给用户。SaaS 的开发需要调用 PaaS 的服务来进行,主要思路是以已封装的各类服务(中间件)为基础,用户根据个性化需求,通过 PaaS 平台提供的定制功能进行个性化开发。

SaaS 的种类多样,在智慧研制领域主要包括两类 SaaS:专业云应用和集成化云应用。专业云应用是功能和目的较为专一的应用,包括专业 APP、专业工具及专业系统等。集成化云应用主要是将各种专业应用整合起来形成综合化的应用模式,包含集团化研制、产业链研制、外包或开源研制等。

B.6.2 工业物联网

物联网就是基于互联网、传统电信网等信息承载体,让所有能够被独立寻址的普通物理对象实现互联互通的网络,打破虚拟世界与真实世界的界限而融为一体。物联网让工业世界数字化,将工业"硬元素"变为"软元素",从而可以被工业软件处理,也可以通过云计算体系将物理元素处理为虚拟世界的一部分,从而使工业世界成为全虚拟世界,云计算的所有方法和技术便可直接适用于工业运行与管理。

物联网的基本架构如图 B-9 所示。

图 B-9 物联网基本架构

B.6.3 智能产品架构

智能产品研制环境注重现代智能科技的应用,将物联网构件和大数据模型融入到产品中,形成智能产品。战略管理大师迈克尔·波特在《物联网时代企业竞争战略》一文提出了智能产品的技术架构,如图 B-10 所示。

智能互联产品包含 4 个核心元素:硬件、软件、连接件及产品云。软件具有灵活和柔性扩展硬件的能力,而连接件则将产品变为可与外界沟通的生命体,产品云则将这种连接扩展到无限大。

以上架构和特性使得智能产品具有监测、控制、优化和自动四大特征:

(1)监测:传感器和外部数据源使得我们可以监测产品状态、外部环境、产品运行和使用状况,并可以对变化发出通知或警告。

(2)控制:通过嵌入式软件实现对产品各个功能的控制及用户体验的个性化。

(3)优化:运用算法对产品的运行和使用进行优化,实现产品性能的提升,通过数据进行问题的诊断、服务和维修。

(4)自动:综合以上三类能力,产品可以自动运行,与其他产品和系统进行协调配合,自动使产品性能增强和个性化,自动进行问题的诊断和解决。

图 B-10　智能产品技术架构

B.7　创新方法论 TRIZ 简介

在各种创新方法中，发明问题解决理论（TRIZ）的内容最丰富，最强调创新精神，最注重从大量发明成果中总结提炼创新构思经验。TRIZ 本身就具有明显的基于知识的特征。它是一个重量级方法体系。在众多方法中可以与它并列相比较的，只有德语学派的系统化设计方法。后者立论最严谨，也提供了相当丰富的实用工具，但创新精神逊于 TRIZ。下面重点介绍 TRIZ。

TRIZ 是以苏联发明家 G.S. 阿奇舒勒（G.S.Altshuller）为首的研究团队，通过对人类已有的技术创新成果(上百万高水平的发明专利)进行分析和提炼，总结出来的指导人们进行发明创造的方法学体系，如图 B-11 所示。

人们认为，TRIZ 方法学体系是以辩证法、系统论和认识论为哲学指导，以自然科学、系统科学和思维科学的分析和研究成果为根基和支柱，以技术系统进化法则为理论基础，以技术系统（如产品）和技术过程（如工艺流程）、（技术系统进化过程中产生的）矛盾、（解决矛盾所用的）资源、（技术系统的进化方向）理想化、（技术创新成果的）发明级别为五大基本概念，包括了解决工程矛盾问题和复杂发明问题所需的各种分析方法、解题工具和算法流程。

TRIZ 的理论前提和基本认识是：①产品或技术系统的进化有规律可循；②生产实践中遇到的工程矛盾往复出现；③彻底解决工程矛盾的创新原理容易掌握；④其他领域的科学原理可解决本领域的技术问题。

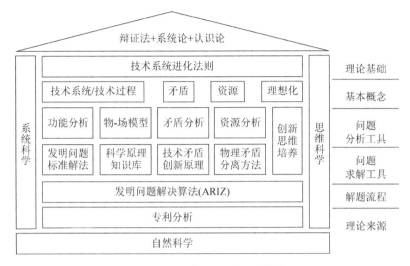

图 B-11　经典 TRIZ 的理论体系

根据 TRIZ，技术系统的进化遵循客观规律，并以提高自身的理想度为进化目标，即用尽可能少的资源实现尽可能多的有用功能。技术系统在进化过程中由于系统内部各个子系统进化的不一致性会产生矛盾，需要人们利用现有资源不折中地解决矛盾，实现技术系统由结构简单、功能简单到结构复杂、功能复杂再到结构简单、功能复杂的螺旋式上升的发展进化。

人是技术系统（或称人工物理世界）进化的主体，技术系统的进化为人服务。TRIZ 帮助人这一主体在技术系统的进化过程中，突破思维定势，提升自身和组织的创新思维能力，推动技术系统进化。

TRIZ 既包含按照技术系统发展规律解决发明问题的方法体系，又包含提高人的创新思维能力的方法体系。TRIZ 不是专业科技书籍，不讲与创新思维问题无关的技术规律。TRIZ 不同于头脑风暴，不讲与技术规律无关的思维问题。

TRIZ 解决发明问题的核心思想是具体问题→TRIZ 标准问题→TRIZ 通用发明启示→实际解决方案（图 B-12），在"TRIZ 标准问题→TRIZ 通用发明启示"阶段，提供了一系列解决发明问题的解题工具和解决方案模型。

1. TRIZ 的主要内容

创新从最通俗的意义上讲就是创造性地发现问题和创造性地解决问题的

过程。TRIZ 理论的强大作用正在于它为人们创造性地发现问题和解决问题提供了系统的理论、方法和工具。

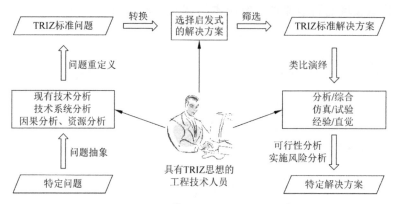

图 B-12　TRIZ 解决发明问题的核心思想

现代 TRIZ 的理论体系主要包括以下几个方面的内容：

（1）创新思维方法与问题分析方法。TRIZ 提供了如何系统分析问题的科学方法，如多屏幕法等。而对于复杂问题的分析，则包含了科学的问题分析建模方法——物-场分析法，它有助于快速确认核心问题，发现根本矛盾所在。

（2）技术系统进化法则。针对技术系统进化演变规律，在大量专利分析的基础上，TRIZ 总结提炼出 8 个基本进化法则。利用这些进化法则，可以分析确认当前产品的技术状态，并预测未来发展趋势，为开发富有竞争力的新产品提供指导。

（3）技术矛盾解决原理（inventive principles）。不同的发明创造往往遵循共同的规律。TRIZ 将这些共同的规律归纳成 40 个创新原理，针对具体的技术矛盾，可以基于这些创新原理，结合工程实际，寻求具体解决方案。

（4）创新问题标准解法（TRIZ standard techniques）。针对具体问题的物-场模型的不同特征，有相应标准的模型处理方法，包括模型的修整、转换、物质与场的添加等。

（5）发明问题解决算法（algorithm for inventive problem solving，ARIZ）。主要针对问题情境复杂，矛盾及其相关部件不明确的技术系统。它是一个对初始问题进行一系列变形及再定义等非计算性的逻辑过程。实现对问题的逐步深入分析，问题转化，直至问题解决。

（6）基于物理、化学、几何学等工程学原理而构建的知识库。基于物理、化学、几何学等领域的数百万项发明专利的分析结果而构建的知识库，可以为技术创新提供丰富的方案来源。

2. TRIZ 问题求解

发明问题解决理论的核心是技术进化原理。按照这一原理，技术系统一直处于进化之中，解决冲突是其进化的推动力。进化速度随技术系统一般冲突的解决而降低，使其产生突变的唯一方法是解决阻碍其进化的深层次冲突。消除冲突的方法包括发明原理、发明问题解决算法及标准解。

在利用 TRIZ 解决问题的过程中，设计者首先将待设计的产品表达成为 TRIZ 问题；然后利用 TRIZ 中的工具，如发明原理、标准解等，求出该 TRIZ 问题的普适解或称模拟解；最后设计者再把该解转化为领域的解或特解。

TRIZ 系列工具包括冲突矩阵、76 个标准解、ARIZ、AFD、物-场分析、ISQ、DE、8 个进化法则、科学效应、40 个创新原理、39 个工程技术特性，物理学、化学、几何学等工程学原理知识库等。常用的有基于宏观的矛盾矩阵法（冲突矩阵法）和基于微观的物-场变换法。事实上，TRIZ 针对输入输出的关系（效应）、冲突和技术进化都有比较完善的理论。这些工具为创新理论软件化提供了基础，从而为 TRIZ 的实际应用提供了条件。

3. TRIZ 进化理论

TRIZ 中的产品进化理论将产品进化过程分为 4 个阶段：婴儿期、成长期、成熟期、退出期。处于前两个阶段的产品，企业应加大投入，尽快使其进入成熟期，以便企业获得最大效益。处于成熟期的产品，企业应对其替代技术进行研究，使产品取得新的替代技术，以应对未来的市场竞争。处于退出期的产品，企业利润急剧下降，应尽快淘汰。这些可以为企业产品规划提供具体的、科学的支持。

产品进化理论还研究产品进化模式、进化定律与进化路线、应用模式、定律与路线，设计者可较快地确定创新设计的原始构思，使设计取得突破。

4. 解决问题的原理与算法

原理是解决矛盾冲突所应遵循的一般规律。TRIZ 主要研究技术冲突和物理冲突。技术冲突是指由于系统本身某一部分的限制而不能达到所需要的状态。传统设计通常采取折中手段解决技术冲突。物理冲突指一个物体有相互矛盾的需求。TRIZ 引导设计者选择能解决特定冲突的原理，其前提是要按标准工程参数确定冲突。有 39 条标准冲突和 40 条原理可供应用。

TRIZ 认为，一个问题解决的难易程度取决于对该问题的描述方法，描述得越清楚，问题的解就越容易找到。TRIZ 中，发明问题求解的过程是对问题不断描述、不断程式化的过程。经过这一过程，初始问题最根本的冲突被清楚地暴露出来，能否求解已很清楚。如果已有的知识能用于该问题则有解，如果已有的知识不能解决该问题则无解，需等待自然科学或技术的进一步发展。该过程是靠 ARIZ 实现的。

ARIZ 即发明问题解决算法，是 TRIZ 的一种重要工具，是发明问题解决的完整算法，该算法采用一套逻辑过程逐步将初始问题程式化，特别强调冲突与理想解的程式化。一方面技术系统向着理想解的方向进化，另一方面如果一个技术问题存在冲突需要克服，该问题就变成了一个创新问题。

ARIZ 中，冲突的消除有强大的科学原理知识库的支持。知识库包含物理、化学、几何等不同学科的原理。作为一种规则，经过问题分析与科学原理应用后仍无解，则认为初始问题定义有误，需对问题进行更一般化的定义。

应用 ARIZ 取得成功的关键在于没有理解问题的本质前，要不断地对问题进行细化，一直到确定物理冲突。该过程及物理冲突的求解已有软件支持。

5. 矛盾解决基本原理

TRIZ 矛盾解决基本原理有 40 个，如表 B-3 所示。

表 B-3 TRIZ 矛盾解决基本原理

1. 分割原则	21. 跃过原则
2. 拆出原则	22. 变害为利原则
3. 局部性质原则	23. 反向联系原则
4. 不对称原则	24. 中介原则
5. 组合原则	25. 自我服务原则
6. 多功能原则	26. 复制原则
7. 嵌套原则	27. 用廉价易耗代替昂贵耐用原则
8. 重量补偿原则	28. 代替力学原理原则
9. 预先反作用原则	29. 利用气动和液压结构的原则
10. 预先作用原则	30. 利用软壳和薄膜原则
11. 预补偿原则	31. 利用多孔材料原则
12. 等势原则	32. 改变颜色原则
13. 相反原则	33. 一致原则
14. 球形原则	34. 部分剔除和再生原则
15. 动态原则	35. 改变物体聚合态原则
16. 局部作用或过量作用原则	36. 相变原则
17. 向另一维度过渡的原则	37. 利用热膨胀原则
18. 机械振动原则	38. 利用强氧化剂原则
19. 周期作用原则	39. 采用惰性介质原则
20. 连续有益作用原则	40. 利用混合材料原则

6．物-场原理

物-场（substance-field）原理认为，所有的功能都可用两种物质及一种场的方式来表达，即一种功能由两种物质及一种场的三要素组成。产品是功能的一种实现，因此可用物-场分析产品的功能，这种分析方法是 TRIZ 的工具之一。

依据该模型有 76 种标准解，并分为如下 5 类：

（1）不改变或仅少量改变已有系统：13 种标准解；

（2）改变已有系统：23 种标准解；

（3）系统传递：6 种标准解；

（4）检查与测量：17 种标准解；

（5）简化与改善策略：17 种标准解。

针对已有系统的特定问题，将标准解变为特定解即为新概念。

附录 C
文中部分英文名词缩写全称及中文释义

缩写	说明
AI	artificial intelligence，人工智能
BI	business intelligence，商业智能
CAD	computer aided design，计算机辅助设计
CAE	computer aided engineering，计算机辅助工程
CAM	computer aided manufacturing，计算机辅助制造
CAPP	computer aided process planning，计算机辅助工艺设计
CAX	computer aided X，泛指所有计算机辅助技术
CBB	common building block，共用基础模块
CMMI	capability maturity model integration，能力成熟度模型集成
CPS	cyber-physical systems，信息物理系统
CRM	customer relationship management，客户关系管理
ERP	enterprise resource planning，企业资源计划
GIS	geographic information system，地理信息系统
GPS	global positioning system，全球定位系统
HPC	high performance computing，高性能计算
HR	human resource，人力资源
IaaS	infrastructure as a service，基础设施即服务
ICT	information communications technology，信息通信技术
KE	knowledge engineering，知识工程
KM	knowledge management，知识管理
MBSE	model-based systems engineering，基于模型的系统工程
MES	manufacturing execution system，制造执行系统
MIS	management information system，管理信息系统

续表

缩　　写	说　　明
M2M	machine to machine，机器到机器
OA	office automation，办公自动化
PaaS	platform-as-a-service，平台即服务
PDM	product data management，产品数据管理
PLCS	product life cycle support，产品生命周期支持
PM	project management，项目管理
RFID	radio frequency identification，无线射频识别
SaaS	software-as-a-service，软件即服务
SCM	supply chain management，供应链管理
SDM	service data management，业务数据管理
SOA	service oriented architecture，面向服务的架构
SysML	systems modeling language，系统工程建模语言
TDM	test data management，试验数据管理
TRIZ	theory of inventive problem solving，发明问题解决理论
UML	unified modeling language，统一建模语言
VOC	voice of the customer，客户反馈
WBS	work breakdown structure，工作分解结构

参考文献

[1] 田锋. 精益研发 2.0 [M]. 北京：机械工业出版社，2016.

[2] 施荣明，赵敏，孙聪. 知识工程与创新 [M]. 北京：航空工业出版社，2009.

[3] SCHREIBER G. 知识工程和知识管理 [M]. 史忠植，等译. 北京：机械工业出版社，2003.

[4] 许香穗. 成组技术 [M]. 北京：机械工业出版社，2008.

[5] 张洁，秦威，鲍劲松. 制造业大数据 [M]. 上海：上海科学技术出版，2016.

[6] 李云雁，胡传荣. 试验设计与数据处理 [M]. 北京：化学工业出版社，2008.

[7] 方开泰，刘民千，周永道. 试验设计与建模 [M]. 北京：高等教育出版社，2011.

[8] 袁炳南. 试飞行试验大数据技术发展与展望 [J]. 北京：计算机测量与控制，2015.

[9] 钱学森. 论系统工程 [M]. 上海：上海交通大学出版社，2006.

[10] 顾基发，唐锡晋. 物理事理人理系统方法论：理论与应用 [M]. 上海：上海教育出版社，2006.

[11] INCOSE. 系统工程手册 [M]. 北京：机械工业出版社，2013.

[12] NASA. NASA 系统工程手册 [M]. 朱一凡，等译. 北京：电子工业出版社，2012.

[13] 朱一凡，杨峰，梅珊. 导弹武器系统工程 [M]. 长沙：国防科技大学出版社，2007.

[14] 袁旭梅. 系统工程学导论 [M]. 北京：机械工业出版社，2006.

[15] DELLIGATTI L. SysML 精粹 [M]. 侯伯薇，等译. 北京：机械工业出版社，2015.

[16] SUH N P. 公理设计——应用与发展 [M]. 谢友柏，等译. 北京：机械工业出版社，2004.

[17] 张新国. 新科学管理 [M]. 北京：机械工业出版社，2011.

[18] IBM 全球企业咨询服务部. 软性制造：中国制造业浴火重生之道 [M]. 北京：东方出版社，2008.

[19] EL-HAIK B，ROY D M. 六西格玛服务设计：走向卓越之路线图 [M]. 胡保生，译. 西安：西安交通大学出版社，2008.

[20] 张新国. 国防装备系统工程中的成熟度理论与应用 [M]. 北京：国防工业出版社，2013.

[21] 冷力强．制胜：航天与华为创新管理［M］．北京：经济管理出版社，2012．
[22] 周辉．产品研制管理［M］．北京：电子工业出版社，2012．
[23] 胡红卫．研制困局：研制管理变革之路［M］．北京：电子工业出版社，2009．
[24] 谢宁．智慧研制管理［M］．北京：人民邮电出版社，2013．
[25] 顾春红，于万钦．面向服务的企业应用架构［M］．北京：电子工业出版社，2012．
[26] 昆廷·弗莱明，乔尔·科佩尔蒙．挣值项目管理［M］．3 版．张斌，张洁，译．北京：电子工业出版社，2007．
[27] 李清，陈禹六．企业与信息系统建模分析［M］．北京：高等教育出版社，2007．
[28] 何道谊．技术创新、商业创新、企业创新与全方面创新［EB/OL］．［2009-12-22］．http://blog.sina.com.cn/s/blog_61ff52250100gwae.html．
[29] 国务院．中国制造 2025［R］．2015．
[30] 王喜文．中国制造 2025 解读：从工业大国到工业强国［M］．北京：机械工业出版社，2015．
[31] 国家制造强国战略委员会．《中国制造 2025》重点领域技术路线图［R］．2015．
[32] 朱信旭，等．智能制造白皮书［M］．北京：北京理工大学出版社，2015．
[33] GE 公司．工业互联网［M］．北京：机械工业出版社，2015．
[34] 许正．工业互联网：互联网＋时代的产业转型［M］．北京：机械工业出版社，2015．
[35] 乌尔里希·森德勒．工业 4.0：即将来袭的工业革命［M］．北京：机械工业出版社，2015．
[36] 韦康博．工业 4.0 时代的盈利模式［M］．北京：电子工业出版社，2015．
[37] 吴功宜．智慧的物联网［M］．北京：机械工业出版社，2010．
[38] 迈克尔·波特．物联网时代企业竞争战略［J］．哈佛商业评论，2014-11-06．
[39] 国家国防科技工业局．我国智慧军工体系建设构想［EB/OL］．［2013-07-31］．http://www.sastind.gov.cn/n127/n209/c52316/content.html．
[40] 维克托·迈尔，肯尼思·库克耶．人数据时代［M］．盛杨燕，周涛，译．杭州：浙江人民出版社，2012．
[41] LEE J．工业大数据［M］．邱伯华，等译．北京：机械工业出版社，2015．
[42] 雷葆华，等．云计算解码：技术架构和产业运营［M］．北京：电子工业出版社，2011．
[43] 杨青峰．智慧的维度：工业 4.0 时代的智慧制造［M］．北京：电子工业出版社，2015．
[44] 杨青峰．信息化 2.0+：云计算时代的信息化体系［M］．北京：电子工业出版社，2014．
[45] 郭树行．企业架构与 IT 战略规划设计教程［M］．北京：清华大学出版社，2013．
[46] 彭颖红，胡洁．KBE 技术及其在产品设计中的应用［M］．上海：上海交通大学出版社，2007．
[47] 单家元．半实物仿真［M］．北京：国防工业出版社，2013．
[48] 马怀德，张红．科技资源共享立法问题研究［M］．北京：中国政法大学出版社，

2007.

[49] 全国压力容器标准化委员会. 钢制压力容器——分析设计标准: GB 4732—1995 [S]. 北京: 中国标准出版社, 2005.

[50] 尹定邦. 设计学概论 [M]. 长沙: 湖南科学技术出版社, 1999.

[51] 张宪荣, 等. 工业设计理念与方法 [M]. 北京: 北京理工大学出版社, 1996.

[52] 金伟新, 肖田元, 谢宁, 等. 复杂军事系统仿真方法论 [J]. 计算机仿真, 2003.

[53] HUBKA V, 等. 工程设计原理 [M]. 刘伟烈, 刁元康, 译. 北京: 机械工业出版社, 1989.

[54] PAHL G, BEITZ W. 工程设计学 [M]. 张直明, 等译. 北京: 机械工业出版社, 1992.

[55] WINNER R I, PENNELL J P, et al. The role of concurrent engineering in weapon system acquisition [J]. Institute for Defense Analyses Report, 1988, R-338, AD-A203615.

[56] EVBUOMWAN N F O, SIVALOGANATHAN S, JABB A. A survey of design philosophies, models, methods and systems [J]. Proceedings of IME, Part B: Journal of Engineering Manufacture, 1996, 210: 301-320.

[57] YOSHIKAWA H. Design philosophy: the state of the art [J]. Annual CIRP, 1989, 38(2): 579-586.

[58] PAHL G, BEITZ W. Engineering design—a systematic approach [M]. 2nd ed. London: Springer, 1996.

[59] GRABOWSKI H, RUDE S, GREIN G, et al. Universal design theory: elements and applicability to computers [C]. Universal Design Theory, Aachen: Shaker Verlag, 1998: 209-220.

[60] SUH N P. Axiomatic design as a basis for universal design theory [C]. Universal design theory, Aachen: Shaker Verlag, 1998: 3-24.

[61] TOMIYAMA T. General design theory and its extension and application [C]. Universal Design Theory, Aachen: Shaker Verlag, 1998: 25-44.

[62] FEY V S, RIVEN E I, VERKIN I M. Application of the theory of inventive problem solving to design and manufacturing systems [J]. Annal of the CIRP, 1994, 43(1): 107-110.

[63] DUAN H, XIE Q, HONG Y, et al. Product knowledge management: role of the synthesis of TRIZ and ontology in R&D process [C]. Proceedings of TRIZCON 2007, Altshuller Institute for TRIZ Studies, April 2007, Louisville, KY, USA.

[64] AIAA Multidisciplinary Design Optimization Technical Committee. Current state of the art on multidisciplinary design optimization(MDO) [R]. An AIAA White Paper, 1991.

Postscript 后记

自从 20 多年前参加工作开始,"知识管理"这个词就如雷贯耳,直到现在,这个词仍然如雷贯耳。但到企业现场看看,发现也仅仅是"如雷贯耳",因为没有太多的雨点落下,就是所谓的"雷声大,雨点小"。企业费了很大劲做知识管理,结果发现业务人员很不待见!很多企业的知识管理都进入了死胡同。

因为工作本职所在,本人参加了很多与知识工程相关的项目。这些项目都落地在国家战略核心企业,都在进行国家军用和重大民用产品的研发和制造。这些企业从人才结构上是非常典型的中国企业,同时又有鲜明特点:他们对研制创新的追求是中国企业中最为执着的那一批。这一特点带来两个特征:企业的知识密度很高,知识的产出和应用很丰富,对知识的需求很强烈;研发和制造是企业的天职,任何一个体系都很难脱离研发和制造业务。

所以,我参与的这些知识工程项目都有一些共同之处:知识工程体系与知识平台是研制体系与研制平台建设的一部分,从未分离。所以,我们从不把知识这件事情称为知识管理,而是称为知识工程,因为知识与工程的关系实在太紧密了。

知识与工程的紧密关系,决定了我们"雷声要大,雨点也要大",否则难以交差!

其实,时至今日,我才悟到,雨点大的原因,其实不是交差的压力,恰恰是因为知识与工程的紧密关系为我们提供了天然环境。不是我们有多聪明,而是这个环境让我们做对了事情,没有走弯路。

第一条走对的路:我们把大家称为知识的东西与研制流程伴随,把完成工作包用得上的知识都与工作包伴随起来。这一点很好理解,我们做平台总是要梳理流程,平台的运行也是基于业务流程,研制人员干活就是把这些流程上的工作包一个个做完。如果做工作包的时候旁边有特别针对性的知识唾手可得，高手可以如虎添翼，中手可以顺藤摸瓜，低手可以照葫芦画瓢啊！

第二条走对的路：把研制人员每天工作所使用的资源进行加工处理，让他们更好用，更贴近业务。数据更好查，文档更易读，操作方法"即插即用"，复杂技术变成一个模型……我们把这个过程称为知识增值过程，也是把知识工具化的过程。

当我们在企业中看到一个个失败的知识管理项目时，对比我们每天做的知识相关的事情，我悟到一点：脱离业务资源做知识管理，无法避免失败的命运。那些知识管理公司和做知识管理项目的企业似乎都还没认识到这一点，都一次次地踏进误区。这一点我在下面解释一下。

由于知识工程体系和知识平台的建设工作是研制体系和研制平台建设工作的一部分，所以我们所处理的知识都是研制人员每天打交道的资源。我们每天做的工作是把这些资源经过加工处理放到研制平台中，让研制体系和研制平台可以平顺地运转起来。记住，我们的目的是让研制平台运转起来。那这些资源天然就与研制业务具有鱼水关系。其实我们反过来看时发现，我们处理的这些资源，相对于那些知识管理软件整天谈论的"知识"，不仅在知识范围上有巨大超越，而且在知识形态上也与研制过程非常贴近。

有一次在一家企业交流时，企业领导说：现在的年轻人，有样子的活会干，没样子的活不会干！我就想，"样子"是什么样的东西？想来想去，这些"样子"就是我们在建研制平台的时候每天的工作成果：

- 把别人总在参考的各种数据总结提炼一下，形成一个统一的"数据样子"；
- 把别人读写文档时总在用的一种格式总结提炼一下，形成一个统一的"文档样子"；
- 把别人用某个软件的过程总结一下，形成一个"操作样子"；
- 把别人摆弄一堆工具软件处理一个问题的过程总结一下，形成一个"过程样子"；
- 把别人几个人合作做事的方式总结一下，形成一个"协作样子"；
- 把企业中做项目的各种流程总结一下，形成一个统一的"流程样子"；
- 把技术研究形成的成果提炼总结一下，形成一个统一的"技术样子"，以后使用的时候只需要调参数即可；
- 把以前设计的相类似或同系列的产品提炼总结一下，形成一个统一的"产品样子"，以后使用的时候只需要直接调用即可；

……

就这样，经过体系化梳理总结，建立框架，充实和优化细节，最终形成知识工程体系。

从三年前开始，工业4.0、工业互联网、工业大数据、中国制造2025、智能制造、智慧军工、智慧院所、智慧研制等各种理念和名词相继涌现。其实，这些理念和名词都搞清楚了，看透了本质和核心，我们明白了两点：

第一，这些东西不管多么炫，工业强基是根本。中国强基任重道远。

第二，智能化发展是个循序渐进的过程，或者说，大家说的那么炫的东西，都是未来30年的蓝图，现在根本不用那么着急。在现在的基础上稳扎稳打，把智能化的东西逐步搞清楚，把搞清楚的东西加载到现在的体系上。慢慢来，别着急，大家都在讲工匠精神，而工匠精神是不能急的。

基于这些认知，我们提出三点：

第一，坚持走精益研发[①]的道路，精益研发以及其中的知识工程仍然是中国企业未来几年最需要的东西。

第二，给先进企业推荐精益研发，但知识工程要先行。虽然精益研发较早提出，但知识工程是其实施方略，因此在实践上建议从知识工程入手。

第三，中国制造2025、智能制造、智慧院所是中国化的理念，是中国企业的需求，我们要重点研究。我们发现，基于知识工程，增加云计算和大数据相关的技术，就可以在精益研发的基础上形成一个中国企业需要的方案，那就是智慧研制。

田　锋
2019年3月

---

① 完整内容请参阅作者的另一本书：《精益研发2.0　面向中国制造2025的工业研发》，机械工业出版社，2016年4月出版。